스타트업 레시피

작고 강한 조직을 위한 프로젝트 관리

국립중앙도서관 출판예정도서목록(CIP)

스타트업 레시피: 작고 강한 조직을 위한 프로젝트 관리 /
지은이: 박준기, 이혜정. — 용인: 생각과 사람들, 2017
  p. ;   cm

ISBN 978-89-98739-38-6 13320 : ₩14200

창업[創業]
경영(관리)[經營]

325.21-KDC6
658.11-DDC23   CIP2017004308

프로젝트를 시작했다면 절대 실패하지 말자!

스타트업 레시피

박준기, 이혜정 지음

작고 강한 조직을 위한 프로젝트 관리

스타트업을 한다는 건 놀라운 도전이다. 벌써 하고 있다면 그 자체만으로도 자랑스러워할 만한 일이다. 누구나 시작할 수 있지만 실패하기 쉽다. 따라서 제대로 준비하고 잘 훈련되어야 한다. 무엇이든 여러 번 해본 사람이 잘하기 마련이다. 그렇다고 실패하면서 몸으로 배울 이유는 없다. 남들이 실패한다고 나까지 할 필요는 없다.

도/생각과 사람들

CONTENTS

많은 사람이 창업을 이야기하고 있다. 새로운 일자리를 위해서는 젊은 사람들이 창업을 해야 한다고 독려한다. 구글(Google)이나 페이스북(Facebook)처럼 엄청난 성공을 거두기 위해서는 창업으로 성공하는 방법밖에 없다고 말한다. 하지만 누구도 '왜?' 그렇게 해야 하는지 명확하게 답해주지 않는다. 그것도 한국에서… 우리 사회는 대기업이 아닌 창업을 선택하기에 좋은 환경을 가진 곳은 아니다. 누구나 대기업가고 싶고 공무원이 되고 싶다고 한다. 사업을 잘못하면 패가망신한다고 믿는 사람들이 많다. 그리고 실제로 그렇다. 그래서 창업, 스타트업을 시작해야 하는 이유가 더 필요하다.

필자는 지난 겨울 텍사스 포스워스(Forth Worth, Texas)의 경영학과 IT 분야 학술 컨퍼런스 현장(ICIS, International Conference on Infor-mation Systems)에 있었다. 그곳에서 만난 IT전문가와 경영학자들과 함께한 아침 식사를 잊을 수가 없다. 세계적 석학 여러 명의 생각을 엿볼 수 있는 기회였기 때문이다. 그들이 이야기한 주제는 다음과 같은 것들이었다.

첫째, 인공지능이 인간의 일(Work)을 어떻게 변화시킬까에 관한 고민들이었다. 결국 조직에서 '일(Work)'이라는 것은 사람들에게 어떤 의미와 가치를 제공해야 하는 것일까에 대한 의견들로 정리되었다. 인간에게 '일'은 존재의 이유가 되기도 하고, 자기수행의 과정이기도 하기 때문이다. 인공지능 이야기를 하다가 결국은 사람 자체를 돌아보는 것으로 결론지어졌다.

둘째, '기업이 존재하는 이유가 성장을 위해서인가?'이다. 기업은 크기가 클수록 효율성이 떨어진다. 커진 조직을 관리하기 위해서 IT를 활용하지만 결국 큰 조직은 도태하기 마련이다. 이유는 민첩성에 있다. 조직이 작아져야 민첩해진다.

셋째, IT가 결국 사람을 줄이고 효율성을 추구하는 것인가. 여러 연구 결과는 IT로 인해 사람이 줄었고 그것이 조직의 효율성이 높아졌다고 주장했다. 하지만 실제로는 실패했을지도 모른다. 사회 전체 관점에서는 없어진 일자리가 새로운 가치를 창출하거나 생산성을 높여주지 않았기 때문이다. 그냥 없어져 버린 것이다. 혁신하는 방법도 바꿔야 한다. 줄이고 없애는 것이 아니라 새로운 가치를 창조하고 더하는 방법으로…

일반적으로 학술 컨퍼런스 현장에서는 학문적 발전 결과를 공유하고 향후에 어떤 아젠다로 연구가 진행될지를 알 수 있는 좋은 기회다. 석학들에게 앞으로의 화두는 '일', '작은 조직' 그리고 '혁신'에 대한 이야기였다. 놀랍게도 이건 전부 스타트업에 관한 것이었다. 민첩한 작은 조직은 스타트업의 특징이다. 그들은 누구보다 시장과 고객에게 민감하고 변화에 적극적이다. 또한 사회에 가치 있는 일을 하기 위해서 존재한다. 대다수 스타트업은 '일'에서 가치를 찾고 그것을 위해서 도전한다. 무엇보다 끊임없이 '혁신'을 이루는 건 스타트업의 본질이다. 새로운 가치를 제공하기 위해서는 자연스럽게 혁신적인 방법을 찾게 된다. 그리고 그 속에서 사회와 공존하고 새로운 일자리를 창출해 간다. 결국 스타트업을 시작하는 건 개인에게나 조직에 미래의 경쟁력을 확보하는 가장 좋은 전략적 선택이 될 수 있다. 그렇다면 스타트업을 해야 할 이유인 '왜?'의 답을 조금은 찾은 듯하다.

우리는 가까운 미래에 대다수 조직에서 이루어질 혁신은 '작은 조직으로 이동'이라고 판단했다. 대기업들이 내부에 끊임없이 스타트업을 시도하고, 기업을 합치기보다 나누고 작게 만들려고 하고, 통합해서 생기는 효율성보다 분할해서 생기는 창의성과 속도가 더 경쟁력이 있다고 판단하는 것이다. 과거에도 대기업 내에서 변화의 핵심은 작은 조직에서 비롯되었다. 작고 창의적인 조직 형태인 스타트업은 기존에 존재하던 비즈니스 유형과 산업에 어떻게 혁신이 적용되는지를 보여주는, 가장 좋은 사례가 되었다. 결국 스타트업이 가지는 장점을 활용해서 모든 조직에서 가치를 만들고 더하는 혁신을 해야 한다.

스타트업의 성공 비율이 일반적으로 1% 정도라고 한다. 다시 말하면 망하는 회사가 100개 중에 99개는 된다는 이야기다. 솔직히 스타트업 성공 비율을 믿지 못하겠다. 성공이라는 것이 실리콘밸리에서 말하는 것처럼 주식을 상장하거나 다른 회사에 회사를 매각하면 성공한 것인지 아니면 크게 성공하지 못했지만 가치 있는 사업을 상당 기간(대략 5년) 동안 사업을 영위하고 있으면 성공한 것인지. 그 기준이 명확하지 않다. 분명한 건 대부분 성공의 기준 역시 '돈'으로 결정된다는 것이다. 가치라는 관점에서 시작한 스타트업이 결국 성공의 잣대는 경제적 성취로만 평가받는다는 건 아이러니하다. 결국 단편적인 성공이라는 단어로 스타트업을 평가하는 건 스타트업이 가진 사회적 가치를 무시하고 경쟁을 너무 지향한다. 그러니 망하면 무서워서 못하겠다는 말이 나온다. 성공이라는 것보다는 보수적으로 실패하지 않는 건 어떨까? 크게 성공하지 못해도 잘하고 있다는 정도, 뭐라고 말하기 어렵지만 그러면 실패하진 않은 것 아닌가.

스타트업을 하나의 프로젝트로 바라보는 건 어떨까. 프로젝트라는 것에는 기본적으로 특정한 최종 산출물(Quality)과 목표(Goal) 그리고 납기(Time)가 존재한다. 따라서 이 세 가지 기준을 설정해 놓고 달성하지 못했으면 실패했다고 규정한다. 기준이 있다면 실패는 측정하기가 쉽다. 기준에 미달하면 실패다. 그렇다면 스타트업의 리스크를 줄일 수 있다. 복잡한 사업으로 바라보는 것이 아니라 하나의 프로젝트로 단순화했기 때문이다. 그렇게 되면 성공보다는 실패하지 않도록 관리하게 된다. 프로젝트로서 스타트업은 실행 방법론이 조금 더 구체적으로 보인다. 우리는 그것을 스타트업 프로젝트 관리 방법이라고 불렀다. 비즈니스 모델링(Business Modeling), 팀 구성(Teaming), 실행력(Executing), 소통력(Communicating), 피벗(Pivot)의 과정을 반복적으로 수행하는 것이다.

우리는 스타트업 프로젝트 관리에 대한 이해를 돕기 위해서 36개의 스타트업 사례 분석과 12편의 실증 연구를 비롯해서 여러 기관의 자료를 바탕으로 분석과 연구를 진행했다. 우리는 실제 스타트업과 협업을 통해서 방법론을 검증했다. 그리고 지금도 적용하고 있다. 재미있는 사실은 스타트업뿐만 아니라 소규모의 창의적인 업무를 수행하는 모든 조직에서도 적용할 수 있도록 구성했다. 창의적인 프로젝트가 수행되는 대다수의 조직에서 수행방법론도 놀랄 만큼 유사하기 때문이다. 그 시작은 스타트업의 본질을 제대로 바라보는 것에 관한 설명인 '1장 스타트업과 신화들'이다. 2장에서는 민첩성이 중요한 시대에 스타트업 실행의 방정식을 설명하고 있다. 3장부터는 스타트업 프로젝트 방법론의 세부 영역을 설명하고 있다. 3장에서는 '비즈니스 모델 캔버스'를 중심으로 비즈니스 모델링 방법을 설명하고, 각 영역에 해당하는 다양한 스타트업 사례를 소개하였다. 4장은 팀을 구성하는 방법, 5장은 프로젝트를 실행력에 대한 이야기 6장은 스타트업을 둘러싸고 있는 이해관계자와 소통을 하는 방법에 대해서 설명하고 있다. 마지막 7장은 비즈니스 모델을 지속적으로 혁신·발전시키는 피봇을 통해 선순환의 필요성의 중요성을 설명하고 있다.

스타트업을 한다는 건 놀라운 도전이다. 벌써 하고 있다면 그 자체만으로도 자랑스러워할 만한 일이다. 누구나 시작할 수 있지만 실패하기 쉽다. 따라서 제대로 준비하고 잘 훈련되어야 한다. 무엇이든 여러 번 해본 사람이 잘하기 마련이다. 그렇다고 실패하면서 몸으로 배울 이유는 없다. 남들이 대부분 실패하고 있지만 나까지 그렇게 되어서는 안 될 것이다. 이 책이 스타트업 실패의 위험을 줄이고 스타트업이라는 긴 여정에서 만날 문제들을 해결하는 지혜를 찾는 데 도움이 될 것으로 믿는다. 이제 그 속으로 함께 들어가 보자.

신촌 백양로에서
박준기, 이혜정

1장.
스타트업과 신화들

1장. 스타트업과 신화들

타이밍, 인내, 10년간의 수많은 시도가 결국 당신을 하룻밤 사이에 성공을 한 사람처럼 보이게끔 만들어 줄 것이다.

_비즈 스톤(Biz Stone), 트위터 공동 창업자

1.1 새로운 가치 창출의 원동력: 스타트업

'나, 사업 시작 했어'

'어 그래? 뭐?'

'치킨집이야? 아님 스타트업하는 거야?'

누군가 사업한다고 하면 으레 물어보는 레파토리다.

놀랍게도 내 주변에서 사업하는 사람은 크게 치킨집과 스타트업으로 구분된다. 요식업을 대표하는 단어인 치킨집은 직장생활을 마감한 사람들이 가장 많이 선택하는 업종이다. 실제로 그렇다. 반면에 스타트업은 그 의미가 모호하게 사용되는 경향이 있다. 치킨집을 제외한 창업을 했다면 거의 모두 '스타트업'이라는 단어를 사용한다. 그럴 듯 해 보여서 그런지도 모르겠다. 주변에서 요즈음 너무 쉽게 스타트업이라는 단어를 듣게 된다.

스타트업을 쉽게 이야기하는 만큼 그 의미는 명쾌하게 정의하기가 쉽지 않다. 일반적으로 이야기되는 스타트업은 일반적으로 '스타트업 기업'을 줄여서 말하는 것이다. 린 스타트업 방법론을 만든 에릭리스(Eric Ries)는 '스타트업은 불확실한 상황 속에서 고객들에게 제공할 새로운 제품과 서비스를 창조하는 조직'이라고 했는데 고객 가치에 초점을 맞춘 정의다. 반면에 전문 스타트업 기관인 비석세스(beSuccess)는 매우 현실감 있게 정의하고 있다. '창업한 지 얼마되지 않은(비즈니스를 막 시작하는) 기업이 대규모 자금을 조달받기 전(상장 전) 상태이지만 (아이디어와 기술을 통해) 급격한 성장을 기대할 수 있는 기업'을 스타트업 기업이라고 한다[1]. 정리해 보면 스타트업은 아이디어와 기술로 고객에게 새로운 가치를 제공할 목적을 가진 신생 조직으로 대규모 자금을 조달하기 전의 상태인 조직이다. 여기서 중요한 키워드는 새로운 가치, 아이디어와 기술 즉 '혁신', 그리고 '신생 조직'이라는 점이다.

　우리는 이와 같은 스타트업에 둘러싸여 살고 있다. 우리가 사용하는 스마트폰에 있는 대다수의 앱(App)은 스타트업들의 아이디어다. 소셜 네트워킹 서비스(SNS, Social Networking Service), 모바일 메신저(Mobile Messenger), 차량 공유 · 숙박 공유 서비스 등은 모두 대기업이 아니라 작은 스타트업에서 시작됐다. 개인이 가장 많이 사용하는 카카오톡(KAKAO Talk)도 그렇게 시작했다. 쿠팡이나 위메프도 마찬가지다. 애플과 삼성전자를 위협하는 샤오미(Xiaomi) 같은 스마트폰 제조 회사도 중국을 대표하는 스타트업이다. 이들은 기존에 하는 방식과 다른 아이디어와 기술로 새로운 혁신을 이루어 냈다. 지금 우리 생활에 변화를 가져 온 것이 스타트업의 도전 덕택

---

1) http://kr.besuccess.com/2013/06/startup/

이란 점은 부인할 수 없다. 새로운 고객 가치 창출은 엄청난 경제적 부가가치를 만들어낸다. 포브스코리아(Forbes Korea)에서 밝힌 2015년 한국의 100대 부자 리스트를 살펴보면 재벌그룹을 제외한 30위 이내 부자들은 다음과 같다. 7위 김범수 다음카카오 의장, 17위 김정주 NXC회장, 25위 이해진 네이버 의장, 26위 김택진 엔씨소프트 대표, 29위 이준호 NHN엔터 회장이다. 이들 또한 모두 스타트업을 통해서 부를 이루었다. 한국에서 삼성, LG, 현대와 같은 재벌가 출신이 아닌 사람이 억만장자가 되기 위해서는 스타트업 외에는 다른 방법이 없는 것이 현실이다.

대다수 스타트업은 작은 조직이기 때문에 프로젝트 형태로 추진된다. 프로젝트는 제한된 자원(돈이나 인력)으로 정해진 시간 내에서 특정한 목표를 완성할 목적으로 만들어진 조직 형태다. 스타트업은 대부분 10명 이내의 작은 조직(제한된 자원)으로 시작한다. 마이크로소프트도 빌 게이츠와 폴 앨런으로 시작했고, 애플도 시작은 스티브 잡스와 스티브 워즈니악 이렇게 둘이었다. 스타트업이 영위하는 분야는 작은 아이디어에 기반을 두고 시작하는 특성상 시장에서의 타이밍이 무엇보다 중요하다. 누군가가 끊임없이 비슷한 시도를 하고 있다. 따라서 시간과의 싸움(제한된 시간)이다. 보통 1~2년 내에 성공 여부가 판가름 난다. 고객의 가치를 창출하기 위해서는 서비스 목표가 명확해야 한다. 대표적인 명함서비스인 리멤버 (Remember)는 직장인의 명함 관리를 하면서 겪는 불편함을 해결하기 위해서 서비스를 출시했다. 초기 서비스는 명함을 공유하고 관리하는 것뿐이었다. 명함을 찍어서 입력하기 위해서 자동화된 시스템이 아닌 수작업을 동원했다. 오직 그들이 제공할 서비스에 집중하기 위해서였다(특정한 목표).

리멤버 앱(사진. 홈페이지 제공)[2]

스타트업은 뉴노멀시대의 새로운 가치 창출의 원동력이 되었다. 뉴노멀(New Normal)은 2008년 미국發 글로벌 금융위기(서브프라임 모기지 사태) 이후 10년간의 세계 경제의 특징을 설명하면서 나온 용어다. '새롭게 바뀐 표준'이라는 뜻의 뉴노멀은 '저성장, 저소비, 고실업률, 고위험, 고강도 규제'와 같은 극단적인 현상이 새로운 경제 질서로 일상화되는 것을 의미한다. 세계 최대 채권 운용 회사인 핌코의 CEO 모하메드 앨 에리언(Mohamed-El Erian)은 정부·가계·기업의 광범위한 부채 감축으로 나타나는 저성장·저소득·저수익률의 3저 현상이 일상화되고 경제의 새로운 기준이 될 것으로 예상했다. 뉴노멀시대에 기업의 생존전략은 이전과는 완전히 다를 수밖에 없다. 전통적인 기업은 경영전략의 전제 요건이 매출과 이익이 늘어나는, 적정한 성장(Growth)에 있기 때문이다. 새로운 먹거리를 위한 기업전략에서 스타트업은 선택이 아닌 필수가 되었다. 따라서 글로벌 대표 기업들이 전부 스타트업 따라잡기에 나섰다.

---

2) https://rememberapp.co.kr/

뉴노멀(New Normal) 이전	뉴노멀(New Normal) 이후
• 기술은 새로운 경험	• 기술은 일반화된 표준
• 기술은 신규 고안품	• 기술은 일용품
• 디지털은 차별화 요소	• 디지털은 필수 요소
• 디지털은 형용사	• 디지털은 일상적
• 기술은 일	• 기술은 생활
• 생활의 중심은 직장	• 생활의 중심은 가정
• 디지털 마케팅은 혁신	• 디지털 마케팅은 주류
• 기술을 구축하는 일	• 기술을 똑똑하게
• 기술은 부수적 활동	사용하는 일
	• 기술은 핵심 활동

뉴노멀 환경 이전과 이후[3]

보통의 경우 대기업에서는 직원들에게 있는 혁신적인 아이디어가 CEO까지 올라가는 과정은 길고도 지루하다. 중간에 아이디어가 원래 의도와 다르게 바뀌는 경우도 비일비재하다. 운이 좋아서 CEO가 채택한다고 해도 아이디어가 실행되기에는 여러 가지 보이지 않는 벽이 존재한다. 이런 대기업들이 최근 소비자로부터 제품 개발 아이디어를 얻고 사내 스타트업을 적극 권장하고 있다. 이제는 스타트업처럼 혁신하지 않으면 대기업이라고 해도 생존할 수 없다는 두려움이 있기 때문이다.

삼성전자는 스타트업에 매우 적극적이다. 자발적 연구 프로젝트

---

3) 《뉴 노멀》, 피터 한센, 흐름출판, 2014

인 C-Lab(Creative Lab)으로 시작해서 스타트업으로 독립하도록 지원해 주고 있다. 2015년에는 3개의 과제를 발탁해서 독립시켜 주었다. 세 가지 과제는 신체의 일부를 활용해 통화음이 잘 들리게 하는 신개념 UX 팁톡(Tip Talk), 개인의 보행 자세를 모니터링하고 교정을 돕는 스마트 슈즈 솔루션 아이오핏(IoFIT), 걷기 운동과 모바일 쿠폰을 결합한 서비스 워크온(WalkON)이다. 중요한 점은 프로젝트가 실패한다 해도 참여한 팀원들이 원할 경우 재입사할 수 있는 기회도 제공키로 했다는 점이다. C-Lab은 삼성전자가 창의적 조직 문화를 확산하고, 임직원들의 다양한 아이디어를 발굴해 구현하기 위해 2012년 도입했다. 지난 3년간 100여 개의 과제가 C-Lab에서 진행됐고, 40여 개는 과제 개발이 완료됐다. 이 중 27개는 관련 사업부로 이관돼 개발 및 상품화가 진행되고 있다.[4]

LG경제연구원은 스타트업이 시장의 움직임에 재빠르게 움직이고 환경 변화에 빠르게 대응할 수 있는 '민첩성'이 핵심이라는 점을 강조하고 있다. 코카콜라는 '스타트업 경험이 있는 기업가'을 영입하는 프로그램을 도입했다. 지난 2013년 '파운더즈(Founders)'라는 프로그램을 통해 스타트업 경험이 있는 기업가들과 네트워크를 구축하기 시작했다. 무엇보다 코카콜라는 스타트업의 일하는 방식에 주목하고 있다. 코카콜라 혁신 담당 임원인 로스 킴벨은 "기존의 전통적인 마케팅과 유통 방식에서 벗어나 소셜, 스마트기기 등의 매체를 활용한 새로운 방식을 발굴하기 위해 적은 비용으로 최대한 빠르게 실행하는 린 스타트업 방식을 체득하고 있는 기업가들을 찾

---

4) http://news.mt.co.kr/mtview.php?no=2015081708525083547, 머니투데이

고 있다"고 말했다.[5]

스타트업은 평범한 개인부터 대기업까지 뉴노멀시대를 이겨내는, 중요한 전략이 되었다. 스타트업을 준비하고 실행하는 사람부터 현재 기업에 속해 있는 사람들은 스타트업의 일하는 방식을 알아야 한다. 스타트업의 성공 DNA에 대한 충분한 이해가 있어야 현재의 경쟁력을 유지하고 미래의 먹거리를 확보하는, 유일한 방법이 되었기 때문이다.

1.2 왜 스타트업은 실패하는가?

대다수 스타트업은 실패한다. 그러나 어떤 사업가도 자신이 실패할 거라고 생각하지는 않는다. 그러나 현실은, '스타트업의 기본 상태는 실패다.'라는 것이다.

_크리스 딕슨(Chris Dickson)

대부분 성공하기 위해서 비즈니스를 하는데, 왜 실패를 이야기하는 걸까? 전 세계에서 스타트업의 최적지라고 평가되는 실리콘밸리에서도 사업 성공률은 1%에 불과하다. 100번의 시도 중에서 99번이 실패한다. 즉 당연히 실패를 받아들이고 1%를 찾아야 한다는 뜻이다. 실패를 긍정적으로 해석하는 문화와 이에 대응할 수 있는 사고력을 가져야 한다. 하지만 스타트업을 할 때 누구도 성공을 위해

---

5) LG경제연구원, 《대기업, 스타트업에서 혁신 배운다》 LG Business Insight 2015. 10. 28.

서 뛰지 실패를 원하지 않는다.

　99개의 스타트업은 왜 실패하는 걸까? 전문적인 벤처 투자 전문 사이트인 CB인사이트(CBInsights.com)는 2014년 실패한 스타트업 101개사를 대상으로 설문 조사를 실시했고 실패 원인으로 20가지를 가려냈다[6].

사례(원인)	비율(중복)	관리 범주
시장이 원하지 않는 제품	42%	비즈니스 모델 관리
자금 부족	29%	프로젝트 관리
팀원 구성 문제	23%	프로젝트 관리
경쟁에 뒤짐	19%	비즈니스 모델 관리
가격/원가 문제	18%	프로젝트 관리
나쁜 제품	17%	비즈니스 모델 관리
비즈니스 모델 문제	17%	비즈니스 모델 관리
마케팅 부족	14%	비즈니스 모델 관리
고객 무시	14%	프로젝트 관리
타이밍 문제	13%	프로젝트 관리
포커스 상실	13%	비즈니스 모델 관리
팀워크 부조화	13%	프로젝트 관리
변화 실패	10%	비즈니스 모델 관리
열정 부족	9%	프로젝트 관리
위치 문제	9%	비즈니스 모델 관리
투자자 관심 부족	8%	프로젝트 관리
소송 등 법률 문제	8%	프로젝트 관리
네트워크/멘토 미활용	8%	프로젝트 관리
탈진	8%	프로젝트 관리
변화하지 못함	7%	비즈니스 모델 관리

스타트업의 실패 원인

---

6) https://www.cbinsights.com/blog/startup-failure-reasons-top/

20가지 실패 원인은 크게 두 가지 범주로 나뉘게 된다. 첫째, 비즈니스 모델 관리 영역이다. 처음 만든 비즈니스 모델을 지속적으로 발전시키고 관리해야 한다. 시장이 원하지 않는 제품이나 품질이 떨어지는 제품, 경쟁에서 뒤지는 것은 서비스와 제품을 시장에 맞게 만들어 내지 못했기 때문이다. 이런 스타트업은 초기의 비즈니스 모델에만 집중해서 결국 파산하게 된다. 쿼키(Quirky)는 사람들이 좋아하는 아이디어를 제품으로 만들어주고 판매를 대행해주는 발명플랫폼으로 시작한 스타트업이다. GE 등으로부터 총 1억 8500만 달러의 투자를 유치했으나, 결국 파산했다. 그들이 만들어준 어떤 제품들도 이익을 내지도 못했고, 만들기만 했다. 시장의 관심은 얻었으나 아무도 사지 않는 제품을 만들어 낸 것이다. 블루투스 스피커를 제작하는 데 40만 달러를 쓰고 겨우 28개를 판매한 회사가 버틸 수는 없었다.

둘째, 프로젝트 관리 영역이다. 대부분의 스타트업은 팀원 구성 및 관리 문제, 제품과 서비스의 원가 관리 문제 그리고 고객 혹은 주주나 멘토 등과 같이 이해관계자들(Stakeholder)과의 커뮤니케이션 실패가 발생한다. 이런 문제들은 스타트업을 프로젝트로 인식하고 관리했어야 하는 영역이다. 초기 스타트업이 실패하는 영역은 전부 프로젝트 관리의 실패에 있다. 저추얼(Zirtual)은 온디맨드 가상 비서 제공 서비스를 하던 회사다. 가상 비서들은 대기업들을 대상으로 다양한 서비스를 저렴한 가격으로 제공했다. 서비스를 제공하는 직원들은 전부 정규직이었으므로 충성도가 높았다. 하지만 저추얼은 너무 빠르게 회사를 키웠다. 리소스의 투입은 고려하지 않고 직원을 늘렸다. 이에 따라 18개월 동안 정직원이 150명에서 400명으로 늘어났다. 결국 하루아침에 회사의 문을 닫을 수밖에 없었다. 저추얼은 여러 펀드로부터 550만 달러의 투자를 받았다.

스타트업 창업가 입장에서 볼 때는 실패의 원인이 창업가 자신에게 있는 경우가 대부분이다. 허핑턴포스트(The Huffington Post)에서는 실패한 창업가의 여덟 가지 행동을 제시하고 있다[7]. 스타트업을 프로젝트를 수행하는 과정으로 인식하지 못해서 발생하는 것이다.

1. 리더십 회피하기

   창업가는 모든 것을 전부 책임지고 관리해야 한다. 창업가는 이제 프로젝트의 PM(Project Manger)이다. 모든 문제에 대해서 최종적으로 의사결정해야 한다. 대부분 단기간에 문제가 발생하고, 끊임없이 이슈가 제기된다. 프로젝트 리더십은 일반 회사의 리더십과는 다르다. 짧은 시간, 명확한 목표에 부족한 리소스에 시달리는 걸 당연하게 여겨야 한다.

2. 약점을 인정하지 않기

   창업가는 자신의 모든 것을 바쳐서 문제를 해결하고 전부 관장하려 한다. 전부 관여하면 그게 바로 리더십인 줄 알고 나서게 된다. 실제로 많은 창업가가 구성원 어느 누구보다도 더 많이 아는 경우가 많다. 하지만 창업가가 모든 분야의 전문가가 될 수 없다. 실제로 성공한 창업가들을 보면 모든 분야를 다 알지도 못한다. 그래서 구성원들에게 물어보고 자신의 부족한 점을 인정한다. 최선의 해결책을 찾기 위해 모든 것을 내려놓아야 한다.

---

7) http://news.mt.co.kr/mtview.php?no=2015121811113870959

3. 회계 업무 직접 하기

창업가들은 돈 관리를 직접 해야 한다. 하지만 그 업무량이 너무 많다. 돈 관리를 하다 보면 비즈니스를 하지 못한다. 그래서 가족을 불러서 맡기기도 하지만, 그들도 전문가는 아니다. 그러므로 그 일은 회계사와 세무사에게 맡기고, 원가 분석과 고객 확보에 집중해야 한다. 정말 중요한 분야이지만, 돈을 벌기 전에 돈에 파묻히지 말아야 한다.

4. 잘못된 사람 뽑기

스타트업은 최고의 구성원들이 참여했는지가 실행력을 좌우한다. 능력 있고 믿을 만한 사람들을 끊임없이 구해야 한다. 그러나 작은 조직이기 때문에 잘못 선택한 사람 한 명이 조직을 망치기 쉽다. 프로젝트 리스크 관리에 대한 고려가 가장 많이 필요하다.

5. 제품·서비스 싸게 팔기, 6. 경쟁사 얕보기, 7. 데이터 무시하기

결국 실패한 창업자들의 공통점은 비즈니스 모델에 대해서 치열하게 고민해 보지 않았다는 것에 있다. 고민해 보고 빠르게 실행해야 한다. 시장의 반응이 결국 정답이다. 내가 만든 것이면 시장에서 판매될 것이라 확신하게 된다. 고객에 대한 인사이트(Insight)가 없다면 비즈니스 모델은 고객이 아닌 내가 중심이 된다. 고객도 없고 경쟁사도 없다. 그러니 서비스와 제품을 그저 싸게 팔려고만 한다. 그게 마케팅인 줄 안다. 치열한 비즈니스 모델에 대한 고려가 그래서 중요하다. 시장의 반응에 대응해서 끊임없이 피벗(Pivot)하는 것이 고객 지향적인 것이다.

8. 너무 빨리 키우기

실패는 리소스 관리에서 좌우된다. 갑자기 늘어난 고객은 품질과 서비스에 문제를 만들게 된다. 프로젝트에서 핵심은 품질과 납기이지만, 결국은 리소스(돈, 인력)가 뒷받침되어야 한다. 목표 설정에 따른 리소스 설계를 통해서 속도를 조절하는 것이 필요하다.

스타트업 실패는 결국 비즈니스 모델 영역과 프로젝트 관리 영역에서 발생한다. 이 두 가지는 동전의 양면과 같아서 비즈니스 모델에 맞게 프로젝트가 관리되어야 하고, 그 반대로 프로젝트 진행 중에도 비즈니스 모델이 계속해서 살아 움직여야 한다. 스타트업 실패에서 고려해야 할, 또 다른 한 가지 요소가 스타트업을 둘러싸고 있는 신화들에 있다. 이런 신화들은 스타트업에 대한 편견을 만든다. 대부분 스타트업을 성공의 관점에서만 봐서 만들어진 것들이다. 제대로 현실을 봐야만 스타트업을 실패하지 않는다.

1.3 왜 우리는 신화에 빠져 있나?

스타트업의 정의는 '설립된 지 얼마 안 되는 신생 벤처 기업'이다. 일반적으로 혁신적인 기술과 아이디어를 보유한, 창업 초기의 기업으로 작은 그룹이나 프로젝트성의 기업들이 대부분이다. 즉, 이제 막 비즈니스를 시작한 지 얼마 안 되는 기업을 이야기한다. 스타트업 하면 스티브 잡스(Steve Jobs)나 테슬라(TESLA)의 엘론 머스크

(Elon Musk), 페이스북의 마크 저커버그(Mark Elliot Zuckerberg)를 으레 생각한다. 지금 현재 억만장자의 엄청난 사람들만 하는 것 같다. 하지만 실제는 이 순간에도 우리 주변의 누군가가 시작하고 있는 것이 스타트업이다. 새로운 비즈니스를 시작한다는 것은 생각보다 어려운 것이 아니다.

비즈니스란 단순하게 생각해 보면 고객에게 무언가를 판매하고 이익을 창출하면 되는 것이다. 특히 요즘같이 인터넷과 모바일 환경이 모든 사람의 손 안에 있는 시대에서는 누구라도 비즈니스를 할 수 있으며, 우수한 콘텐츠를 수익모델로 삼아 많은 돈을 버는 사람들을 심심치 않게 보게 된다. 그러나 구체적인 콘텐츠를 만들어 내고 고객의 행동, 생각을 예측하고, 그들에게 돈을 지불하도록 만들어야 한다. 함께 할 누군가를 관리하고, 시스템을 만들고 유지해야 한다. 해야 할 게 너무 많다. 그래서 '비즈니스'를 한다는 것이 무언가 어렵고 힘들게 되어버렸다. 그래서 비즈니스를 처음 시작할 때 꼭 사주를 보듯이 이런저런 비법과 요령들을 찾기 마련이다. 애플과 스티브 잡스를 분석한 콘텐츠는 무수히 많다. 인터넷에는 관련된 글만 수만 개가 넘고, 책으로 나온 것만 해도 수십 권에 이른다. 성공한 스타트업에는 무언가 있을 것이라는 확신과 믿음이 있기 때문이다. 그래서 무언가를 끊임없이 찾고 있다. 하지만 반대로 생각해 보면, 스타트업을 성공하지 못하는 것이 혹시 스타트업에 대한 잘못된 신화에 사로잡혀 있기 때문일 수도 있다.

우리는 잘못된 신화들의 증거를 쉽게 찾아 볼 수 있다. 새로운 비즈니스를 시작할 때 내가 가지고 있는 무수히 많은 아이디어를 다시 생각해 보자. 아무리 그럴싸해 보이고, 수익 모델이 완벽해 보여도 끝내는 실행하지도 못하는 비즈니스 기회들 말이다. 플랫폼

(Platform) 비즈니스가 최고라고 주장하는 나에겐 모든 비즈니스 기회가 전부 플랫폼으로만 보인다. 어떤 사업가들은 새로운 방법으로 비즈니스를 창출하려고 하지만 어디가 새로운 방법인지, 독창적인지 혼자만 이해하고 있다. 눈에 들어오는 비즈니스 모델이지만 수익을 창출해야 할 고객과는 전혀 어울리지 않는 UI(User Interface)를 가지고 있는 경우도 많다. 초기 비즈니스 아이디어가 정착되고 나면 그 틀에서 벗어나기란 쉽지 않다.

신화 1 스타트업은 독창적이다

비즈니스를 시작할 때 가장 쉽게 빠지게 되는 신화는 독창적이어야 한다는 것이다. 하루에도 수백, 수천 개의 아이디어가 비즈니스로 만들어지는 세상에서 비슷한 비즈니스 아이디어와 유사한 형태의 프로세스를 가지고 있음에도 오직 내가 만든 비즈니스만이 독창적이라고 생각한다는 것이 혹은 그렇게 될 것이라고 믿는 것이 환상이다.

무엇을 독창적이라고 부른다는 건 매우 주관적일 수 있다. 따라서 정의하기가 쉽지 않다. 하지만 독창적이라는 것을 유일한 것(Uniqueness) 혹은 오직 한 가지(Only One)라는 것으로 받아들인다면 생각보다 허상은 쉽게 깨질 수 있다. 내가 생각했던 그것이 실제로 유일한 것인가? 라는 질문을 한다면, 누구도 그렇다고 할 수 없다. "하늘 아래 새로 것은 없다(There is nothing new under the sun.)"라는 서양 속담과 같이 누군가는 그것의 원류를 가지고 있기 때문이다. 테슬라의 전기자동차조차 그 아이디어는 1830년대 스코틀랜드 사업가인 앤더스경이 '원유전기마차'를 만든 것에서부터 시작된다. 1873년 가솔린 자동차가 개발되기 40년 전의 일이다. 현대적인 형태의 전기차는 그로부터 10년 뒤인 1942년, 미국 토마스 데트(Thomas Thed)와 스코틀랜드의 로버트 데이비슨(Robert Davison)이 만들었다. 테슬라 전기차의 성공 요인은 누구나 생각하는 전기차를 가장 현대적이고 가장 효율적인 방법(소규모 전기 배터리 직접 기술)을 통해서 가장 멋진 차로 만들어 낸 일론 머스크의 실행력이다. 따라서 유일한 것을 만들기 위해서 독창적이 되려고 한다면 어리석은 것이 된다.

스타트업을 하면서 그들 스스로가 얼마나 자주 독창적인 형태의 비즈니스 모델과 생각을 만들어 낼 수 있을지 몰라도, 그건 어쩌다가 한번 있을까 말까이다. 그런데 계속 거기에 몰입되어 있다면 현명하지 않을 것이다. 어디에도 없는 독창적인 비즈니스, 무언가 다른 서비스 형태를 통해 거의 매 순간 새롭고 통쾌한 혁신을 이루어 내고자 스타트업을 시작했고, 그곳에서 경쟁적으로 이루어지고 있다. 하지만 그중 불과 1%만이 끝에 성공한다. 당신이 하고 있는 비즈니스와 유사한 곳에서 지금도 끊임없이 독창적인 무언가를 만들어 내고 있다면, 그건 독창적이라는 것이 생각보다 중요하지 않을 수도 있다는 것을 반증하는 것이다.

역사를 돌이켜 보면, 레오나르도 다빈치(Leonardo da Vinci), 갈릴레오 갈릴레이(Galileo Galilei), 아이작 뉴턴(Issac Newton), 아인슈타인(Einstein) 등등 무수히 많은 개인이 인류의 삶을 극적으로 도약시키는 데 이바지했다. 그러나 그들 개개인이 갑작스럽게 독창적인 아이디어 하나로 인류를 변화시킨 것이 아니다. 한 사람의 아이디어가 다양한 사업가와 예술가, 과학자들을 만나서 그 사회 전반에 영향을 주고 거기에서 영감을 받는 또 다른 사람들이 변화와 발전을 이끌어 간다. 한 사람 혹은 한 회사가 그 가치사슬(Value Chain)의 구성 요소로 작동하는 것이지 오직 나 하나 때문에 만들어지거나 구성되지 않는다.

독창성은 나 혼자 독방에 갇혀 있을 때만 인정될 수 있는 것이다. '독창적이다'라는 것은 그래서 실제로는 그렇게 독창적이지 않은 경우가 대부분이고, 어딘가에서 본 듯하고 누군가는 나보다 먼저 하고 있거나 하려고 하는 것일 경우라고 생각해야 한다. 반면에 독창적이어야 한다는 생각만 버린다면, 전혀 문제가 되지 않는다. 스타트업을 하는 데 그 비즈니스 모델이 독창적이냐 아니냐는 생각보다 중요하지 않다. 내가 아무리 독창적이라고 생각해도 고객이 그렇게 생각하지 않으면 소용없기 때문이다. 따라서 비즈니스의 시작은 고객에게 어떤 가치를 주는가를 명확하게 하고 그것을 이루어 내기 위해 준비하는 것이다. 고객이 직면한 문제 혹은 새로운 가치에 대해 잘 듣고 관찰하고 분석해야 한다. 우리 비즈니스가 대상으로 하는 고객의 상황을 시뮬레이션하고 더 좋은 가치를 제공할 수 있는, 빠른 방법을 알고 있어야 한다. 오직 고객에게만 집중해야지 다른 곳에서 방황하다가 결정적인 기회를 놓쳐서는 안 된다.

독창성을 유일한 것이 아닌 남과 다른 것이라고 생각한다 해도 신화에 사로잡혀 있는 것은 마찬가지다. 비즈니스에서 전혀 새로운 것을 시도해 보겠다는 것은 매우 위험성이 높다. 기존 것과 다른 새로운 비즈니스 모델은 종종 고객으로부터 외면받는 경우가 더 많다. 창조적 파괴를 통해서 고객에게 가치를 준다고 해도 단 한 번 만에 성과가 나타나는 것은 아니다. 일반적으로 고객이 '남과 다르다'라는 것을 쉽게 이해하기 위해서는 스타트업은 남들이 하지 않았던 방식(Method)을 가장 먼저 해야 한다. 우리는 이들을 선도자(First Mover)라고 부른다.

중국에 '산자이(山寨)'라는 말이 있다. 처음에는 애플 아이폰에서부터 이태리 명품까지 모든 제품을 저렴한 가격과 낮은 품질로 모방해서 판매하는 중국의 이른바 짝퉁문화를 비꼬는 데서 시작했다. 하지만 지금은 싸구려 기술을 바탕으로 단순히 외관만 복제하는 수준에서 벗어나서, 소비자들이 선호하는 원제품의 외형에 새로운 기능이나 서비스를 첨가하여 출시하는 '창조적 모방'을 의미하는 단어로 격상되고 있다. 그 대표적인 사례가 바로 '샤오미(小米)'다. 샤오미는 2010년 4월 창립된 신생 회사로 2011년 12월 스마트폰 시장 공식 진출을 선언했다. 불과 5년이 지난 이 회사는 2015년 6월 'MIT테크놀로지 리뷰(MIT Technology Review)'가 선정한 '가장 스마트한 기업 50'에서 엘론 머스크의 테슬라 모터스 다음으로 2위를 차지했다[8]. 샤오미의 창업자 레이쥔은 "가장 뛰어난 인재를 모으는 것도 중요하지만 가장 중요한 것은 사용자들의 참여다"라고 강조하면서 샤오미의 중심 가치를 설명하고 있다. 이러한 전략에 따라서 샤오미는 언론과 소비자에게 사무실까지 개방하는 오픈 정책을 사용하고 있다. 샤오미가 자사 제품에서 서비스를 이용할 수 있도록 제공하는 운영체제는 MIUI인데, MIUI는 안드로이드의 오픈 소스 프로젝트(Android Open Source Project)를 기반으로 하고 있다. 즉 누구에게나 개방된 소스를 바탕으로 누구든지 샤오미 제품을 위한 앱, 소프트웨어를 개발할 수 있음을 의미한다. 샤오미의 MIUI는 구글의 안드로이드 플랫폼을 모방한 것 같고, 미폰과

---

8) '대륙의 실수? 한국이 놓치고 있는 샤오미의 진짜 혁신', 경향비즈 (2015. 12. 05.)

미패드는 애플의 스마트폰, 스마트패드를 베낀 것 같고, 핏빗
(FitBit)이나 애플워치의 헬스케어 기능을 그대로 담고 있는 미밴드
(Mi Band)도 그렇고, 심지어 홈네트워킹 시스템은 전자제품 기업의
미래라고 이미 모든 사람이 말하고 있는, 전혀 독창적이지 않은 서
비스처럼 보인다. 하지만 샤오미는 사용자의 참여라는 가치를 기반
으로, 오히려 사양이 조금 낮은, 기능이 조금 더 단순한 제품을 저
가에 내놓았다. 더욱 많은 사람이 사용할수록 그 효용성이 커지는
'네트워크 효과'가 인터넷시대에 필요한 수익모델임을 확신했고, 가
습기에서부터 스마트폰까지 모든 전자 제품에 서비스를 제공하는
기업으로 성장하였다. 이제 전 세계의 어느 누구도 샤오미의 대용
량 베터리를 저급한 중국제 짝퉁으로 취급하지 않는다.

중국 '산자이 문화'의 대표적인 예인 샤오미(小米)의 제품들. 기존 제품에 자신들만의
'무언가'를 더하여 제품을 출시, 고객의 마음을 사로잡는 데 성공한, 대표적인 스타트업

분명 남들과 다른 제품을 개발하고 서비스를 해야 하는 경우가 있다. 기존 시장이 포화된 상태라 동일한 방식으로는 혁신의 기회를 찾기 어려운 경우 완전히 다른 방식의 서비스 모델이 필요하기도 한다. 또한 충분한 자금을 가지고 있기 때문에 얼마든지 돈을 쓸 수 있고, 그 돈이 아깝지 않다면 전혀 새로운 비즈니스 모델은 흥미진진할 것이다. 그러나 비즈니스 세계는 냉정하다. 처음 스타트업을 시작하는 사람들은 종종 기존에 만들어진 비즈니스 모델을 무시하고, 시장을 통째로 흔들어서 새롭고 신선한 방식으로 다시 만들고 싶어 한다. 이런 충동은 스타트업으로 성공하고 난 뒤에도 끊임없이 지속되기도 한다. 이런 충동이 가득한 사업가는 "나는 새로운 비즈니스를 만드는 혁신가야"라는 말을 끊임없이 한다. 그러나 진정한 혁신가들은 고객의 가치에 집중하고 선도적인 서비스가 매우 어렵다는 것을 잘 알고 있다. 창업가들은 본능적으로 스타트업이 독창성을 가져야 하고 기존과는 무언가 달라야 한다는 강박 관념을 가진다. 하지만 사업을 하면 할수록 독창성은 결국 고객에게 어떤 가치를 전달해 줄 것인지를 깊이 있게 볼수록 드러나는 특징에 불과하다.

신화 2 스타트업은 영감에서 나온다

'영감(靈感, inspiration)'은 특히 예술적 착상이나 영적 환경에서 쓰이는 고상한 말이다. 비즈니스에서 성공한 사람들의 인터뷰에서는 종종 어떤 영감 같은 걸 받았다는 말을 자주 들을 수 있다. 크게 성공한 비즈니스는 무엇인가에서 혹은 어떤 존재로부터 받은 영감을 받은 것이 있다는 착각을 하게 만든다. 영어에서는 'inspiring', 'inspired', 'inspiration' 같은 단어를 일상에서 자주 쓴다. 'to inspire'는 '안으로(in-) 생기를 불어넣는다(-spire)'라는 동적 의미를 생생하게 전달하기 때문에 기독교 기반인 대다수 영어권에서는 이 단어를 매우 좋아한다. 하나님이 흙으로 만든 사람에게 코에 생명의 숨을 불어넣으니 생명체가 되었다는, 《창세기》의 한 장면을 연상하게 된다. 즉, 영감은 숨을 불어넣는 존재로 특정한 위계질서가 존재하게 된다.

예술적 감각이 필요한 스타트업에서는 특히 영감이라는 단어가 자주 쓰인다. 독특한 디자인, 훌륭한 제품과 아이디어가 그 누군가에게서 받아야만 하는 것 아닐까 하는 생각이다. 그러나 증명하기가 어렵기만 하다. 가만히 앉아서 아이디어를 기다린다거나, 하늘을 응시하며 번개같이 영감이 머리를 내려치기를 바란다고 될 일은 아니기 때문이다. 왜 영감이란 단어가 매력적일까? 베토벤(Beethoven)에서부터 슈베르트(Schubert)와 슈만(Schumann)에 이르기까지 음악가들은 저마다의 예술적 영감을 통해 세계에 영향을 준 명실상부한 천재들이었고, 애플의 스티븐 잡스 역시 예술가적 영감을 가진 천재가 아닌가. 스타트업에는 다양한 천재들이 있고 그들은 영감을 받았을 것이라 믿게 된다.

스타트업이 성공하려면 영감이 있어야 한다면 다음과 같은 몇 가지 문제가 발생한다. 첫째, 영감이라는 게 무작위로 온다는 것이다. 외부의 그 무책임한 영향력에 희망을 걸기 위해서 온통 집중해야 한다. 영감이 나의 통제를 벗어나 있기 때문에, 언제 어디서 어떻게 나를 자극할지 알 수 가 없다. 둘째, 영감을 기다리기에는 시간도, 자본도 부족하다. 비즈니스를 하기로 결정하기 전에 영감이 필요하다면, 언제 올지 모를 영감 때문에 무작정 비즈니스의 진행을 연기해야 한다. 지금 스타트업을 하고 있는 창업가들에게, 영감을 기다리게 위한 자본과 시간이 충분히 있어야 한다. 가능한 것일까?

말콤 글래드웰(Malcolm Gladwell)는《블링크(Blink) : 첫 2초의 힘》에서 무의식 영역의 순간적 판단이 분석적 사고와 이성적 판단보다 훌륭할 수 있다는 것을 주장했다. 즉, 직감이 비즈니스와 생활 전반에 폭넓게 퍼져 있다는 것이다. 충분히 공감이 가는 이야기다. 우리는 평소에도 누군가와 '척하면 척한다.'라는 말을 많이 하지 않던가. 또, 머릿속을 갑작스럽게 스쳐지나가는 것을 경험하게 된다. 이런 직관의 영역 중의 하나가 영감이다. 이것을 얻기만 한다면, 더 잘 해 나갈 수 있을 것이다. 하지만 실제로는 그렇지 않다. 영감을 받은 것은 순간적인 의사결정에는 도움이 될 수 도 있다. 스티브잡스 이야기를 잠깐 해보자. 그의 아이폰은 갑작스런 영감으로 나왔을 수도 있다. 하지만 실제 아이폰을 만들어 내는 것은 잡스의 팀이 만들어 낸 것이다. 초기 아이폰 디자인은 소니(Sony)의 디자인을 참고했다. 천재 디자이너인 조나단 아이브(Jonathan Ive)가 디자인 전반에 걸쳐 주요한 사안에 대한 의사결정을 했다.

좌/ 아이폰 초기 디자인의 모델이 되었던 '소니' 제품
우/ 아이폰 초기 디자인 아이디어를 보여주는 모형[9]

9) 사진 출처: http://www.itworld.co.kr/print/77004

단 1초 만에 성패가 갈리는 초고속시대에 영감이 필요할 수 있다. 그러나 치열한 무한경쟁시대에 승리하기 위해서는 문제의 본질을 파악하고 게임의 법칙을 바꾸는 통찰의 힘이 더 필요하다. 통찰은 본능적이고 순간적인 직관과는 다르다. 성공적인 스타트업을 이끈 건 비범한 통찰이지 천재적 능력이나 우연한 영감의 결과가 아니다. 지식과 경험을 바탕으로 문제의 본질을 재해석하고 재구성하려는 열정과 끈질긴 노력의 소산이다. 인터넷 세상을 통찰한 일본 최고의 부자인 손정의 회장 이야기는 눈여겨봐야 한다.

손정의 소프트뱅크 회장은 포브스가 발표한 '2014 세계 억만장자'에서 세계 42번째 부자로 꼽혔다. 그의 재산은 20조이며, 이건희 회장 재산의 2배를 넘는다. 그는 아버지인 이병철 회장으로부터 삼성을 물려받은 이건희 회장 같은 다이아몬드수저가 아닌 진짜 흙수저인 빈민가 출신의 재일교포 3세다. 손정의의 성공은 스물네 살 때 소프트웨어 유통 회사인 소프트뱅크를 창업해 4년 만에 시장의 60%를 차지하면서 시작된다. 손 회장은 고등학교를 중퇴하고 무작정 미국으로 떠났다. 버클리대학교를 마치고 일본에 돌아온 그는 1년 6개월 동안 시장 조사만 했다. 일본에서 곧 PC가 대중화될 것이라는 것을 통찰했기 때문이었다. 그 어떤 영감도 없었다. 그래서 미국을 방문해 빌 게이츠(Bill Gates)를 여러 번 만나 마이크로소프트의 윈도우즈 독점 판매권을 따냈다. 이렇게 1981년 설립된 소프트뱅크는 성공한 것이다. 그의 통찰은 2001년 소프트뱅크는 초고속 인터넷 비즈니스를 시작한다. 손 회장이 이 서비스를 시작했을 때 많은 사람은 미래를 부정적으로 봤다. 그러나 손 회장은 이렇게 외쳤다. "다들 저보고 미쳤다고 한다. 많은 애널리스트가 소프트뱅크는 곧 파산할 거라고 말한다. 하지만 나는 내 방식대로 세상을 본다. 이 사업은 성공한다." 소프트뱅크는 매년 1조 원이 넘는 적자로 고전했다. 하지만 포기하지 않고 비즈니스를 계속해 4년 만에 흑자 전환에 성공했다. 그 이듬해 소프트뱅크 시가총액은 20조 원을 돌파했고 손 회장은 일본 최고 부자 자리에 올랐다. 그의 인터넷과 IT에 대한 통찰력은 여기에서도 작동한 것이다. 그가 사업을 바라보는 통찰력은 IT 기술을 전혀 모르는 전직 영어 교사(알리바바의 마윈 회장)가 시작한 전자상거래사업에 손 회장이 2천만 달러를 투자했던 것에서도 동일하게 작동했다. 알리바바가 2014년 증시에 상장되자 손정의 회장의 총지분액은 578억 달러로 불어났다. 알리바바의 성공은 마윈 회장뿐만 아니라 손 회장의 성공이었다.

스타트업의 진정한 성공은 개인의 영감이 아니라 대부분 치열한 분석과 고민에서 비롯된다. 여기서 영감은 그저 의사결정을 도와주는 양념과 같은 것뿐이다. 비즈니스와 산업 혹은 인간에 대한 통찰이 있어야 한다. 그래야 진정 성공한 스타트업으로 발전하고 부를 거머쥘 수 있다.

알리바바 홈페이지[10]

10) http://www.alibabagroup.com/en/global/home

신화 3 스타트업의 비즈니스 모델은 완벽해야 한다

세계적인 석학인 켄 블랜차드(Ken Blanchard)의 《칭찬은 고래도 춤추게 한다》라는 책이 전 세계적인 베스트셀러가 됐다. 하지만 그는 책에서 무조건적인 칭찬만을 이야기하지 않는다. 칭찬이란 일종의 맞춤형으로 필요할 때 동기 요인이 되어야 한다. 그래서 고래의 훈련 단계별로 동기부여가 될 수 있는 칭찬의 형태가 다르다. 누구나 칭찬을 받는 것을 좋아 한다. 내가 자랑스럽다고 하는 부모님, 일을 잘한다고 격려해주는 상사, 공부 잘한다고 힘을 북돋아주는 선생님, 칭찬, 감탄, 찬사는 내 몸에 있는 여러 호르몬을 자극하고 그 전보다 더 잘해야 한다는 생각 때문에 엄청난 노력을 하게 된다. 이것은 어떤 수단과 방법을 동원해서라도 좋은 결과를 내기 위해 애를 쓰게 한다. 더욱 더 높은 목표에 도달하기 위해서 자신을 몰아 붙이게 만든다.

스타트업을 통해 대단한 일을 한번 해 보겠다고 노력하는 것을 누구나 칭찬한다. 한번 시작했으니 끝을 내라고. 오히려 누구나 열심히 일한다. 단지 너무 높은 수준의 목표 설정을 통해 성공을 해야 한다는 강박관념이 생기거나 누구가의 칭찬받으려는 마음은 잘못된 믿음을 만들게 된다. 대부분 나타나는 현상이 스타트업의 비즈니스 모델을 완벽하게 하려는 것이다. 무언가 복잡하고 완벽해 보이는 것은 전문성이 있어 보이고, 단순하고 간단한 모델은 아마추어들이 하는 것처럼 보이게 마련이다. 그러나 실제 성공한 비즈니스는 대부분 비즈니스 모델이 단순하고 간단하다. 그들의 시작도 완벽한 비즈니스 모델이 아니었다. 그런데 왜 우리는 비즈니스 모델에 집중하게 될까? 그건 그 나름대로 타당한 이유가 존재한다.

첫째, 이미 성공한 누군가와 경쟁해야 하기 때문이다. 스타트업을 시작하는 사람들은 기존 서비스를 분석하고, 직접 사용해 보면서 새로운 서비스 모델과 제품을 구상하게 된다. 대부분의 서비스는 벌써 누군가 제공하고 있다. 그들은 괜찮은 서비스와 성공적으로 수익을 내고 있다. 나는 그들과 경쟁해야 한다. 그들의 비즈니스 모델보다 더 좋아야 한다는 현실적인 이유가 생긴다. 둘째, 개념화하는 것이 돈이 덜 들기 때문이다. 반면에 실행은 돈이 필요하다. 비즈니스 모델은 개념화의 과정이다. 내 머리만 있으면 얼마든지 시간을 들여도 다른 건 필요 없다. 분명 필요한 과정이지만, 상상의 나래로 꿈속에서 헤어나지 못할 수 있다. 돈이 부족한 스타트업들에는 완벽한 비즈니스 모델이 투자를 받거나 성공을 보장해 줄 수 있는 유일한 길이라고 집착하게 된다. 마지막 이유는 지금 이 순간 성공적으로 안착한 스타트업의 모습만 보기 때문이다. 그들은 단순하면서도 완전한 비즈니스 모델을 가지고 있다. 전 국민이 사용하는 카카오톡의 경우를 살펴보자. 실시간 메시지 전달 서비스 모델을 가지고 있다. 이 회사는 현재 다음(Daum)을 인수해 포털 서비스를 같이 하고 있다. 2015년 매출이 9,000억을 넘어선 대기업이다. 그들은 계속 모델을 확대해 나가는 한편 정교하게 만들어 나가고 있다. 수백 명이 서비스를 개발하고 있다. 이제 막 스타트업을 시작하는 우리는 이들처럼 비즈니스 모델이 섬세하고 완벽할 수 없다.

어떤 스타트업을 하는지 설명하기 위해서 비즈니스 모델은 매우 중요하다. 비즈니스 모델을 구체화하고 다양한 가능성을 살펴보는 작업은 당연히 해야 한다. 하지만 어떤 경우에도 실행이 수반되지 않으면 비즈니스 모델은 죽어 있을 수밖에 없다. 비즈니스 모델은 제한된 가설을 기반으로 하고, 고려해야 할 요소는 생략되거나 제한되어 있을 수밖에 없기 때문이다. 꼭 기억해야 한다. 고객은 완벽한 것을 원하는 것이 아니라, '가치 있는 것'을 원한다. 적당하고 괜찮은 비즈니스 모델을 만드는 것도 매우 힘든 작업이다. 완벽한 비즈니스 모델을 만들어 내는 것에 많은 시간을 소비하고, 거기에 매몰되어 있으면 더 이상의 진화가 없다. 비즈니스 모델이 적당하게 구성되었다면 작게라도 실행하자. 적당히 실험할 정도라면 매우 좋다. 이것이 비즈니스 모델이 더 활발하게 움직일 수 있도록 만들어 준다. 고려하지 못했던 것을 보완 해준다.

신화 4 스타트업은 고객을 이끌어야 한다

스타트업은 결국 고객에게서 시작한다. 고객에게 필요한 것이 무엇인지 알아야 한다. 그것을 해결해 주고, 새로운 가치를 제공해야 한다. 그래서 서비스를 기획하고, 제품을 만든다. 그것에는 고도의 기술이 포함되기도 하고, 단순히 서비스 절차만 제공하기도 한다. 고객이 보기에는 단순해도 그걸 구현하기 위해서는 많은 절차와 기술이 필요하다. 고객이 그런 것을 전부 알 수도 없고, 실제로는 알 필요도 없다. 하지만 스타트업은 고객이 가치에 집중해야 하기 때문에 고객이 제시하는 서비스 의견에 집중해야 한다. 그들은 경우에 따라서는 불평하기도 한다. 하지만 대다수 고객의 의견과 불평은 벌써 알고 있거나 개선을 하고 있는 내용이다. 거기에다 스타트업 구성원들 역시 고객이기 때문에 서비스를 잘 안다고 생각한다. 때때로 우리가 만든 제품과 서비스로 오히려 고객을 이끌어야 한다고 생각하기도 한다.

스타트업이 고객을 이끌어야 한다는 신념의 근간에는 성공한 스타트업들의 상품 개발 방법의 변화가 존재한다. 일반적으로 상품을 개발할 때 시장 분석과 고객 가치 분석을 실시하게 된다. 특히 고객 가치 분석을 할 때면 고객에게 직접 상품에 대한 의견을 물어보는 것이 대부분이다. 설문이나 패널 토론과 같은 과정을 거친다. 하지만 애플의 스티브 잡스는 설문 조사를 거부했다. 잡스는 '설문 조사를 해야 하는가'라는 질문에 "우리는 새로운 것을 만들 때 설문 조사를 하지 않습니다. 고객들은 설문 조사에서 거짓말을 하거든요. 고객들은 스스로가 자신이 원하는 걸 모릅니다"라고 답했다. 잡스의 설문 조사 불필요라는 도발적인 발언은 고객이 생각하는 현재의 의견을 뛰어 넘어야 하며, 상품 개발자는 오히려 고객에게 가치를 제공해야 한다는 점을 분명히 했다.

"애플의 유전자를 구성하는 데는 단순히 기술만으로 충분하지 않습니다. 기술이 예술과 결혼하고, 기술이 인문학을 만날 때 우리의 심장을 뛰게 만듭니다." 스티브 잡스는 이렇게 이야기했다. 애플은 먼저 가치를 제공했다. 스티브 잡스는 인간이 가진 근본적인 욕구에 집중했다. 애플에는 '상자'만 연구하는 연구소가 있다. 그곳에서는 아이폰의 박스 패키지에 대한 연구를 한다. 처음 아이폰을 사고 뚜껑을 열 때의 느낌을 만들어 내기 위해 애플은 수백 수천 번 실험을 하고 특허를 취득하고 있다. 자기 자신도 모르는 필요성을 고민하기 때문에 예술과 인문학을 중요시한다. 애플의 공식 대리점은 고객이 들어와서 움직이는 모든 것을 고려해서 설계하고 구성한다. 바닥의 색깔, 테이블의 색깔, 맥북(MacBook)이 움직이는 각도, 직원의 행동 절차까지 우리가 생각하지도 못한 많은 것을 치밀하게 계산하고 준비한다. 고객이 맥북의 촉감을 느끼게 하려고 일부러

90도로 맥북을 열어 놓는다. 화면을 보게 해서 손으로 맥북을 만지게 하려는 의도다. 하지만 애플은 스타트업이 아니라 대기업이다. 1976년 창업해서 40여 년이 되었다. 오래되었지만 끊임없이 창의적인 제품을 만드는 글로벌 대기업이다. 그래서 고객에게 완전히 새로운 경험을 제공할 수 있다. 그럴 만한 자원과 자본을 가졌다. 또 그렇게 해야 지속 가능한 회사로 존재할 수 있다.

스타트업은 그렇지 않다. 우리는 애플이 아니다. 우버(Uber)처럼 현재 택시 서비스의 가치사슬을 창조적으로 파괴하여 고객으로 하여금 새로운 것을 경험할 수 있도록 해주었다. 그러나 실제로 성공한 대다수 스타트업은 철저하게 고객이 지금 가지고 있는 문제점에서 시작했다. 카카오택시는 믿을 수 있는 택시를 예약하는 단순한 서비스다. 기존에도 콜 서비스가 있었다. 기존 콜택시의 불편함과 신뢰하지 못했던 것을 대체한 것이 카카오 택시다. 쏘카(Socar. kr)는 카쉐어링 서비스다. 차를 쉽게 빌릴 수 있으면 좋겠다는, 보통 사람들의 욕구를 잘 맞춰준 서비스다.

우버[11]와 카카오 택시[12]

11) http://m.consumuch.com/news/articleView.html?idxno=15592)
12) http://blog.daumkakao.co.kr/321

우리가 알고 있는 괜찮은 스타트업들은 바로 내가 불편했던 것을 해결해 주고, 정말 나에게 필요한 것을 제공하는 서비스들로 무장되어 있다. 그들은 고객을 이끌려고 하지 않고, 쉽고 좋은 서비스에 집중한다.

신화 5 스타트업은 배경이 중요하다

최근 다양한 스타트업 경진 대회가 여러 곳에서 진행되고 있다. 많은 팀이 다양한 경진 대회 혹은 공모전에 나가서 좋은 성과를 거둔다. 누군가에게 평가를 받아서 상을 받는다는 것은 매우 좋은 일이다. 그런데 조금 더 깊이 보면 스타트업 관련 행사들이 여기저기에서 우후죽순 격으로 만들어지고 있다. '상'을 받거나 좋은 성적을 얻는 것은 우연히 될 수 있다. 다양한 행사를 통해 내가 가진 서비스나 상품을 소개하는 것은 매우 중요한 일이다. 하지만 그곳의 작은 성과가 전부일 수는 없다.

스타트업에서 성공률은 1%도 안 된다는 이야기가 있다. 100개의 회사 중에 1개 정도다. 이 회사들이 전부 상을 받았거나, 경진 대회에서 우수한 성적을 거둔 경우는 별로 없다. 좋은 성적은 그저 더 열심히 하라는 격려에 불과하다. 현실에서는 고객의 선택이 더 중요하다.

스타트업을 구성하는 구성원들은 매우 중요하다. 이는 투자자들이 어떤 경험과 전문성을 가진 사람들이 참여했는지를 꼼꼼하게 살펴보는 이유다. 특히 CEO의 경우는 더 그런 것 같다. 카카오를 설립한 김범수 의장을 보면 CEO의 중요성은 이루 말할 수 없다는 것을 잘 알 수 있다. 김범수는 서울대를 나온, 똑똑한 사람이다. 삼성

SDS를 다니다 퇴사한 후 한게임을 만들었고, 2000년에 네이버와 통합해서 NHN의 공동 대표를 지냈다. 그가 카카오를 만들었다. 카카오는 단순한 서비스였고, 유사한 것이 많이 있었지만, 시장의 관심은 김범수에게 향했다. NHN의 김범수가 만든 서비스였기 때문에 성공했다고 하는 사람이 많다.

김범수 같은 CEO가 있다면, 스타트업이 성공할 가능성이 높을 것이다. 그는 돈도 많고, 배경도 든든하다. 그리고 성공 히스토리도 갖고 있고, 휴먼 네트워크도 매우 좋다. 그러나 성공한 스타트업의 대다수는 이런 배경을 가진 CEO의 보유 여부와 관련성이 별로 없다. 다양한 사업에서 성공한 사람도 새로운 스타트업에서 실패하는 것이 부지기수다. 오히려 실패한 것이 성공을 이끌어내는 경우가 더 많다. 불과 열일곱 살의 어린 나이에 빌 게이츠와 폴 앨런은 트래프오데이터(Traf-O-Data)라는 회사를 설립했다. 교통 정보를 수집하는 소프트웨어를 판매했다. 하지만 많은 버그와 비정상적인 기능으로 인해 결국 비즈니스를 접게 된다. 마이크로소프트의 두 거인의 첫 번째 실패였다.

2014년 연매출 35억 규모인 북팔(BookPal)이라는 회사를 경영하면서 '개인 출판계의 유튜브'라는 평가를 받고 있는 김형석 대표도 사업 과정에서 겪은 수많은 실패를 기반으로 성공했다. "사람들이 콘텐츠 뷰어로서 스마트폰을 활용할 거라는 판단은 맞았던 것 같고, 북팔 서비스를 시작한 건 참 잘한 것 같다. 그런데 2012년도에 서비스를 시작하자마자 성과가 나오고 반응도 좋아서 착각을 많이 했다. 큰 판단 실수도 한 번 했고, 자잘한 건 셀 수도 없다. 문제는 속도감이었다. 스마트폰을 통한 변화의 속도가 우리 생각보다 무척 빨랐다. 시장이 100km로 달리면 우리는 150km로 달렸어야 했다.

이러한 시장의 속도를 잡지 못해 실패한 경우였다. 그 뒤 우리가 명확하게 느낀 건 아무리 좋은 것이라 해도 우리가 할 수 있는 게 있고, 할 수 없는 게 있다는 거였다. 할 수 있는 것만 하고 그걸 빨리 하는 것으로 전략을 바꾸었다."[13]

비즈니스를 시작할 때는 잘하는 것을 더 잘하는 게 중요하다. 그것에 어떤 배경이 있는지는 그렇게 중요하지 않다. 실패한 것도 성공한 것도 전부 훌륭한 자양분이 될 수 있다. 분명한 것은 고객에게 어떤 가치를 줄 것인가에 좀 더 집중하는 것이다.

'핀켓' 사용자 화면[14]

신화 6 스타트업은 자유분방하다

스타트업에 뛰어든 사람들 중에는 창의적이고 열정적인 사람이

---

13) http://platum.kr/archives/33003 "스타트업 기업가, 그들은 어떻게 실패를 극복했을까?"
14) 모바일 '핀켓' 앱

많다. 그들은 예술가 기질을 가진 사람들도 많고 과학자와 같은 치밀함을 가진 사람들도 많다. 조금 성급한 일반화일지 모르겠지만, 스타트업에 참여한 사람들은 재미있고 자유롭게 일할 권리를 당연하게 여긴다. 구글의 사무실[15]을 본 사람들이라면 스타트업이라면 이런 자유분방한 분위기가 있어야만 한다고 생각하게 된다.

언제든지 소통할 수 있는 다양한 장소에서부터 중간 중간 게임을 할 수 있는 공간, 그리고 끊임없이 떠들고 이야기할 수 있는 카페 형태의 사무실까지 격식을 파괴하고 자유롭게 의견을 나눌 수 있는 공간들이 있다. 사무실이 거의 놀이동산 수준이다. 개인들이 일하는 시간도 자유롭고, 다양한 방식으로 업무를 추진한다. 온몸에 문신한 사람부터, 반바지 차림으로 일하는 사람까지 각양각색의 사람들이 있다. 그들은 전 세계에서 온 사람들이고, 자유분방해 보인다.

구글의 사무실 모습

---

15) 구글 코리아 홈페이지

이렇게 내 마음대로 하는 문화가 스타트업의 문화일까? 대다수 스타트업은 성과 지향적 조직 문화를 가졌다. 빠르게 성장하기 위해서는 창의적 환경과 개인들의 창조적 혁신이 필요하다. 따라서 보통 스타트업에 참여한 개인들은 매우 높은 수준의 목표가 설정되어 있다. 대다수 미국계 기업은 개인의 성과에 따라 연봉이 책정되고 계약관계를 유지하는 성과 중심 체계다. 그래서 애플이나 구글의 경우도 비슷한 일을 하는 사람들의 연봉이 수십 배 차이 나는 경우도 비일비재하다. 성과를 달성하지 못하면 그냥 해고당하거나 퇴출되는 문화다. 잘하는 사람을 존중하고 더 우대하는 것이 미국식 스타트업 문화다.

스타트업의 최대 자산은 사람이다. 성과를 낼 수 있도록 일하는 풍토와 분위기가 긍정적으로 유지되면 직원들의 잠재 능력이 커지고, 역량도 더 잘 발휘될 것이다. 스타트업의 스피드를 높이기 위해서는 전 직원이 의사결정권자가 될 수 있어야 한다. 모든 직원은 오너의 시각으로 중요한 결정에 언제든 의견을 피력하고 참여할 수 있어야 한다. 공동 책임과 공동 권한 의식은 강력한 스타트업 문화의 기반이 되는 것이다. 거대 기업이 된 구글의 직원들이 지금도 이메일이나 다양한 공식적인 자리에서 레리 페이지나 세르게이 브린 같은 경영진에게 회사의 문제에 대해 공개적으로 질문하고 자신들의 의견을 제시하고 있다. 구글에서는 기본적으로 권위와 위계질서가 배제된 상황에서 수평적이고 열린 소통을 할 수 있었기에 이러한 기업 문화의 구축이 가능했다. 서로가 가치를 공유하고 주인 의식을 가지고 자신이 맡은 성과를 달성하려고 노력하기 때문에, 밤을 새워서 일하든지, 회사를 늦게 나오든지, 회사에서 오락을 하든 게임을 하든지 관계가 없는 것이다. 모든 직원은 평등하다는 생각으로 상대방을 배려하면 스스로 참여하고 헌신하는 문화가 스타트업의 문화다.

'도도포인트'로 유명한 스타트업인 스포카(Spoqa)는 실리콘밸리 못지않게 좋은 스타트업 문화를 가지고 있다. 2015년도 잡플래닛 (JobPlanet)에서 발표한 일하기 좋은 중소·중견기업 5위로 뽑히기도 했다[16]. 스포카의 독특한 근무제도인 리모트 근무제도는 개발자의 창의성을 최대한 높여주기 위해 출퇴근 시간을 없애고 자택 근무도 가능하게 해줬다. 이게 가능한 건 개발자들의 경우 종종 집에서 일하는 게 더 생산성이 높기 때문이다. 최재승 대표는 "일을 즐겁게 하는 것도 중요하지만 잘하는 것이 더 중요하다"며 "자유로운 환경에서 업무 성과가 더 확대될 수 있다면 그것을 지원해 주는 것이 우리가 할 일이다"라고 덧붙이고 있다. 즉, 작고 빨라야 하는 스타트업 특성에 맞게 지원해 주기 위해서 안락한 소파를 줄 수도 있고, 당구대를 제공할 수 있다. 그러나 결국은 자유분방함보다는 자기절제력, 타인에 대한 배려심, 주인의식을 가지는 것이 진정한 스타트업인 것이다.

페이스북과 협업[17]

16) http://www.venturesquare.net/596683
17) 이미지 소스: OpenAs 제공

2

2장.
스타트업
실행 방법론

2장. 스타트업 실행 방법론

만약 스스로 좋아하는 일을 한다면, 열정적인 일을 한다면, 그 일이 어떻게 진행될지에 대한 구체적인 마스터 플랜은 필요 없다.

_마크 저커버그(Mark Zuckerburg), 페이스북 CEO

2.1 애자일(Agile)의 시대

1964년은 일본에서 도쿄올림픽이 열린 해다. 이때 처음으로 방송위성을 통해서 올림픽 중계가 되었고, 일본은 전 세계 강대국의 면목을 보여주었다. 바로 그때가 IBM에서 '시스템/360'이라는 새로운 컴퓨터 메인 프레임(Main Frame)을 발표했고, 베이비붐의 마지막 세대가 태어난 시기다. 2014년, 이 세 가지 사건은 엄청난 변화로 다가온다. 시스템의 발전은 인터넷과의 연결로 전 세계를 연결해 놨고, 방송과 미디어의 발전은 정치적, 경제적 변화의 핵심이 되었다. 또한 베이비붐 세대의 은퇴가 전 세계 경제 변화의 핵심축이 되고 있다. 앞으로 50년이 흐른 뒤의 시대에는 그 변화가 더욱 빠르고 상상하기 힘들 정도가 될 것이다. 이런 변화를 '맥킨지 쿼터리(Mckinsey Quarterly)'는 '미래 50년을 위한 경영'을 테마[18]로 해서 세 가지 주제(제2의 기계시대, 신흥시장의 부상, 고령화)로 정리하

18) http://www.mckinsey.com/business-functions/strategy-and-corporate-finance/our-insights/management-intuition-for-the-next-50-years

고 있다.

기술의 변화는 빠르게 진화되고 있다. 이세돌과 알파고의 대국 이후 로봇에 대한 우리의 인식은 바뀌고 있다. 인공지능은 우리의 일과 삶에 깊이 파고들 것이다. 지금도 IoT(internet of things)라 불리는 제품과 기기 간의 연결이 모든 것을 연결할 것이다. 베트남, 인도네시아, 인도 그리고 아프리카의 도시들이 성장할 것이다. 이곳들의 인구 70~80%가 현재 20대다. 반면에 대다수 선진국은 인구가 감소하고 있으며, 중국조차 생산가능인구가 2012년에 정점에 도달했다. 빠른 기술 변화와 시장의 변화는 사업가들에게는 기회다. 얼마나 빠른 민첩성(Agility)를 보여주는지가 승패를 좌우한다. 이제 시대는 민첩함이 모든 부문에 핵심이 되는 애자일(Agile)의 시대가되었다.

기업의 경영은 디지털화의 진보로 기술과 데이터를 최적 수준으로 활용하고 능수능란한 경영자가 더욱 필요하게 된다. 산업 간 경계는 붕괴되었다. IT인지 생명공학인지, 기계공학인지 잘 모를 정도로 다양한 서비스가 나오고 있고, 좋은 의미로는 융합이 이루어지고 있다. 지금부터 '민첩성' 있는 경영 시스템을 갖춘 조직만 성공할 수밖에 없다. 노키아, 소니, 코닥 그리고 모토롤라는 2000년대를 풍미하던 기업들이다. 이들이 붕괴된 이유는 게으르고 느리기 때문이 아니다. 그들이 과거의 성공 방정식에만 너무 몰입되어 있었기 때문이다. 그들은 빠르게 움직였지만, 민첩하지는 않았다. 보통 이것을 활동적 타성(active inertia)이라고 한다. 조직이 시장의 변화에 민감하게 대처하지 않고 과거의 성공 방식을 그대로 열심히 답습하려는 성향을 일컫는 단어다.

애자일 경영(Agile Management)은 고객과 시장에 민감하게 움직이는 것이 핵심이다. 그래서 경영진의 목표를 달성하려는 하향식 (Top-down) 방법보다는 구성원 모두가 목표를 완성해가는 상향식 (Bottom-Up)으로의 전환을 의미한다. 즉 소수의 몇 명만 리더십을 발휘하는 것이 아니라 모든 계층이 리더십을 발휘하는 경영이다. 애자일 관점의 방법론은 자기주도형이고 일회성이 아닌 지속적인 프로세스로서 작동해야 한다.

애자일시대에 가장 적합한 기업 형태는 스타트업이다. 작고 빠르기 때문이다. 스타트업은 본질적으로 고객에게 민감하다. 기업의 크기와 관계없이 제조업이 작동했던 조직 형태는 대부분 분업이다. 일을 하기 위해서는 일을 나눠야 한다. 이것이 잘 통하는 곳이 아직도 많다. 하지만 스타트업은 기존 분업 방식과는 다르다. 스타트업은 사람이 가진 지식을 구체화하고 창의적인 방식으로 새로운 가치를 만드는 과정이다. 대량 생산이 아닌, 소량 생산이고 소수의 고객에 집중하기보다는 대중에게 집중한다. 즉, 소량이면서 대중에게 민감해야 한다. 그래서 기존 컨베이어 벨트 방식은 실패로 끝난다.

좌/ 애자일시대는 구성원 모두가 목표를 완성해 가는 상향식 경영 방식이 유리하다.[19]
우/ 과거에는 열정적이고 카리스마 있는 리더를 믿고 따르는 하향식 방법이 중요했다.[20]

19) 이미지 소스: OpenAs 제공
20) 이미지 소스: OpenAs 제공

프로젝트 과정을 살펴보자. 기존의 분업화된 업무는 내 것을 잘 하는 게 중요하다. 그래서 정해진 방식에 맞게 프로젝트를 추진해 가면 된다. 이런 방식에는 사람이 중심이 아니라 과업(Task)에 맞는 성과(Outcome)가 중요하다. 즉 사람보다는 단계별 성과가 제대로 도출되었는지가 중요하다. 그다음으로 넘어가기 위해서는 적절하게 과업을 해결하고 수행해야 하고, 이 경우에는 밤을 새워서라도 마무리해야 한다. 모든 게 데드라인(Deadline, 최종 마감일)과 관련된 다. 그래서 가끔 프로젝트 구성원들이 맛이 간다(Burn out). 탈진해서 몇 개월을 쉬거나 일을 관두는 경우도 비일비재하다. 이는 사람이 우선시되는 것이 아니다. 창의적 프로젝트는 몰아붙여서 되는 건 아니다. 창의라는 것이 사람들의 잠재된 능력을 끌어올려야 하는데, 밀어붙이는 것은 한계가 있다. 그래서 프로젝트에 참여하는 사람들이 행복해야 한다.

애자일의 시대는 민첩함이 전부다. 고객 혹은 시장에 민첩하다는 건, 창의적인 아이디어로 고객과 시장에 대응하는 것이다. 이런 과정은 프로젝트에 참여한 사람이 행복해야 한다. 그래야 고객이 행복하다. 대부분 성공한 스타트업이 자유로운 분위기를 제공한다. 그렇다고 놀지 않는다. 오히려 더 성과 지향적이다. 이것을 확인할 수 있는 유일한 방법은 얼마나 즐겁게 일하고 있는가에 있다.

2.2 스타트업이 성공하는 이유

스타트업 중에서 성공한 곳을 분류하는 방식이 있다. 회사의 가치를 평가해서 천억이 넘으면 보통 매우 성공한 스타트업이 되고,

조 단위에 이르면 '더 유니콘 클럽(The Unicorn Club)'이라고 부른다. '유니콘'이란 전설 속의 상상의 동물이지만 마치 유니콘처럼 보기 드물고 마술과 같은 가치를 창출한다고 해서 그렇게 부른다.

유니콘들의 모습은 어떨까?[21] 미국에서 유니콘은 대부분 주식 시장에 상장하지 않고 장부상으로만 존재한다. 유니콘들은 전 세계에서 성공한 기업들이다. 그들에게는 스마트폰, 소셜 네트워크가 있고, 이것은 세계를 대상으로 비즈니스를 한다는 의미가 된다. 거기에 투자자들이 투자하기 좋은 스타트업들이 많다. 대부분이 B2C (Business to Customer)서비스다. 왓츠업(Whatsapp), 유투브, 에버노트(Evernote), 우버, 에어비엔비 등이다. 이런 유니콘들에는 몇 가지 특징이 있다. 미국에서 시작해서 미국 자본에 의해서 성장한다. 전형적인 실리콘밸리 사람들이다. 제품에 대한 명확한 비전을 가지고 있고, 훌륭한 교육을 받았으며, 창업은 평균 30대 중반에 했다. 그들은 절대 혼자 창업하지 않는다. 유니콘의 80% 이상은 3명 정도가 같이 창업했고, 그들은 공동 창업자들이었거나 같은 학교 출신이었다. 큰 성공을 거둔 유니콘들은 80% 이상이 회사가 창업 당시의 제품을 유지하거나 동일한 목표를 위해서 제품과 서비스를 지속하고 있다. 그것을 위해서 지속적으로 Pivot(비즈니스 모델의 변화)을 지속하고 있다.

한국의 유니콘을 살펴보자[22]. 한국의 대표적인 유니콘은 쿠팡, 카카오, 라인, 엔씨소프트 같은 회사들이다. 여기에도 몇 가지 특징이 있다. 대부분 게임과 같은 소프트웨어 회사들이 많다는 점이다.

---

21) http://techcrunch.com/2015/07/18/welcome-to-the-unicorn-club-2015-learning-from-billion-dollar-companies/

22) http://kr.besuccess.com/2014/09/unicorn-club-of-korea/

아니면 전자상거래 분야다. 중요한 부분은 B2C가 대다수를 차지한
다. 특정 대학 출신이 창업 구성원들이고 그들끼리 잘 알고 지낸다.

　대다수의 크게 성공한 스타트업을 분석해 보면 지금은 스타트업
이라는 명칭을 붙이기 어려운 회사들이다. 스타트업에서 벗어나 이
제는 대기업 혹은 중견기업으로 성장한 회사들이다. 하지만 그들의
성공 방정식은 우리는 알아야 한다. 포브스의 분석에 따르면 스타
트업 성공에는 11개의 이유가 있다고 한다.[23]

　첫 번째는 잘 정의된 비전(Well-Defined Vision)이다. 최근 스타
트업 팀의 연구 결과는 공유된 비전이 스타트업에서 구성원들 간의
활동을 촉진하는 핵심 요소라는 점이 확인되었다[24]. 185개 소규모

23) http://www.forbes.com/sites/tanyaprive/2013/03/29/top-11-reasons-startups-succeed/
24) 이혜정, 박준기, 이세윤(2016). 《Exploring the Relationship among Conflict, Knowledge Sharing,
　　and Agility in Startup: Focus on the Role of Shared Vision.》 Asia-Pacific Journal of Business
　　Venturing and Entrepreneurship 11(3): pp. 233-242.

스타트업 기업의 조사 결과 지식 공유 활동을 하는 과정에서 구성원들은 끊임없이 다양한 의견을 제시하고 상호 간의 충돌이 발생하게 된다. 이런 과정은 자연스럽긴 하지만, 종종 갈등으로 나타나게 된다. 이것을 과업갈등(Task Conflict)이라고 정의한다. 과업갈등은 대부분 팀 성과 수준의 저하 요인이 되지만, 놀랍게도 비전 공유가 잘된 스타트업의 경우 갈등 자체가 줄어드는 현상이 관찰되었다.

두 번째는 스피드(Speed)의 차이에 있다. 조금 더 명확한 표현은 타이밍(timing)이다. 스타트업들은 특정한 목표가 있다. 시장에서 필요로 하는 것에 빠르게 반응하는 특성상 스타트업은 목표한 것을 신속하게 이루어야 한다. 성공한 스타트업들은 자신들의 타이밍을 계산하고 경쟁자들보다 앞서 서비스를 진행했다. 스피드는 빠르게 잘못된 것을 바로잡도록 만든다. 그렇게 함으로써 제품과 서비스를 지속적으로 향상시킬 수 있다.

세 번째는 적절한 예산 통제(Budget masters)다. 스타트업들은 기본적으로 자원이 부족하다. 돈도 사람도 부족하다. 해야 할 것은 많지만 항상 부족하다. 그래서 꼭 필요한 것에만 돈을 써야 한다.

네 번째는 네트워킹(Networking)이다. 스타트업 성공을 위해서는 스타트업 구성원들은 영향력 있고, 능력 있는 사람들과 충분한 네트워크가 있어야 한다. 이들과의 관계를 가지는 것에 적극적이어야 한다. 외부 사람들과의 사회적 관계만큼이나 내부 구성원들을 지속적으로 독려해야 한다. 모든 것은 사람들에게 달려 있다.

다섯 번째는 규율(Discipline)이다. 스타트업 팀은 강력한 조직 문화가 필요하다. 스타트업은 자유분방하지 않다. 그들은 높은 수준의 목표를 달성하기 위해서 매우 경쟁적이다. 그렇기 때문에 얼마든지 자유롭게 일하고 생각하고 창의적인 환경을 만들고자 노력하는 것이다. 자기절제를 바탕으로 긍정적인 환경을 만들어 낸다. 그것은 규율과 같은 강력하고 능동적인 조직 문화가 있기에 가능하다.

여섯 번째는 투지(Determination)는 성공에 꼭 필요한 조건이다. 성공하는 팀은 절대 실패하지 않는다는 강한 확신을 가지고 있다. 아무리 힘들고 어려울 때도 비즈니스를 성공시킬 것이란 투지에 불타올랐다. 모든 힘든 도전도 그렇게 극복했다. 성공한 스타트업은 그렇다. 짐콜린스가 이야기했듯이, 버스는 같은 방향으로 가는 사람들이 타야 한다.

일곱 번째는 변화대응력(Ability to Adapt to Change)으로 최고의 스타트업들은 새로운 기술을 적응하는 데 적극적이다. 변화를 통해서 엄청난 기회를 가지게 된다. 최초의 MP3 플레이어를 만든 한국 기업은 없어졌어도 그걸 가장 잘 활용한 애플은 최고가 되었다.

여덟 번째는 자금 확보 능력(Fundraising Skills)이다. 현금은 비즈니스를 운영하기 위한 핵심 요소다. CEO는 돈을 잘 끌어와야 한다. 다양한 플랫폼을 사용해야 하고, 돈 있는 사람들을 만나야 한다. 더 중요한 건 비즈니스를 잘해서 사업으로 현금을 마르지 않게 하는 것이다.

아홉 번째는 리스크를 감당하는 타협하지 않는 신념(Unwavering Belief)이다. 리스크가 크면 이익도 크다. 대다수 스타트업은 리스크가 큰 비즈니스를 성공한다. 수없이 많은 리스크로 인해 우회하는 경우도 많다. IT 솔루션 업체들이 먹고 살기 위해서 IT 인력 파견업에 뛰어드는 것도 살기 위해서 하는 행동이다. 힘들더라도 리스크를 감당해나간 스타트업은 성공했다.

열 번째는 시간관리(Master of Time Management)다. 스타트업의 삶은 힘들다. 해야 할 일은 많고 사람은 부족하다. 성과를 내기 위해서는 시간 관리에 힘써야 한다. 성공한 사람들은 시간을 잘 활용한다. 결코 문제 때문에 잘못되는 것이 아니라 우선순위를 잘못 관리하고 실행력이 낮아서이다.

마지막 열한 번째는 실행력(Execution)이다. 아이디어는 시작을 알리는 것이다. 실행력이 모든 성공의 99% 조건이다. 조금 부족한 아이디어도 훌륭한 팀을 만나면 성공한다. 조금 시간 관리를 못해도 최고의 실행력을 갖춘 팀에는 언제든 극복할 수 있는 작은 도전에 불과하다.

성공한 스타트업은 그럴만한 이유가 있었다. 그 이유들은 크게 비즈니스 모델 관리와 프로젝트 관리 두 가지 범주로 구분된다. 잘 정의된 비전, 변화 대응력은 비즈니스 모델의 영역이다. 한편 프로젝트 관리 영역은 스피드, 예산, 예산 통제, 자금 확보, 시간 관리 그리고 실행력의 부문이다. 스타트업의 성공의 비밀에는 프로젝트 관리의 방법들이 숨어 있다.

2.3 스타트업: 린 방법론과 프로젝트 관리

노나카 이쿠치로는 그의 책 《지식 창조 기업》에서 조직의 지식은 크게 형식지(Explicit Knowledge)와 암묵지(Tacit Knowledge)로 구분된다고 했다. 형식지는 체계화된 언어로 명시화되어 있기 때문에 전달할 수 있는 지식이다. 반면에 암묵지는 명시화가 어려운 것으로 상호 작용을 통해서만 공유를 할 수 있다. 이 두 가지 지식은 조직 내에서 상호 보완적으로 작용한다. 상호 작용이 이루어지는 과정을 지식 변화(Knowledge Conversion)라고 정의하고 사회화(Socialization), 외부화(Externalization), 조합화(Combination), 내부화(Internalization)의 4개 프로세스(SECI 모델)로 이루어져 작용된다. 이 변환 과정은 한 과정이 다른 과정의 축적된 지식을 기반으로 변화되는 반복된 사슬과 같은 것이다.

영업이나 마케팅 활동을 지속적으로 수행할 때 가장 많이 활용하는 것이 PDCA모델이다. PDCA는 Plan(계획)-Do(실행)-Check(평가)-Act(개선)의 4단계를 반복하면서 업무를 지속적으로 개선하는 데 활용되는 모델이다. 품질 측정의 대가인 에드워즈 데밍(W. Edwards Deming)에 의해 개발되었다. 노나카의 SECI모델을 PDCA로 바라보면 놀랍게도 오버랩이 된다. Plan 단계는 사회화 과정과 연결되고, Do 과정은 외부화 과정에, Check 과정은 조화합 과정에, 그리고 Act 단계는 내부화에 연결된다. 사람이 가진 문제 해결 과정이나 지식을 축적하는 과정은 경험으로부터 온 것이라 두 모델의 연결은 어찌 보면 자연스러운 현상이다.

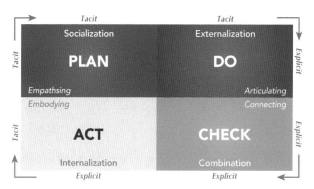

그림/ SCEI모델과 PDCA모델을 비교[25]

---

25) https://business901.com/wp-content/uploads/2011/01/SECI-Model-21.gif

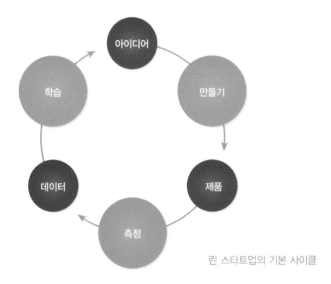

린 스타트업의 기본 사이클

변화는 현대의 조직에게 가장 중요한 키워드다. 비즈니스 모델의 변화에 따라 조직 문화도 바꾸어야 하고, 개인들은 새로운 기술과 업무 스킬을 습득해야 한다. 스타트업을 추진하는 데 있어 변화를 민감하게 반영한 방법론이 린 스타트업 방법론이다. 린 스타트업은 우선 시장에 대한 가정(market assumptions)을 테스트하기 위해 빠른 프로토타입(Rapid prototype)을 만들 것을 권한다. 그리고 고객의 피드백을 받아 기존의 소프트웨어 엔지니어링 프랙티스(Software Engineering Practices, 폭포수 모델 같은)보다 훨씬 빠르게 프로토타입을 진화시킬 것을 주장한다. 린 스타트업에서 하루에도 몇 번씩 새로운 코드를 릴리즈(실행되도록 구성)하는 것은 드문 일이 아니다. 이를 위해서 지속적 배포(Continuous Deployment)라는 기법을 사용한다[26]. 따라서 린 스타트업은 기본적으로 만들기-측정-학습

---

26) https://ko.wikipedia.org/wiki/린 스타트업

피드백 순환을 통해 전체 시간을 최소화한다.[27] 중요한 사실은 린 스타트업방법론도 PDCA에 근간을 두고 있다는 사실이다. 에릭 리스는 PDCA를 기반으로 해서 평가(Check)는 스타트업에서는 지속적인 학습(Study)의 형태가 될 것으로 봤고, 개선(Act)는 스타트업에서는 새로운 적용과 변화(Adjust)로 변경해서 PDSA 모델에서 발전한 것이 린스타트업 Cycle이다.

만들기-측정-학습(Build-Measure-Learn) 사이클의 첫 번째 단계인 만들기는 최소 가능 제품(Minimum Viable Product)을 빠르게 만들어 내는 것이 목표로서, Plan, Do 단계다. 측정 단계는 제품이 목표에 맞게 만들어졌는지를 확인하는 곳으로 Study(Check) 단계와 연결이 된다. 마지막 학습 단계는 제품을 지속할 것인가 변경할 것인지를 결정하는 단계로 Adjust(Act) 단계와 매칭되는 영역이다. 이런 순환 과정을 '단일순환학습(Single loop learning)'이라고 부른다. 단일순환학습은 효율성(Efficiency)을 높이는 데 초점을 맞춘 방법이다. 즉, 더 좋은 것을 만들기 위한 것이다. 잘못된 것을 고치고, 더 빨리 제품을 만드는 과정이 단일 순환학습의 핵심이다.

반면에 이중순환학습(Double-loop learning)은 조직학습이론에서 나온 개념이다[28]. 조직 관점에서 학습은 효율성과 더불어 효과성도 높아져야 한다. 효율성은 더 좋은 제품을 만드는 것이라면 효과성(Efficacy)은 필요로 하는 자원으로 충분한 결과물이 나오는 것을 말한다. 이중순환학습은 문제가 발생했을 때 현재의 규범을 결정짓고 있는 기본 전략과 전제 그 자체를 원점에서부터 재검토해

---

27) 에릭 리스, 《린 스타트업》, 71쪽

28) Argyris, C. and D. A. Schön(1978), 《Organizational learning: A theory of action perspective》, Addison-Wesley Reading, MA.

전략을 수정하는 것을 말한다. 즉, 기존 행동을 이루는 여러 가설과 이론 자체에 의문을 갖고 근본적으로 질적 변화를 유도하는 게 목적이다. 끊임없는 시행착오와 성찰을 통해 기본 가설들을 재점검하기 때문에 근본적인 전환점을 마련할 수 있다.

린 스타트업에서도 이중순환학습이 존재한다. 보통 피벗(Pivot)이라 불리는 과정이다. 스타트업은 초기에 비즈니스 모델을 맹신(leap-of-faith)하게 되는데 이것이 기본 가설(Baseline hypotheses)이다. 시간이 흐르면서 다양한 학습을 통해서 전략(비즈니스 모델)을 변경하게 되는데 이것을 피벗이라고 한다. 스타트업 과정에서 제공하는 서비스나 제품을 지속적으로 개선하는 것은 만들기-측정-학습(Build-Measure-Learn) 사이클로 충분하다. 그러나 피벗을 결정했다면 그것은 이중순환학습 과정에 들어가게 된다.

일반적으로 프로젝트에 적용되는 방법론은 PMBOK(Project Management Body of Knowledge)에 기반을 둔 프로젝트 관리 프로세스(Project Management Processes)의 단계로 요약될 수 있다. 프로젝트 관리 프로세스 사이의 상호 관계의 기본 개념은 PDCA 사이클로 연결된다. 즉, 기본적인 프로젝트 생명주기(Project Life Cycle)는 4개의 단계로 구성된다. 프로젝트 계획 수립(Plan), 수행 (Do), 품질 평가 및 통제(Check), 개선 수행 및 종료(Act)의 과정이다. 프로젝트 관리 방법은 기본적으로 한정된 자원을 바탕으로 특정한 목표를 달성하기 위해 제한된 기간 안에 프로젝트를 완료하고자 만들어진 방법론이다. 따라서 프로젝트 완료 이전에 반복적으로 프로젝트 과업 달성을 위해 계획(Planning), 실행(Executing), 통제(controlling)가 유기적으로 작동되도록 구성되어 있다. 따라서 PDCA가 프로젝트 내에서 반복적으로 실행되는 형태로 구성된다. 따라서 PDCA를 확대해서 적용한 것이 프로젝트 관리 방법론으로 5개의 프로세스 그룹으로 구성된다.

1. 프로젝트 착수(initiation)
2. 프로젝트 계획(planning)
3. 프로젝트 실행(execution)
4. 프로젝트 통제(monitoring and controlling)
5. 프로젝트 완료(closure)

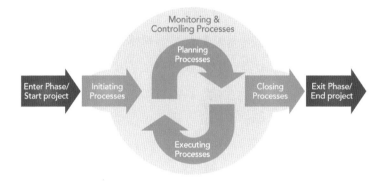

Project Management Process Groups[29]

첫 번째, 프로젝트 착수는 프로젝트를 정의하는 단계다. 이 단계에서는 프로젝트 타당성 조사, 사업 추진 기본 전략서, 사업 착수서의 작성 등이 진행되는데 프로젝트 범위, 인도물, 기간 및 자원 투입량을 정의한다. 또한 프로젝트 관리자를 선임하고 규모가 크거나 복잡한 프로젝트를 여러 단계로 세분화하는 것도 이 단계에서 수행하

29) 《PMBOK Guide》, Fourth Edition, 2008

게 된다. 이 단계는 기본적으로 프로젝트 초기 단계이기 때문에 리스크는 크고 비용 투입은 적으며, 불확실성이 매우 높다. 아직 프로젝트 세부 항목들(예산, 일정, 목표 등)의 변경 가능성이 높다.

두 번째 단계인 프로젝트 계획 단계에서는 목표를 정의하고 수정·보완하며, 프로젝트가 수행해야 할 목표 및 범위를 달성하기 위해 필요한 행동 방침을 계획한다. 이 단계는 프로젝트 생명주기 전체에서 가장 중요하다. 프로젝트팀을 구성하게 되고, 전문가의 의견들을 기반으로 커뮤니케이션, 위험, 예산과 같은 프로젝트 계획이 수립된다. 다양한 계획들을 통합해서 정리하는 단계다. 이 단계의 프로젝트 정의 수준에 따라 전체의 성공이 좌우된다. 따라서 실행 결과에 따라 계획을 반복적으로 수정·반영해 주어야 한다.

세 번째는 프로젝트를 실행하는 단계다. 프로젝트에 소요되는 인력과 자원을 갖추고 프로젝트 관리 계획에 따라 진행한다. 프로젝트는 다양한 업무들로 구성된다. 개별 업무들이 통합적으로 수행되도록 한다. 대부분 이 과정에서 인력 운영의 어려움이 발생한다. 또한 가장 중요한 자원이 예산이 계획에 따라 집행되며, 실제로 적절한 자원 투입 관리가 중요시된다. 지속적으로 자금 흐름을 관리하고 적절하게 프로젝트 기간 전체에 배분되도록 해야 한다.

네 번째는 프로젝트 통제 단계로 프로젝트의 진행을 정기적으로 측정하고 관찰하여 프로젝트 관리 계획과의 차이를 식별함으로써 프로젝트 목표를 달성하는 데 필요한 시정 조치를 취할 수 있도록 한다. 이 단계에서는 지속적인 토론과 협의가 진행된다. 프로젝트 초기에서 완료까지 전 과정에서 통제가 이루어진다.

마지막 단계가 프로젝트 생명주기의 가장 마지막인 종료다. 제품, 서비스 또는 결과물의 인수를 공식화하고 프로젝트를 종료시킨다. 이 단계가 되면 프로젝트의 결과물이 산출되고 마무리되기 때문에 리스크는 가장 작아진다. 이때 가장 고려해야 할 것이 프로젝트에 참여했던 구성원들이 프로젝트 완료 이후 다른 프로젝트로 전환하려고 마음이 떠나 버리게 된다. 따라서 프로젝트의 결과물에 대한 문제가 발생하거나 추가 작업이 발생하는 경우 이를 수행할 수 있는 여력이 부족하게 된다. 따라서 프로젝트 전체 과정에서 배울 수 있는 것들을 잘 남겨놓고 지식화하는 작업을 해야 한다.

소프트웨어 개발 프로젝트에 많이 적용하고 있는 것이 애자일방법론이다. 일반적인 프로젝트와 마찬가지로 소프트웨어 개발 역시, 제한된 예산과 일정 범위 목표를 달성해야 한다. 그러나 소프트웨어는 개발 범위의 변화가 지속적으로 발생한다. 그래서 일반적인 프로젝트 방법이 아닌, 민첩한 방식의 개발이 요구된다. 소프트웨어 개발은 고객의 요구 사항이 개발이 진행되면서 발생하게 된다. 따라서 새로운 기능과 특징들이 고객들에게 확인을 받으면서 발전하게 된다. 즉, 고객에게 민감해야 좋은 소프트웨어가 만들어진다. 따라서 애자일 개발 방법이라 하면 어느 특정 개발 방법론을 가리키는 말이라기보다는 민첩한 개발을 가능하게 해 주는 방법론 전체를 말한다. 일반적으로 XP(Extreme Programming), Scrum, TDD (Test-Driven Development), Kanban 등의 방식들이 있다.

애자일방법론을 이루는 14가지의 기본 개념은 다음과 같다.[30]

• 가치 있는 산출물을 초기에 그리고 지속적으로 제공하여 고객을 만족시키는 것이 최우선 과제다.

---

30) http://www.agilemanifesto.org/principles.html

- 개발이 완료 단계에 있더라도 변경된 요구 사항을 환영하며, 고객의 경쟁력을 위해 애자일 프로세스는 변화를 수용한다.
- 몇 주 혹은 몇 달을 기준으로 최대한 단축된 시간 내에 작동할 수 있도록 산출물을 자주 제공한다.
- 프로젝트 전체적으로 업무 담당자와 개발자들은 함께 작업해야 한다.
- 동기부여가 된 개인들로 프로젝트를 구성해라.
- 환경을 제공하고 필요한 것을 지원해 주며 일을 마무리할 때까지 신뢰하라.
- 프로젝트 팀 내에서 가장 효과적인이고 효율적인 정보 전달 방법은 얼굴 보고 이야기하는 것이다.
- 소프트웨어가 작동하는 것이 주된 평가지표다.
- 애자일 프로세스는 지속 가능한 개발을 지향한다.
- 프로젝트 스폰서, 개발자 그리고 사용자가 전체적으로 일정한 페이스를 유지할 수 있어야 한다.
- 기술적인 우수성과 좋은 설계에 대한 지속적인 관심은 민첩성을 확대한다.
- 단순함이 가장 중요하다.
- 최상의 아키텍처, 요구 사항 그리고 설계는 잘 구성된 팀에서 나온다.
- 주기적으로, 팀이 더 효과적으로 움직일 수 있는 방법을 찾아서 실현하고 조정해야 한다.

애자일방법론에서 중요한 부분은 반복과 점증적인 개선이다. 또한 좋은 팀의 구성과 고객에 대한 가치 제공이라는 점이다. 프레임워크 관점에서는 애자일방법론 역시 PDCA의 관점을 따르고 있다. 다만 계획(Plan) 단계가 짧게 구성되고 개발(Do), 평가(Check) 그리고 개선 및 재반영(Act)의 3단계를 빠르게 반복하는 구조로 되어 있다.

애자일 개발 생명주기는 다음과 같은 단계를 거치게 된다.

프로젝트 착수(Project Initiation): 프로젝트 정의 및 초기 요건 정의, 개략적인 요구 사항만 정의함.

프로젝트 계획(Project Plan): 착수 이후에 나타나는 모든 것 (선택 항목들 포함)에 대한 프로젝트 계획을 수립한다. 요구 사항 구체화(Elaborate Requirements)는 대부분 프로젝트 착수 과정에서 이루어진다. 그러나 선택적으로 계획 단계에서 요구 사항을 더욱 구체화하기도 한다. 또한 아키텍처(Architecture) 역시 설계를 위해서 반영하기도 한다.

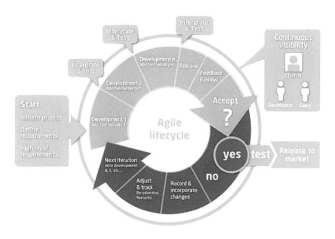

애자일 개발 생명주기[31]

---

31) http://www.adfkickstart.com/agile-methodology

배포(Release): 배포는 개발의 한 영역이다. 고객들은 새로운 소프트웨어를 받게 되고 보통 배포 시점은 2주에서 6개월 정도로 구성되는데 보통 3개월이면 매우 긴 편이다.

타임 박스(Time box): 타임 박스는 보통 1~6주 간격을 가지고 있다. 타임박스가 묶여서 배포된다. 여기서 중요한 점은 타임박스는 고정된 시점이 존재한다.

애자일방법론은 타임박스가 가능한 서브 프로젝트나 반복주기가 있는 프로젝트에 적합하다. 또한 요구 사항이 명확하지 않아 구체화된 것을 보면서 발전할 수 있는 개발 과정에 잘 적용된다.

2.4 스타트업 PM 방법론

스타트업을 잘하기 위해서는 그 방법이 무엇이었건 간에 PDCA 절차를 따라서 진행되어야 한다. 린 스타트업과 프로젝트 관리를 잘 적용하면 된다. 소프트웨어를 개발할 때에는 애자일을 도입해서 적용하면 성공 가능성을 높일 수 있다. 그러나 실제 적용 과정에서는 린스타트업도, 프로젝트 관리도 애자일방법도 어렵기만 하다. 특별히 애자일의 경우 소프트웨어 개발에 집중되어 있어 경험 있는 팀이 아니라면 적용하는 것도 만만치 않다. '성공적인 스타트업을 실행할 수 있는 가장 효과적인 방법이 무엇일까?'라는 적절한 솔루션을 제공하는 것이 쉽지 않다.

우리는 많은 초기 스타트업 구성원과 협업을 수행했고, 초기 진행 과정을 지켜봤다. 그들은 어디선가 배운 적 있는 비즈니스 모델링 기법과 SWOT(Strength, Weakness, Opportunity, Threat) 분석, 5Forces(마이클 포터의 산업경쟁력 분석 방법), 마케팅 믹스(4P: Product, Price, Promotion, Place)를 비롯한 무수히 많은 도구를 사용해서 계획을 세운다. 하지만 어설프게 많이 알기 때문에 불필요한 시간을 소비하고 있었다. 비즈니스 모델을 수립한 이후에는 몇 명 되지도 않는 구성원들을 대상으로 칸트 차트(GANTT chart) 목록을 작성해서 관리한다고 하지만 실제로는 대부분 잘되지 않았다. 예산과 비용에 대한 통제가 잘 안되고 서비스 개발은 늦어지며, 투자자를 찾기도 쉽지 않았다. 이 모든 것을 무작정 열심히 하고 있었다. 실제로 그 외에 많은 문제가 있다. 비즈니스 모델을 그대로 끌고 가는 것이 가장 중요한데 프로젝트 관리가 거의 안 되고 있었다.

현재 대부분의 스타트업방법론은 주로 린스타트업방법론을 활용한다. 하지만 실제 실행 과정에서 스타트업 팀들은 관리의 어려움으로 중도에 포기하는 경우가 종종 발생한다. 스타트업 팀을 프로젝트 팀으로 정의하고 관리한다면 성공 가능성을 조금 더 높일 수 있다. 우리는 프로젝트 관리 관점에서 스타트업을 위한 방법론을 찾기 위해서 예비 스타트업 팀들에 실제 적용해 보면서 구체화를 진행했다. 그 결과, 린 스타트업의 장점과 프로젝트 관리방법론의 장점을 접목해서 꼭 필요하고 알아야 하는 항목들로 구성된 것이 '스타트업 PM(Startup Project Management)'이다.

스타트업 PM은 스타트업 프로젝트를 촉진하고 명확하게 서비스를 만들어 낼 수 있는, 하나의 접근법이다. 비즈니스 모델을 실제로 적용하면서 발생할 수 있는 다양한 문제들을 해결하고 가장 효과적인 방법으로 프로젝트를 이끌어 나가게 해 줄 것이다. 스타트업 PM

은 대다수 스타트업 기업에서 계획 수립에 많이 사용하는, 비즈니스 모델 캔버스(Business Model Canvas)와 소규모 기업에 적합한 프로젝트 관리 기법을 담고 있다. 따라서 비즈니스 모델링과 일부 프로세스는 다른 프로젝트 관리 절차에도 공통적으로 들어가는 것이다.

기본적으로 스타트업 PM의 과정도 PDCA의 프로세스를 따라 진행된다. 처음 스타트업을 시작하는 팀은 먼저 비즈니스 모델(Plan)을 만들고, 제대로 된 팀 형태를 구성하게 된다. 팀부터 구성하고 비즈니스 모델을 만든다는 건 돈이 많은 특별한 경우이므로 빼도록 한다. 좋은 팀은 빠르고 능동적인 실행력(Do)을 갖추고 목표를 달성하기 위해 전진한다. 이 과정에서는 다양한 이해관계자(Stakeholder)와 소통하고 실행된 결과를 다시 리뷰(Check)해야 한다. 제품과 서비스는 제대로 사업화가 잘되고 있는지, 혹은 마케팅은 제대로 할 것인지, 투자는 어떻게 받아야 하는지 등등 고민의 결과는 다시 처음 만들어놓은 비즈니스 모델에 반영하고 지속적으로 진화·발전(Act)시키고 전략·전술을 수정하게 된다. 스타트업은 이런 과정을 통해서 목표를 빠르게 성취해야 한다. 그 과정은 대부분 유사하다. 이제부터 그 각 단계에 집중하고자 한다. 그 단계들은 아래와 같다.

1. Business Modeling(비즈니스 모델링하기): 고객 가치를 기반으로 비즈니스 모델을 정의하고, 주요 자원과 기회를 확인한다.
2. Teaming(팀 구성하기): 스타트업 수행에 필요한 팀 구성 방법을 선택하고, 구성원을 확보하고 평가 및 리더십을 발휘한다.

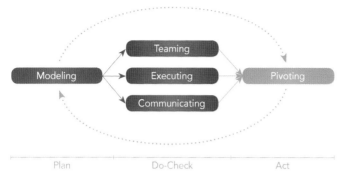

스타트업 사이클

3. Executing(실행하기): 스타트업 생존을 위한 제품/서비스
   를 개발에 필요한 계획, 마일스톤, 범위를 결정하고 가장
   중요한 투자금(자금 계획)을 확보한다.

4. Communicating(이행관계자와 소통하기): 스타트업을 둘러
   싸고 있는 사람들과 커뮤니케이션하고 팀 역량을 높인다.

5. Pivoting(비즈니스 모델 변경하기): 제품/서비스를 평가하
   고 그 결과를 바탕으로 비즈니스 모델을 변경한다.

이러한 기본적인 단계를 반복적으로 수행해 나가고 스타트업을
발전시켜 나간다. 그러나 실제 환경에서는 이 경계가 흐릿해지기도
한다. 팀 구성과 실행을 같이 해야 하기도 하고, 경우에 따라서는
팀 구성은 비즈니스 모델링과 함께 나타나기도 한다. 프로젝트가
진행되는 기간 내내 세부적인 것들은 계속 바뀌고 주기적으로 조정
된다. 하지만 각 단계에서 무엇을 해야 할지와 꼭 해야 할 것들을
잘 숙지하고 있다면 스타트업을 수행하는 과정에서 시간과 자원을
훨씬 더 절약할 수 있다.

스타트업 PM을 생각할 때, 깔때기 그림을 떠올리면 조금 더 쉽게 이해할 수 있다. 깔때기는 스타트업을 한 방향으로 움직이게 하고 실행 과정에서 필요한 활동을 끊임없이 개선하는 데 도움을 준다. 초기에는 많은 의문, 가설 그리고 가능성들이 깔때기에 한꺼번에 몰려 들어갈 테지만 그 좁은 길을 거치면서 하나의 목표로 다가가게 만들 것이다. 깔때기 식으로 스타트업을 다루는 것은 대부분 비즈니스 추진하는 방식과는 차이가 날 수 있다. 대부분 복잡한 환경과 요구 사항에 대응해야 하고 멀티플레이를 해야 하기 때문이다.

그러나 성공적인 스타트업을 하기 위한 비즈니스의 핵심은 단순함과 명확함이다. 스타트업 프로젝트 전체를 완성시키기 위해서 명확한 타깃과 목표를 이해하고 전진해 나가야 한다. 목표를 달성하는 과정에서 다양한 가능성을 시도해 볼 수 있어도 그건 짧은 시간 내에 마무리하고 전체 깔때기를 다시 반복적으로 진행하는 것이 필요하다.

깔때기의 원리[32]

---

32) 이미지 소스: OpenAs 제공

스타트업 PM은 먼저 핵심 타깃을 완성하고 다시 반복적으로 수행하는 것이다. 즉, 그림을 그리려고 할 때, 무엇을 그릴 것인지를 명확하게 정한 다음, 유채화로 할 것인지, 수묵화로 할 것인지, 언제까지 그릴 것인지를 정하는 것과 같다. 이 과정은 훈련이 필요하다. 아무리 천재적인 아이디어를 가진 사람이라도 일을 마무리하지 않으면 어떤 성과나 결과도 없기 때문이다. 그래서 스타트업 PM은 단일의 목표를 대상으로 한다. 단 한 개의 비즈니스 모델만을 수립해서 추진하는 것을 대상으로 한다. 여기에서 중요한 점은 비즈니스 모델을 하나만 가지고도 충분하다는 것을 믿는 것이다. 성공한 스타트업들은 공통적으로 "단순한 비즈니스가 가장 큰 경쟁력이다"라고 이야기한다.

3장.
비즈니스
모델링하기

3장. 비즈니스 모델링하기

> 다른 사람이 안전하다고 생각하는 그 이상으로 위험에 도전하라.
> 다른 사람들이 현실적이라고 생각하는 것 이상으로 꿈을 꿔라.
>
> _하워드 슐츠(Howard Schultz), 스타벅스 CEO

3.1 가치 있는 삶, 의미 있는 비즈니스, 스타트업!

"왜 비즈니스를 하려 하세요?"라는 질문을 수많은 사람에게 던져보면서 깨달은 점이 있다. 어떤 이들은 "저는 남의 밑에서 일할 성격이 못 되지요. 제 자신을 잘 알기 때문에 차라리 제 비즈니스를 하는 게 나은 것 같아요"라고 대답한다. 다른 사람이 지시하고 시키는 대로 하는 팔로어(Follower)가 아니라 본인의 계획과 생각으로 리드하는 기업가이며, 창업가 정신이 있기 때문이라고 매우 긍정적으로 부연 설명한다. 또 자기 성격을 잘 알고 있다며 '겸손'인지 '자아 성찰'인지 칭찬받고 싶어 하기도 한다. "큰돈을 벌고 싶어서요. 월급쟁이 해가지고 어느 세월에 집 장만하고 노후를 준비하나요? 자기 비즈니스를 해야 제대로 성공하죠!"라는 대답에는 경제적 여유에 대한 갈망도 느껴진다. 기업에서는 이윤 극대화라는 경제 논리 때문에 직원들의 인건비를 적게 주려고 노력한다. 자본주의라는 미명하에 주주에게 최대의 이익을 돌려주기 위해서 비용을 최대한 줄이고 있다. 과연 현상이 잘못된 것일까? 아니면 당연한 것일까?

지난 겨울, 일과 조직에 관한 연구(Research for Work and Orga-nization)를 하는 국제적인 학자들의 모임에서 다음과 같은 난상토론이 일어났다. 저명한 학자들이 목소리를 높여 탄식했고 미래를 걱정했다. 이를 간단히 요약해 보면 다음과 같다.

"…산업화시대가 지나고 정보화시대, 지식의 시대를 준비하면서 미래에는 기계가 사람들의 일을 대체할지도 모른다는 이야기를 하고 있습니다. 기업에서 불완전하고 불안전한 사람을 고용하여 이익을 창출하지 않는다는 이야기이지요. 그래서 학자들은 미래의 일이 어떻게 변할지를 고민해야 한다고 합니다. 아니, 오히려 사람은 일을 하지 않을 것이기 때문에 연구할 필요가 없다고도 하지요.

도대체 기업이 언제부터 사람을 그저 비용의 하나로 보았나요? 기업을 의미하는 단어인 Company라는 말은 함께 하는 사람들을 의미합니다. 어쩌다가 기업이 모든 것을 효율성의 관점에서 이해하고 생산성이 좋은 것만을 추구하게 되었나요? 과연 이런 기업의 형태가 앞으로 의미가 있고 전망이 있다고 할 수 있나요? 손실이 날까 두려워서 어떻게 새로운 것에 도전할 수 있을까요? 고객을 잃을까 두려워서 어떤 변화를 추구할 수 있나요? 거대 조직, 대기업의 미래가 있다고 할 수 있나요? 이제 기업의 효율성을 높이는 방안을 연구하는 것에 지쳤어요. 우리는 사람들이 모여서 함께 하는 것에 의미와 함께 무언가를 하는 것을 돕는 방안에 대해서 연구해야 해요. 우리의 연구에서 새로운 가치를 추구해야 합니다."

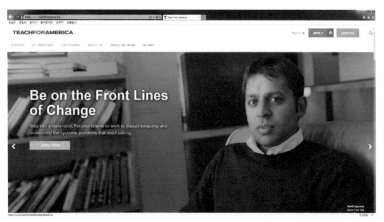

티치포 아메리카의 메인 화면

　자본주의 사회에서 이게 무슨 궤변이냐고 말하는 사람이 있을 수도 있다. 산업화의 등장과 함께 급속하게 퍼진 자본주의가 수천 년을 이어온 인류의 모든 삶을 정의하고 앞으로의 미래도 계속 그러할 것이라는 오해를 버리는 순간, 우리는 어떤 이념의 지배를 받기보다는 사람들이 모여서 무언가를 만들어 내고 다른 사람에게 가치를 제공하는 것을 발견하게 된다. 그것이 바로 비즈니스다. 그렇다면 비즈니스를 새롭게 하려면 무엇을 추구해야 하는가? 창업가적인 기질도 이윤 추구도 그 핵심이 될 수 없다는 것을 어떻게 받아들여야 하는가? 티치 포 아메리카(Teach For America, 이하 TFA)는 자그마한 희망이 된다.

　'티치 포 아메리카'는 미국 뉴욕 주에 본사를 두고 있는 기업으로 미국 전역의 대학에서 우수한 학생들을 선발하여 2년간 미국 각지 교육 곤란 지역에서 교사로서 학생들을 가르치도록 하는 프로그램을 운영한다[33]. 미국 빈민 지역의 어린이들이 질 높은 충분히 교육

---

33) https://www.teachforamerica.org/

을 충분히 받지 못하는 현실, 즉 미국 교육의 불평등이라는 사회 문제를 해결하기 위해 시작되었다. TFA는 창업자인 웬디 콥(Wendy Kopp)이 1989년 프린스턴대학교 졸업 논문에서 제시한 아이디어였다. 웬디 콥은 미국의 학교가 교사의 실력 차에 따라 우수한 교사는 부유한 지역의 학교로, 상대적으로 능력이 부족한 교사는 빈곤한 지역의 학교로 몰리는 현상을 알아챘다. 이러한 불균형으로 자연스레 빈곤한 지역과 부유한 지역의 교육의 질에 있어 양극화를 만들게 된다는 것이다. 뿐만 아니라 공립학교 교사의 낮은 월급과 대우로 인한 지속적인 교원 감소, 수준 이하의 교육 프로그램 등의 연쇄적인 반응을 초래하여 사회 문제가 되고 있었다.

웬디의 주변에서는 한 사람의 아이디어만으로 지역 사회 전체, 아니 국가 차원의 문제 중 하나를 해결하겠다고 나서는 것을 보고 "비현실적이다, 아무도 지원하지 않을 것이다"라고 비판하였다. TFA는 미국의 모든 교육 문제를 해결하려고 덤벼드는 것이 아니라 꼭 해야 할 일에 집중하겠다는 목표를 세웠다. 1989년 12월 미국 100여 개의 대학에서 100명의 파트타임 학생을 모집하여 시작한 TFA는 설립한 지 채 1년도 안 된 1990년 허츠(Hertz), 모건 스탠리, 모빌 등의 대기업으로부터 투자를 유치하는 데 성공했다. 같은 해 정원 500명 선발에 약 40,000명의 지원자가 몰리는 성과를 달성하게 된다. 이후 1991년 본격적으로 공립 학교에 교사를 배치하기 시작했다. 그 이후 25년간 꾸준히 성장하였으며 여전히 수많은 기업의 투자를 받고 있을 뿐만 아니라 우수한 교육 지도자와 교사를 배출하고 있다.

TFA는 미 명문대 학생들의 '워너비(Want to be)' 직장으로 매년 아이비리그 졸업생의 10% 이상이 지원할 만큼 경쟁이 치열하다고 한다. 25년이 지난 지금도 TFA는 스스로를 스타트업이라고 부른다. 이들은 높은 수준의 매출을 꿈꾸거나 목표로 하지 않았다. TFA는 고객을 지정하고 그들이 원하는 것을 분석하여 전략을 짜지 않았다. TFA는 함께하는 직원들의 인건비를 최소화하는 방법을 찾아서 적용하여 고효율 조직을 만들려고 하지 않았다. 시장이 원하는 제품이나 서비스를 찾아서 사람들의 지갑을 여는 데 관심을 두지 않았다. TFA가 추구한 것은 현재 우리가 사는 사회가 처한 문제를 어떻게 해결할 수 있는가 하는 것이었다. 바로 빈민가 청소년들이 제대로 교육을 받지 못하여 가난과 무지의 굴레를 벗어날 수 없는 현실 말이다. 하지만 단순히 동정심에 봉사하는 기관을 만들려 한 것이 아니다. 미래 사회를 준비할 수 있는 해결책을 찾고자 하였다.

TFA에 모인 사람들이 그들이 속한 사회에 도움을 주고 사람들에게 진정한 가치를 줄 수 있는 무언가를 고민하고 해결책을 만든 것이다. TFA는 이것을 임팩트(Impact), 즉 사회를 바꾸는 데 도움이 되는 작은 충격, 영향력이라고 부르고, 사람들을 위한 가치(Value)라고 정의하고 있다. 이것이 스타트업이 가져야 하는 '가치 제공'의 핵심이다. 구글이 더욱 쉽게 연구 정보를 검색할 수 있는 알고리즘을 만들어서 학생들이 쉽게 자료를 찾을 수 있도록 돕고자 하는 가치를 중심으로 발전한 것처럼 말이다. 어떤 사람들이 TFA를 '비영리 사회적 기업'이라고 정의해 버린 것이 마음에 걸리는 독자들도 있을 것이다. 결코 그들의 주장에 속지 말기를 바란다. TFA는 미국 젊은이들에게 가장 인기 있는 직장이고, 수많은 투자자의 막대한 투자금으로 인해 '영리'를 달성하고 있는 스타트업이다.

스타트업은 사람들에게 새로운 가치를 제공하는 것을 가장 중요한 목표로 해야 한다. 그리고 그것에 대한 강한 의지(Faith)가 있어야 한다. 애플의 창업자 스티브 잡스에 대한 평가는 극과 극이다. 최고의 스타트업을 만든 신과 같은 존재이며 천재라는 평가도 있지만, 한편에서는 "잡스가 '이용자는 무지하기 때문에 내가 디자인한 대로 사용하게 하면 된다'라고 말하는, 안하무인의 독불장군이었다" 또는 "잡스는 오만하고 독선적이다"라고 평가한다. 과연 진짜 그럴까? 이렇게 못된 생각을 가진 교만한 사람이 어떻게 전 세계적으로 인기를 얻은 아이폰을 만들 수 있었을까? 스타트업의 성공 신화로서 그는 자신의 전문성으로 사람들에게 더욱 편리하고 재미있는 세상을 알려 주고 싶었던 것으로 보인다. 잡스는 IT 기기를 통해 사람들로 하여금 새로운 가치를 알게 하고 싶었다. 이미 수십 년 전에 개발된 '터치' 기술의 가치를 사람들이 제대로 알지 못하는 것이 안타까웠고, 디지털과 포스트 모더니즘(Post Modernism)으로 잊혀 가는 아날로그 감성의 가치를 제대로 알게 해 주고 싶었다. 자신이 재미있어 하는, 사람들이 행복하고 즐거워할 것이라고 강하게 믿은 그 진심이, 사람들로 하여금 애플의 그 가치를 느끼고 열광하도록 만든 것이다.

구글은 거대한 조직이 되었다. 자본도 어마어마해졌다. 하지만 사람들은 구글을 여전히 스타트업이라고 부르는 데 주저하지 않는다. 구글의 지주 회사인 '알파벳(Alphabet)'[34]은 여전히 사람들이 가지고 있는 다양한 꿈을 실현시켜 주기 위해 투자를 아끼지 않는다. 무인 자동차를 만들어 주고 싶어 하고, 은행에 들러서 돈을 찾아야 하는 번거로움을 줄여주는 자동 결제 방식을 서비스로 만들고 있다. 풍선을 띄우고 환자들을 위한 서비스를 개발한다. 직원들의 삶을 존중하고 그들이 원하는 가치대로 살 수 있도록 지원하고 싶어 한다.

---

34) 지디넷코리아 '구글은 왜 지주 회사 '알파벳' 만들까' (2015. 08. 11.)

구글 무인차 프로토타입

　대기업이나 일반 기업은 스타트업이 되는 것이 쉽지 않다. 사람들에게, 자신이 속한 사회에 새로운 가치를 주고 싶지만 극심한 시장 상황의 변화에 대응하는 것만으로도 벅차다. 기업도, 중개 상인도, 브로커도, 중소기업도 '혁신'이라는 이름하에 제품을 개발하고 서비스를 만들어낸다. 고객을 분석하고 시장도 만들어 내려고 한다. 하지만 혁신한다고 해서 모두 '스타트업'으로 부르기는 어렵다. 미묘한 차이로 보이겠지만, 고객의 지갑을 열려는 마음에서 시작한 혁신은, 시장을 확대하려는 계획과 매출을 향상시켜야 하는 목표를 가지고 시작하는 혁신은 스타트업의 본질은 아니다. 사람들에게 필요한 제품과 서비스, 사람과 사회가 가장 중요하다는 인식과 가치 있는 일이 될 거라는 확신에서 시작하는 사람들의 모여서 시작하는 것이 스타트업의 참모습이다. 이들은 당장에 매출이 발생하지 않더라도, 혹은 완성하지 못하거나 투자받지 못하여 더는 비즈니스를 지속하지 못하더라도 도전한다. 새로운 가치를 제안하는 스타트업의 기본 정신이 '도전'이라고 강력하게 믿는 것, 그것이 곧 '열정'이기 때문이다.

에어비앤비(Airbnb)[35]는 여행자를 고객으로 고정시킨 후 서비스를 기획하거나 디자인하지 않았다. 여행을 하려니 호텔 예약이 불편했다. 돈도 많이 들었다. 관광지에 집중된 호텔 입지 전략 때문에 여행지의 실생활을 경험하고 느끼기 어려웠다. 한편, 여행을 가려니 내 방이 비게 된다. 내가 사용하지 않아도 여전히 방세는 지급해야 한다. 내가 여행 가 있는 동안 나 같은 사람에게 빈방을 사용하도록 하고 나는 여행지의 빈방을 사용한다면 어떨까? 관광지가 아니라 현지 생활 공간에 머물며 여행지의 진정한 가치를 느낄 수 있다면 정말 좋겠는데 방법이 없을까? 이는 에어비앤비가 스타트업인 이유다. 그들은 고객을 정하고 고객의 니즈를 분석하고 기꺼이 지갑을 열 고객을 찾지 않았다. 새로운 여행·숙박 방법을 제안하고 여행지를 관광이 아니라 현지인처럼 느끼는 방법, 여행의 새로운 가치를 제공하는 방법을 찾아냈다. 그리고 여기에 관심을 보일만한 사람들을 고객으로 받아들인 것이다.

애어비앤비 홈페이지 메인 화면

---

35) https://www.airbnb.co.kr/

어떻게 하면 가치를 창출하고 제안하는 진정한 스타트업 정신을 가질 수 있을까? 도전, 열정이라는 모호한 표현보다 쉽게 이해할 수 있는 말이 없을까? '고객'을 제대로 이해한다면 가능하다. 대다수 스타트업 책에는 '고객'에 대한 이야기가 많이 있다. '고객을 제대로 파악해야 한다' '고객이 무엇을 원하는지를 분석하여 블루오션을 창출해야 한다'는 설명들이 이어진다. '내가 좋아하는 제품/서비스라고 해서 고객이 좋아할 것이라고 착각해서는 안 된다'고 설명한다. 스타트업 구성원들이 좋아하는 것이 아니라 고객이 좋아할 만한 것을 만들어야한다. 스타트업 구성원들이 모여서 아이디어를 논할 때 그 중심에는 '고객'이 아니라 '가치'가 놓여 있어야 한다. 스타트업 구성원들이 '이런 가치는 사람들에게 정말 필요할 것이다. 정말 좋아할 것이다. 사람들에게 제공하는 새로운 방법/의미/가치를 알았으면 좋겠다.'는 마음이 중심에 놓여 있어야 한다. 스타트업의 강력한 믿음(Faith)이 새로운 고객을 만들어 내고 투자를 불러올 것이며 이 세상을 더욱 나은 세상으로 만들 수 있다.

3.2 비즈니스 모델 쉽게 이해하기

스타트업의 핵심은 '가치 제안'이다. 구성원들의 강력한 의지와 믿음이 중요하다. 이것을 설명하는 방법이 비즈니스 모델이다. 스타트업이 세상 사람들의 변화에 끼칠 작은 영향력(Impact), 전달하고 싶은 가치(Value)를 어떻게 하면 효과적으로 전달할 수 있을까? 아이디어를 구체적인 형태로 가치화하고 뜻과 힘을 같이할 사람들과 나눌 수 있으며, 지속적으로 수정·보완하여 발전시킬 수 있는 틀이 필요하다. 이를 통해서 고객을 만나고 투자를 이끌어내고, 수익을 창출하여 지속적으로 가치를 제공하는 것, 이것이 바로 경영(Business Management)을 잘하는 것이다.

비즈니스 모델은 경영의 중요한 이론들을 중심으로 구성되어 있다. 첫째, 생산과 판매, 즉 거래의 관점에서 생산 활동으로 인해 발생하는 비용과 매출을 통해 수익이 창출되는 영역으로 구분할 수 있다. 둘째, 거래의 주체인 비즈니스에 관련된 사람, 역할을 중심으로 공급자, 생산 및 판매 주체, 그리고 구매자인 고객으로 명확하게 구분할 수 있다. 셋째, 거래 주체들이 거래 활동을 통해서 주고받는 것, 즉 정보가 흐르는 방법, 재화와 서비스가 전달되는 형태를 마케팅, 생산 방법, 전략 등의 모양으로 가시화할 수 있다.

비즈니스 모델을 구성하고 있는 개별 관점의 세부 구성 요소들을 보면 경영대학원의 MBA 과정의 구성과 같다는 것을 쉽게 알 수 있다. 거래 활동 관점에서의 생산 관리, 원가/회계 관리, 활동 주체와 관련된 조직, 인사, 마케팅, 거래 활동의 관점에서 경영 전략, 경영 정보, 재무 관리 등으로 구분해 볼 수 있다. 물론 교과목의 특성에 따라서 거래와 거래 주체, 활동의 영역이 서로 겹쳐질 수 있으나 이러한 과목들이 비즈니스 모델의 단일 영역, 혹은 여러 개의 영역을 포괄하여 진행되는 수업임은 부정하기 어렵다. 따라서 비즈니스 모델을 잘 기획하고 구성할 수 있다는 것은 경영 그 자체를 제대로 이해하고 구현하고 있다는 증거가 된다. 그렇다면 비즈니스 모델을 잘 구성한다는 것은 어떤 의미일까?

첫째, 비즈니스 모델은 강력한 의사소통의 도구다. 비즈니스 모델을 글로 쓰고 그림으로 표현할 수 있다는 것은 비즈니스에 대한 아이디어가 단순한 상상에 그치는 것이 아니라 실현할 수 있는 단계에 와 있다는 것을 의미한다. 같은 가치를 추구하는 사람들이 모여서 만든 스타트업은 구성원들이 서로 무엇을 하고 있는지, 또 프로젝트가 어느 단계를 지나고 있는지를 명확하게 인지해야만 한다. 각자 전문 영역은 어디인지, 어느 정도 수행하였는지 등을 의논하고 이해하는 데 비즈니스 모델만한 것이 없다. 비즈니스 모델에 기록된 동일한 용어를 사용하여 개념을 통일할 수 있고, 이는 서로를 이해시키기 위해 들여야 하는 시간과 노력을 매우 줄여줄 수 있다.

둘째, 비즈니스 모델은 의사결정의 도구다. 스타트업에서 새로운 인재를 뽑는 것은 쉬운 의사결정이 아니다. 당장의 비용이 더 들어가는 것도 중요하지만 새로운 구성원이 들어와서 적응하고 또 기존 진행되는 것에 곧바로 도움이 되어야 하기 때문에 많은 노력이 필요하다. 따라서 비즈니스 모델을 통해서 현재 구성원들이 커버하지 못하는 영역을 확인함으로써 새로운 사람을 보충할지를 의사결정할 수 있다. 현재 비즈니스 모델의 특정 영역에 너무 많은 정보가 기재되어 있거나, 혹은 너무 적어서 생략되어 있다면 이것은 심각한 문제다. 특정 영역에 치중된 관심이나 자원을 재분배해야 한다. 이런 의사결정을 시의 적절하게 할 수 있도록 가시성을 제공한다. 시간이 너무 흐른 뒤 자원 배분의 문제점을 발견하게 되면 그만큼 또다른 자원 소비가 일어나기 때문이다.

셋째, 비즈니스 모델은 내부 구성원들뿐만 아니라 외부 투자자와 이해관계자들과의 의사소통에도 도움이 된다. 궁극적으로 비즈니스 모델은 사업 계획서 작성의 뼈대가 된다. 잘 정리된 비즈니스 모델을 바탕으로 사업 계획서를 작성한다면 투자자들은 스타트업의 전체 모양을 쉽게 상상하고 이해할 수 있다. 또한 이해관계자가 누구인지를 누구나 명확하게 인지할 수 있기 때문에 관련된 시장을 명확하게 파악하고 그 가능성을 짐작하는 데 도움이 된다.

마지막으로 비즈니스 모델은 진화의 도구다. 현재 어떤 형태로 비즈니스가 구성되어 있는지를 알 수 없다면 무엇을 수정해야 하는지, 어느 부분을 보완해야 하는지 파악하는 데 매우 많은 시간을 투자해야 할 것이다. 시시각각 변하는 시장 상황과 예측하지도 못한 문제들이 매일 스타트업을 찾아온다. 이러한 변화에 민첩하게 대응하고 문제를 해결하기 위해서는 그 해결책과 새로운 아이디어가 비즈니스 어느 영역에 적용될 때에 가장 효과적일지를 빠르게 파악할 필요가 있다. 잘 구성된 비즈니스 모델은 아이디어와 비즈니스, 그리고 비즈니스의 각 영역의 연관관계를 명확하게 보여줄 수 있기 때문에 지속적으로 비즈니스 모델이 발전하는데 매우 강력한 도구로 사용하게 된다.

3.3 비즈니스 모델 캔버스

스타트업을 하려면 무엇을 누구랑 어떻게 해서 문제를 해결해주고 그로 인해서 수익을 창출할 것인지를 설명할 수 있어야 한다. 먼저는 스타트업에 모인 팀원들이 자신들이 하는 일이 무엇인지를 정확하게 파악하고 있을 수 있도록 하기 위함이고, 그 다음으로는 스타트업에 투자하고자 하는 사람들에게 설명하기 위해서이다. 또한 현재 보유하고 있는 모델이 어떤 것인지 평가할 수 있어야 한다. 평가의 내용은 곧 수정, 개선, 혁신의 근본이 된다. 알렉산터 오스왈더(Alex Osterwalder)는 비즈니스 모델을 "하나의 조직이 어떻게 가

치를 포착하고 창조하고 전파하는지, 그 방법을 논리적으로 설명한 것이다"라고 정의하고 있다

어떻게 하면 이 비즈니스 모델을 명확하게 시각화할 수 있을까? 비즈니스 모델을 가시화하고 정확하게 표현하는 방법은 매우 다양하다. 참여 주체를 정확하게 구별해 내고 어떤 활동을 해야 하는지를 그려내기만 하면 되기 때문이다. 폴 티머스(Paul Timmers) 박사는 비즈니스 주체인 기업을 중심으로 공급사, 협력사, 고객을 먼저 구별해 내고, 그다음 그들 사이에 필요한 활동, 자금, 정보, 재화와 서비스의 흐름을 구체적으로 분석해 내는 방법을 제시하였다. 체소보로(Chesborough)와 로젠블룸(Rosenbloom)은 "상품과 서비스, 그리고 기업이 그 모델을 활용하여 모델을 정의하여 연결고리 형태로 비즈니스 모델을 그리도록 프레임워크를 제시하였다. 이렇게 벌어들이는 경제적 이윤 간의 연결고리"라고 비즈니스 모델의 개념 자체를 잘 설명하고 있지만 우리가 실제로 비즈니스 모델을 디자인할때 수익과 비용을 명확하게 표현하거나 전반적인 연결관계를 한눈에 알아보는 데 한계가 있다.

알렉산더 오스터왈더(Alex Osterwalder)와 예스 피르누어(Yves Pigneur)는 '비즈니스 모델 캔버스'를 이용하여 비즈니스 모델을 시각화하는 방안을 제시하였다. 비즈니스 모델을 설명하기 위해서 기업 경영의 관점에서 총 9개의 구성 요소를 연관 지어서 표현하는 프레임워크를 만들었다. 마치 벽돌을 쌓아서 하나의 건물을 만들어 내는 것처럼 말이다. 이 아홉 개의 벽돌은 비즈니스의 4대 핵심 영역인 고객, 주문, 인프라, 사업 타당성 분석을 포괄하고 있으며, 한눈에 파악할 수 있는 청사진인데, 마치 캔버스의 그림같이 생겼다.

비즈니스 모델 캔버스

1. 나의 고객은 누구인가? 고객 세그먼트(Customer Segments)

2. 고객에게 무엇을 주지? 가치 제안(Value Propositions)

3. 어떻게 전달하지? 채널(Channels)

4. 고객을 어떻게 유지할까? 고객관계(Customer Relationships)

5. 얼마를 받지? 수익원(Revenue Streams)

6. 뭐가 필요하지? 핵심 자원(Key Resources)

7. 어떤 일을 해야 하지? 핵심 활동(Key Activities)

8. 누구와 해야 하지? 핵심 파트너십(Key Partnerships)

9. 얼마를 써야 하지? 비용 구조(Cost Structure)

논리와 감성 가치의 조화, 비즈니스 모델 캔버스

아홉 개의 구성 요소는 '가치 제안'을 중심으로 왼쪽과 오른쪽으로 구분하면 이해가 쉽다. 왼쪽 영역은 마치 인간의 좌뇌의 역할처럼 논리적이고 효율적인 생산 활동 영역을 담당하고 있다. 왼쪽은 마치 우뇌의 감성 영역처럼 실제로 고객에게 다가가서 제공하는 가치와 그 전달 방법, 그리고 궁극적으로 수익이 발생하는 영역을 의미하고 이는 스타트업의 바깥 시장에서의 활동과 같다. 이처럼 비즈니스 모델 캔버스에는 스타트업이 제공하고자 하는 가치를 중심으로 기업 내부와 외부 환경을 모두 한눈에 알아볼 수 있게 구성되어 있다는 강점이 있다. 또한 자금의 흐름을 비용과 수익으로 구분할 수 있으며, 생산에 필요한 이해관계자와 판매 및 수익과 관련된 고객, 그리고 채널을 명확하게 구별하여 모든 생산 주체와 활동이 빠짐없이 나타날 수 있도록 구성되어 있다. 뿐만 아니라 비즈니스 모델 캔버스는 인간의 좌뇌와 우뇌가 각각 따로 작동할 때 많은 문제가 발생하듯이 캔버스의 왼쪽과 오른쪽 영역은 서로 조화롭게 연결될 수 있도록 해주고 있다. 이는 최대 강점이라고 할 수 있다.

비즈니스 모델 캔버스는 전 세계적으로 실무에 적용돼 검증된 프레임워크다. IBM, 에릭슨(Ericsson), 딜로이트(Deloitte), 캐나다 정부 등 공공과 사기업 영역을 막론하고 활발하게 사용되고 있다. 국내에서는 창조경제타운에서 창업을 돕기 위한 가이드라인으로 비즈니스 모델 캔버스를 적극 활용하고 실제 창업 사례를 발굴하고 있다[36]. 대학이나 정부에서 진행하는 창업 경진 대회나 사업 계획서에 '비즈니스 모델 캔버스'는 필수 항목으로 들어가 있다. 창업 팀이 제안하는 비즈니스를 한눈에 파악하기에 가장 좋은 구조를

---

36) 《비즈니스 모델 디자인과 멘토링 사례》, 한국과학기술정보연구원, 2015

가지고 있기 때문이다. 포맷은 누구나 쉽게 화이트보드나 종이 한 장에 그려서 이용하거나 포스트잇을 붙였다 떼는 방식으로 쉽게 표현할 수 있다.

비즈니스 모델의 각 요소를 구성하기 위해서는 다음의 방법이 도움이 된다. 첫째, 사람을 만나라! 스타트업의 구성원들은 개발하기에도 시간이 부족하다고 생각한다. 전략을 짜는 것만 해도, 투자자를 만나서 설득하는 시간도 부족한데 사람을 만나라니, 터무니없다고 생각할지도 모른다. 티칭포 아메리카 사례처럼 아이디어를 제시한 초기에 주변 사람들은 부정적인 의견을 피력할지도 모른다. 그렇기 때문에 더욱 더 사람을 만나야 한다. 스타트업 구성원들이 사람들에게 주고자 하는 가치와 해결해주고자 하는 문제를 가지고 있는 사람들을 직접 만나야 한다. 문제를 설명하는 고객들은 그들 가운데 해답을 가지고 있는 경우가 많다. 애플의 스티브 잡스는 이렇게 말했다. "사람들이 불편하게 생각하는 바로 그것을 해결해주어라! 그것이 비즈니스다."

둘째, 비교하지 마라! 경쟁 업체가 어디인지, 시장은 얼마나 경쟁적인지 등등 공신력 있는 시장 조사 기관을 통해서 비용을 들여서 다양한 통계와 컨설팅 자료를 받아서 분석할 수도 있다. 물론 여유가 된다면 이러한 내·외부 시장 분석은 매우 필요한 활동이다. 하지만 그것이 고객 관점의 비즈니스 모델의 아이디어를 구체화하고 확립하는 것에 앞서서 행해지는 것은 피해야 한다. 아이스크림 시장도 이미 포화 상태이고 스마트폰시장, 통신시장, 의류, 요식업 등 모든 시장이 이미 포화 상태다. 세상에 터치스크린(Touch Screen) 기술도, 전기/수소 에너지 기술도 이미 오래전에 개발되어 있었다. 남과 비교하여 전혀 새로운 것을 만들어 내려고 이것도 안 되고 저

것도 안 되는 의사결정을 하지 마라. 이미 개발되어 있으니 다행이고 이미 시장이 만들어져 있으니 다행이다. 어떤 가치를 주고 싶은지 사람들과 사회에 작은 영향을 주는 방법에 대하여 그 진심을 고민하는 것이 더욱 필요하다.

셋째, 사람과 사회의 문제를 해결해주고 가치를 전달하고 싶은 대상이 생겼다면 '페르소나' 기법을 이용해보자. 타깃 고객의 특성과 예상 행태를 스타트업 구성원들이 공동으로 이해할 수 있게 도와준다. 멘탈 모델(Mental Model)을 공유, 일치시키는 것은 팀 구성원들 사이에서 중요한 문제이기 때문이다. 세분화된 고객 집단의 대표적인 속성을 가진 페르소나(Persona)를 선정하고, 페르소나의 일상생활, 사용 패턴을 분석하면 더욱 세부적인 요구 사항이나 예상치 못했던 사용 패턴을 발견할 수 있다.

1 나의 고객은 누구? 고객 세그먼트

서비스를 제공하려면 어떤 사람들을 대상으로 의미 있는 가치를 전달할 것인가라는 화두로 시작하게 된다. 고객을 제대로 만족시키고 수요를 창출하기 위해서 고객의 요구나 행동의 특징, 그 외에 다른 특성에 따라서 분류해 접근하게 된다. 이렇게 고객을 분류하는 것을 고객 세그먼트(Customer Segmentation)라고 한다. 비즈니스 모델이 무엇이냐에 따라서 세분화된 고객의 유형(그룹, Group)은 하나일 수도 있고 여러 개로 나뉠 수도 있다.

고객을 구분하는 가장 기본적인 방법은 성별, 나이, 소득, 직업, 사회적 계층과 같은 인구통계학적인 요인으로 나누는 것이다. 젊은 신혼부부와 학부모인 부부, 그리고 은퇴를 준비 중인 노년의 부부는 명확하게 다른 요구 사항과 생활 소비 습관을 가지고 있다. 과거 X세대에서부터 인터넷 발달 이후의 N세대에 이르기까지 유행과 소비를 주도하는 젊은 층에 대해서는 제품과 서비스의 전달 방법이 기성 세대와 달라진다.

둘째, 지리적 위치에 따라서 고객을 구분할 수 있다. 수도권에 사는 사람과 교외 농촌 지역의 고객은 생활 패턴 자체가 다르다. 예를 들어서 수도권이나 서울 시내에 사는 사람들은 출퇴근할 때 대중교통의 이용 비율이 높으며, 교외 농촌 지역의 경우 대중교통만으로는 원활하게 이동하기 어렵기 때문에 오히려 자가용 구입 및 이용비율이 더 높을 수 있다. 강원도 산간 지역과 호남의 평야 지역에서 필요한 서비스의 종류는 확연히 다를 수밖에 없다. 따라서 지역과 지리적 위치에 따른 차이도 중요한 고객 구분 요소다.

셋째, 심리 분석적 특성으로 고객을 세분화할 수 있다. 라이프스타일(life Style), 관심사, 사회적·정치적 의견이 다른 사람들은 니즈가 서로 다를 가능성이 매우 높다. 따라서 하는 일이나 스포츠, 오락과 같은 취미생활이 유사한 사람들을 같은 고객군으로 분류한다면 공통된 요구 사항을 도출할 수 있다. 관심사의 경우 가족, 지역사회, 여행, 유행 등으로 구분해 볼 수 있는데 최근 대중매체를 통해서 '먹방'과 '여행'이 소비자들의 주요 관심사로 대두되고 있다. 이는 곧 소비자들이 더욱 만족하거나 불편을 겪는 요소들을 채워주는 서비스 발굴 기회로 이어질 수 있다. 정치적·사회적 의견에 따라서 고객이 구분된 경우의 대표적인 사례로 소셜 네트워크 서비스를 들 수 있다. 페이스북은 주로 취미생활이나 여행, 인스타그램(Instagram)은 먹거리, 카카오 스토리(Kakao Story)는 육아 및 살림, 그리고 트위터(Twitter)는 정치적 견해나 사회 문제에 대한 의견들을 주로 표현하는 온라인 공간이 되었다. 따라서 어떤 소셜 네트워크를 주로 사용하느냐에 따라서 고객의 특성을 살펴볼 수도 있고, 고객의 특성에 따라서 효과적인 전달 매체를 선택하여 활용할 수도 있다.

넷째, 행동적 요인도 고객군을 구별하는 요소다. 브랜드 충성도, 사용량, 가격민감도 등에 차이가 나면 서로 다른 고객 유형으로 분류하는 것이 좋다. 대표적으로 '앱둥이'라고 불리는 애플 제품과 애플리케이션의 애호가들은 높은 브랜드 충성도를 보이면서 그들만의 독특한 문화를 만들어 가고 있다. 할리 데이비슨 오토바이, 스타워즈 영화 등은 단순히 제품이나 서비스가 아니라 충성도 높은 고객 집단이 부수적인 콘텐츠를 지속적으로 소비하고 향유하는 행태를 보이고 있다.

에버랜드 캐릭터샵[37)]

---

37) 에버랜드 홈페이지

일반적인 분류 방법이 개인을 중심으로 구분하는 방법이라면 거래 주체에 따라서 비즈니스의 타깃시장을 크게 구분하는 것도 비즈니스 모델의 다른 부분들을 이해할 수 있는 방법이다. B2C(Business to Customer)는 개인 고객을 대상으로 하는 비즈니스를 의미한다. 이때는 개인의 인구통계학적 특징이나 심리적·행동적인 요인들을 이용하여 더욱 세분화하는 작업을 하게 된다. B2B(Business to Business)는 스타트업이 개발하는 상품이나 서비스가 다른 기업이나 조직을 위한 것일 경우다. G4C(Government for Customer), G4B (Government for Business)는 정부가 개인이나 기업들을 위해서 제공하는 서비스를 의미한다.

언뜻 보면 스타트업이 해당 시장에서 주체가 되지 못하는 것처럼 보이지만, 전자정부시스템의 발달과 함께 정부가 국민에게 제공하려는 여러 가지 서비스를 개발·납품한다면 여기에 비즈니스 기회가 있는 것이다. 최근 B2E(Business to Employee)에 대한 관심도 뜨겁다. 정보통신 기술을 통한 협업, 스마트 근로에 대한 관심이 커지면서 기업에서 직원들의 업무를 지원하는 각종 시스템과 서비스에 대한 수요가 증가하고 있다. 슬랙(Slack), 잔디(JANDI) 등 온라인과 모바일을 통해서 언제 어디서나 협업하고 소통할 수 있는 툴을 개발하여 제공하는 스타트업들이 승승장구하는 것도 이와 같은 맥락이다.

C2C(Customer to Customer), 또는 P2P(Peer to Peer)와 같이 플랫폼이나 중계 역할을 통해서 개인과 개인을 연결시켜 주는 서비스 시장도 있다. 직방은 개인들이 전·월세 집의 정보를 올리고 거래할 수 있도록 개발된 애플리케이션이고, 당나귀 같은 사이트는 개인들이 자발적으로 소프트웨어를 올리고 거래할 수 있도록 중계하고 있다. 최근 들어서 O2O시장에 대한 관심이 뜨겁다. 온(On)라인

과 오프(Off)라인을 연결해주는 시장을 말하는데, '배달의 민족'은 온라인으로 예약하면 오프라인 매장에서 음식을 배달해주는 서비스로 대표적인 성공 스타트업이다. '우버'나 '카카오택시'도 오프라인에서 사용해야 하는 운송 서비스를 모바일 애플리케이션을 이용하여 검색하고 선택 및 결제까지 완료하도록 중계한다. 따라서 스타트업이 해결해주고 싶은 거래 주체 간의 관계를 찾아서 해당 시장의 특성을 파악하는 것도 비즈니스 모델 구성에 도움이 된다.

고객 세분화 작업은 단순히 제품이나 서비스를 구매하는 사람이 누구인지 알아내는 것이 아니라, 해당 제품의 가치를 인지하고 기꺼이 제품을 구매하거나 다른 사람들에게 추천하는 고객을 발견하는 과정으로 이해해야 한다. 일반적인 마케팅에서는 이를 '가치 중심의 고객 세분화'라고 설명한다. 동일한 가치를 느끼는 고객들을 묶어서 유형화하는 것이다. 흔히 자동차를 예로 설명하는데, 자동차를 배기량을 기준으로 구별한다면 이는 단순히 가격의 차이, 즉 가격 지불 능력에 따라서 고객을 나누는 오류를 범하게 된다. 하지만 자동차를 구입하는 사람이 느낄 가치와 의미를 중심으로 고객을 구분하게 되면 앞서 배기량에 따라 같은 종류로 구분된 고객이 전혀 다른 고객으로 분류되고 그에 따라서 비즈니스 모델의 각 부분이 모두 바뀌게 된다. 예를 들어서, 대기업 임원이 선호하는 자동차는 같은 배기량이라도 자가 운전이 아니기 때문에 뒷자리의 각종 옵션에 더 신경을 쓰게 되고 다양한 컬러를 생산하기보다 검정색으로 단순하게 생산하는 전략을 택하게 된다. 물론 기업이 구입하게 되므로 지급 방식과 가격 또한 개인에게 판매하는 것과는 다른 방법을 선택하게 된다.

가치 중심 관점에서 고객을 구분할 때 참고할 몇 가지를 소개하면 다음과 같다. 첫째, 전혀 다른 서비스나 상품을 요구하는 경우는 너무 당연하게도 전혀 다른 고객 집단으로 분류해야 한다. 둘째, 고객에게 접근하는 유통 채널이 다른 경우에는 같은 요구 사항을 가진 것처럼 보이더라도 다른 고객 집단으로 구분하는 것이 좋다. 전달 방식의 차이가 비용이나 마케팅 효과 측면에서 전혀 다른 양상을 보여주기 때문이다. 예를 들면 PC 기반의 Web이냐 모바일 기반의 앱(App)이냐에 따라 접근 방법이 달라진다. 셋째, 고객 관계 및 관리 방법이 다른 경우에는 고객을 추가적으로 구분하는 것이 좋다. 동일 상품이라고 하더라도 친절하고 편리한 서비스를 원하는 50대 아주머니 고객과 저렴한 가격과 신속함을 원하는 20대 공시족(공무원 시험을 준비하는 사람들)은 전혀 다른 고객이기 때문이다. 넷째, 수익성에서 현저한 차이가 나는 경우에는 다른 고객으로 구분하여 차별화된 가격 전략을 구사하는 것이 현명한 방법이다. 왜 아이폰이 IPhone 7과 IPhone7+를 구분했는지를 생각해 보면, 실제로 소요되는 원가는 2~3만 원 정도 차이밖에 없지만 비즈니스 남성이 더 큰 화면을 요구하고 지불할 능력이 된다는 점을 확인하고서 고객에 따라 모델을 구분함으로써 수익의 극대화를 노린 것이다. 마지막으로 다른 형태의 상품을 제공해도 기꺼이 대가를 지불할 의사가 있는 경우에는 고객을 세분화하여 맞춤 서비스를 기획하는 것이 좋다.

제품이나 서비스가 누구를 위한 것인지를 살펴보면 고객을 찾아내는 건 오히려 명확하게 보일 수 있다. 처음에는 직접적으로 누구의 문제를 해결해줄 수 있는지, 어떤 불편을 해결해주는지를 자문(自問)해 보면 된다. 그다음으로 간접적으로 해당 제품, 서비스의 영향을 받는 사람이 누구인지를 구별해내어 고객을 발견하게 된다. 1차 대상은 가치 제안에 직접적인 영향을 받는 고객이고 간접적인 영향을 받는 고객들을 2차 대상으로 확대해서 우선순위를 정하게 된다. 모든 고객을 대상으로 하는 어리석은 짓은 하지 말자. 애플이라고 해도 모든 고객을 대상으로 비즈니스를 시작하지 않았다. 처음 핵심 타깃 고객에 집중하는 형태로 발전해야 한다. 고객 유형이 구별되고 우선순위가 결정되면 조직은 해당 고객 유형에 특화된 요구 사항들을 제대로 파악할 수 있게 되고, 정교하고 신뢰성 있는 비즈니스 모델을 설계할 수 있다.

2 고객에게 무엇을 주지? 가치 제안

경영학에서 이야기하는 '가치 제안(Value Propositions)'이란 특정한 고객 유형에게 필요한 가치를 창조하기 위한 상품이나 서비스의 조합이다. 해당 상품이나 서비스를 선택하여 고객이 되는지는 기업이 어떤 가치를 제공하느냐에 달려 있다. 가치는 고객의 니즈를 충족시켜 주거나 기대 이상의 만족을 느낌으로서 대가를 지급할 만하고 의미 있다고 생각하게 만드는 것이다. 즉 가치 제안이란 기업이 고객에게 무엇을 줄 수 있는지를 총괄한 실체 그 자체라고 할 수 있으며 스타트업의 핵심이라고 볼 수 있다.

스타트업의 핵심 고객 유형에 필요한 가치를 만들려면 해당 고객의 니즈에 부응하는 명확한 요소들이 조합되어야 한다. 고객을 위한 가치의 특징은 가격, 생산/전달 속도와 같이 양적인 것일 수도 있고 디자인, 고객 경험 등과 같이 질적인 것일 수도 있다. 고객 가치라는 것이 쉽게 정의되지 않기 때문에 몇 가지 구분해 보는 것도 도움이 된다. 대표적인 고객 가치 유형에는 첫째, 이전까지 아무도 제시하지 않았고 고객이 필요한지도 모르고 있었던 '완전히 새로운' 니즈를 발굴하여 충족시켜 주는 가치 제안 방법이 있다. 첨단과학 기술의 개발과 깊게 관련되어 있는데 스마트폰, MP3 플레이어 등이 대표적인 것들이다.

둘째, 제품이나 서비스의 '성능'을 탁월하게 향상시키는 방법이 있는데 이는 가치 창출의 전형적인 방법이다. 컴퓨터의 메모리 용량이나 처리 속도를 끊임없이 개선하여 시장에 출시해온 것이 대표적인 예다. 2010년 이후 스마트폰의 기능이 다양해지고 성능이 좋아진 것도 유사한 형태의 가치 제안이다. 스마트폰의 경우, 더 이상 이전 버전의 혹은 타사의 기계보다 성능이 월등하게 향상되거나 차별화되지 못하고 있어서 성능의 향상을 통한 가치 창출, 비약적인 수요 유발은 어려워 보인다.

셋째, '고객 맞춤형 서비스(Customizing, 커스터마이징)'는 기존 제품과 서비스를 개별 고객이나 고객 유형(세그먼트)의 특화된 요구에 맞추는 것으로 새로운 가치 제공에 해당한다. 주로 선주문 후 생산으로 표현되기도 하는데 개개인의 특별한 요구 사항을 맞추어 세상에 단 하나의 제품을 만들어서 제공하는 것에서부터, 델 컴퓨터와 같이 선주문량에 따라서 공장에서 대량으로 맞춤 생산하는 매스 커스터마이징(Mass Customizing)에 이르기까지 다양한 방법이 있다. 최근 레고에서는 고객이 직접 새로운 장난감의 디자인에 참여하도록 하는 코-크리에이션(Co-Creation) 방식을 취하고 있는데 이는 고객 참여를 이끌어냄으로써 충성심 높은 고객층을 유지할 뿐만 아니라 기업 내부의 디자이너들의 한계를 넘어서는 창의적인 디자인 개발의 핵심이 되고 있다.

레고사는 레고 아이디어 사이트에서 고객들이 디자인하여 만든 레고를 업로드하여 1만 표 이상을 획득하면 상품성을 검증한 후에 실제 상품으로 출시하고 있다[38]

넷째, 고객이 무엇을 원하는지에 집중하여 가치를 생각하다 보면, 고객의 부족한 부분을 지원하거나, 필요한 시기에만 도움을 주는 형태로 가치를 창출할 수도 있다. 이를 '고객 지원 서비스'라고 할 수 있는데, 롤스로이스(Rolls-Royce)의 경우 항공사의 비행기 제트 엔진을 생산·공급할 뿐만 아니라 정비까지 수주한다. 따라서 항공사는 비행기 관리를 위한 노력을 롤스로이스 엔진 구입만으로 줄일 수 있다. 제록스의 사무 기기 컨설팅 서비스도 여기에 해당한다.

다섯째, 패션, 가전 등에서 흔히 볼 수 있는 '디자인' 요소도 가치 제안 중의 하나다. 보다 아름답게, 매력적인 디자인으로 제품을 출시한다면 같은 기능을 가지고 있더라도 고객의 선택은 해당 제품일 수밖에 없다. 애플의 성공 요인 중 디자인은 애플 매니아를 만든 중요한 요소다. 세상 어디에도 없는 애플 디자인과 심플함에 매료

---

38) 레고 아이디어 사이트(https://ideas.lego.com)

된 고객들이 새로운 제품을 계속 기다리게 된 이유이기도 하다.

여섯째, '브랜드'를 꼽을 수 있다. 스타트업에서 쉽게 다가갈 수 없어 보이겠지만 '언더그라운드'라는 브랜드는 스케이트 보더들의 소속감을 나타내는 상징성을 중심으로 고객층을 확보하고 있다. 커뮤니티나 동아리의 상징적인 문화를 중심으로 독특한 브랜드를 만드는 것도 가능하다. 브랜드의 핵심은 양보다는 질이라는 데 있다. 특정한 고객이 추구할 수 있는 브랜드는 오히려 강력한 커뮤니티를 형성해 낸다. 처음 시작하는 비즈니스에서는 브랜드가 더욱 중요하다.

일곱째, '가격'이다. 같은 제품이나 서비스를 더욱 저렴한 가격에 제공할 수 있다는 것은 매우 큰 가치이자 강점이 된다. 불필요한 서비스를 모두 없애고 같은 비행 시간을 제공한다는 취지에 따라 만들어진 '저가 항공사'의 비즈니스 모델이 대표적인 사례다. 그 외에 기존 비즈니스 모델에서 비용이나 위험을 절감하게 하는 것, 편리성이나 유용성을 높이는 것도 가치 제안의 한 요소로 볼 수 있다.

고객과 직원, 그리고 사회에 대하여 자신들의 '가치'를 제안하고 있는 스타트업 중에서 '페달링(Pedaling)'이 최근 각광을 받고 있다. 모바일 앱을 이용하여 세차 서비스를 신청하면 세차 요원인 페달러(Pedaler)가 2시간 이내에 고객이 원하는 장소로 달려와 세차를 해주는 서비스다. 세차가 완료되면 세차 전과 후의 모습이 담긴 사진과 '150리터의 물을 아껴주셔서 감사합니다. 지구가'라는 재치 있는 멘트를 고객에게 보낸다. 친환경 세차 스프레이와 극세사 수건만으로 세차 서비스를 제공하기 때문이다.

페달링(Pedaling) 홈페이지 www.pedaling.is의 '워터리스' 가치 설명 화면

바로 여기에 이들이 세상에 영향(Impact)을 주고자 하는 핵심 가치가 들어 있다. 페달링을 만들어 낸 이들은 자신들의 서비스가 지구환경을 보고하고 후손들에게 건강한 지구를 물려주는 데 기여해야 한다는 강한 신념을 가지고 있었다. 그들이 고객들에게 제공하고자 하는 서비스가 어떤 모양을 가지든 말이다. 이 때문에 고객들이 특정 장소에 머무는 동안 세차를 받고 싶어 하는 문제를 발견했을 때, 세차 방법을 떠올리는 데 있어서 '워터리스 방식'을 선택하게 된 것이다. 고객이 특정 장소에 머무는 동안, 즉 주차되어 있는 시간에 세차를 하는 것 또한 세차 목적으로 차량을 운행하는 시간과 에너지를 절약하는 데 도움이 됨은 물론이다. 두 번째로 페달링은 세차 요원인 '페달러'의 삶의 질에 대한 깊은 관심에서 출발한 앱서비스다. '온라인으로 신청하고 오프라인으로 서비스를 받는 O2O (Online to Offline) 플랫폼 앱이 전망이 있다'는 판단에서 만들어 낸 서비스가 아니다. 페달링 창업자인 고신우 대표는 서비스업에 종사하는 근로자들이 직접 고객들을 만나면서 과도한 스트레스로 인해

자신이 좋아하거나 잘 하는 일을 그만두는 상황에 공감했다. 따라서 고객에게 서비스를 제공하지만 고객을 만나지 않고 하는 서비스, 즉 고객서비스에 대한 역발상으로 페달링 서비스를 디자인하게 된 것이다. 그리고 모바일 앱을 통한 플랫폼 비즈니스가 이러한 가치를 전달하는 데 적합한 프로세스를 가지고 있었다. 고객도, 서비스 제공자도, 서비스 구현자도 모두 모바일 '채널'을 통해서 소통할 수 있기 때문이다('채널'에 관한 설명은 다음 장에서 이어진다). 마지막으로 고객들의 세차장까지 가야만 하는 귀찮음을 덜어주고, 원하는 시간에 저렴한 대가를 지불하고 세차 서비스를 받아 만족감을 느끼게 하는 가치는 당연히 서비스의 기본이 되었다.

③ 어떻게 전달하지? 채널

채널(Channels)은 기업이 고객에게 자신들이 제공하는 가치를 전달하는 방법을 의미하는데, 물류 배송, 판매 창구뿐만 아니라 고객과의 의사소통도 포함한다. 채널은 고객 경험에 매우 큰 영향을 미치는 접촉 수단이기 때문에 매우 중요하게 고려해야 하는 요소다. 과거와 달리 인터넷, 스마트폰과 같은 정보통신 기술과 서비스가 발달하면서 다양한 채널을 이용하여 비즈니스를 구현할 수 있게 되었다. 이러한 채널들을 선택할 때 다음의 몇 가지 원칙을 고려한다면 각각의 효용을 극대화할 수 있을 것이다.

첫째, 정보 제공 창구다. 채널은 상품이나 서비스에 대하여 고객이 이해할 수 있도록 다양한 정보를 제공할 수 있어야 한다. 상품이나 서비스에 대한 자세한 설명, 사용법, 기능 설명, 제조 일자 및 제조 장소 등 관련 정보들이 고객이 원하는 시간에 원하는 수준으로 적절하게 제공하기 위해 사용한다. 과거에는 사용 설명서나 영업 직원의 설명에 의존하는 방식을 사용하였다면, 인터넷이 발달하면서 홈페이지를 통해서 해당 제품과 서비스에 대한 설명을 제공하는 방식으로 바뀌었다. 종이 문서에 인쇄하는 비용을 절감했을 뿐만 아니라 다양한 시청각 자료를 활용하여 더욱 풍부하고 정확한 정보를 홈페이지를 통해 제공할 수 있게 된 것이다. 따라서 최근 비즈니스에서 홈페이지의 운영과 정보 제공은 필수적인 요소로 꼽히고 있다.

둘째, 고객의 평가(의견 청취) 창구로서의 역할이다. 채널은 고객들이 기업이 상품이나 서비스를 통해서 제공하는 가치 제안을 제대로 평가할 수 있도록 도와야 한다. 그리고 해당 평가를 가능한 한 정확하게 청취/입수/전달받을 수 있어야 한다. 인터넷 홈페이지의 게시판이나 의견 수렴란을 통해서 실시간으로 고객의 의견을 게재할 수 있도록 하는 웹2.0을 시작으로 소셜 네트워크 서비스(SNS)는 이러한 역할을 톡톡히 하고 있다. 우리나라에서는 기업과 공공 부문에서 SNS를 통해 고객들을 활발하게 만나온 업체들을 선정하여 매년 공표하고 있다. 2016년 기업 부문에서는 비씨카드, 공공 부문에서는 서울시가 종합대상을 차지하였는데, 이는 직접적으로 고객과 소통한 대표적인 사례들이다.

셋째, 구매 창구로서의 역할이다. 채널은 고객들이 기업의 상품이나 서비스를 원활하게 구매할 수 있도록 도와주는 창구 역할을 해야 한다. 창고형 장난감 판매 업체인 토이저러스(ToyRus)는 인터넷이 발달하던 초기에 홈페이지를 개설하는 등 발빠른 행보를 보였다. 홈페이지에서 각 제품의 상세 정보, 매장별 세일 정보와 위치 등 제품과 서비스에 관한 다양한 정보를 제공하기 시작했다. 그러나 이러한 온라인 채널의 개설은 오히려 매출 급감 및 고객 이탈이라는 엄청난 부작용을 초래하였다. 도대체 어찌된 것일까? 당시 해당 기업은 온라인 채널의 역할을 단순 정보 제공으로만 이해했다. 이 때문에 시 외곽에 있는 창고형 매장을 방문하지 않고 상품을 검색한 후 즉시 구매하고자 했던 고객들의 기대를 충족시키는 데 실패하게 되고, 고객들의 실망은 매출 저하로 직결되었다. 온/오프라인 채널에 대해서 고객이 기대하는 것이 무엇인지를 파악해야 하고 효율적으로 전달하는 방법을 고민해야 한다. 삼성전자, LG전자에서는 각각 홈페이지와 연계된 온라인 스토어를 운영하여 제품에 대한 검색을 하던 중 바로 구매할 수 있도록 하고 있다.

④ 고객을 어떻게 유지할까? 고객관계

일반적인 CR(Customer Relationship)은 신규 고객과 관계가 시작되는 것에서부터 잠재 고객을 발견하여 홍보, 기존 고객과의 관계를 지속적으로 유지하기 위한 노력에 이르기까지 고객관계의 라이프사이클 전체를 관리하는 활동을 말한다. 비즈니스 모델에 적합한 고객관계를 관리하는 방식을 찾는 방법으로 다음의 질문들이 도움이 된다.

- 고객 유형별로 어떤 방식의 고객관계가 만들어지고 유지되기를 원하는가?
- 우리는 어떤 고객관계를 확립했는가? 핵심 고객이 확실한 우리의 고객인가?

- 고객관계를 관리하기 위해서 비용은 얼마나 드는가?
- 다른 비즈니스 모델 상의 요소들과는 어떻게 통합 연결되는가?
- 어느 채널이 가장 비용 효율적인가?
- 채널과 고객을 위한 업무는 제대로 통합되어 있는가?

고객에게 가치를 전달하는 방법을 살펴볼수록 고객 가치의 중요성이 부각되게 된다. 즉, 어떻게 고객 가치를 정의했는지에 따라 고객 관리 방법이 구체화되기 때문이다. 대표적인 고객관계 관리 방법은 크게 여섯 가지로 구분해 볼 수 있다.

먼저 사람이 직접 고객 관리 활동을 하는 경우다. 활동 중심 개별 지원(Individual Assistant) 방법이라고 부르는데 기업 가치 활동 (생산, 영업, 구매 등)을 수행하는 직원이 직접 고객과 연락하는 방식이다. 판매, 구매, 사후 서비스에 이르는 모든 과정에서 고객에게 직접적으로 도움을 줄 수 있도록 각 활동의 담당자가 응대하는 것이다. 판매 직원, 콜센터 상담원을 통하거나 이메일, 해피콜 문자 메시지 등과 같은 간접수단을 이용할 수도 있다.

둘째, 고객 중심 개별 지원 방법은 활동 중심과는 다르게 고객별로 전담 인력을 두어 헌신적으로 응대하게 하는 방식이다. 프라이빗 뱅킹 서비스에서 전담 직원이 자산이 많은 고객을 응대하는 방식이 대표적인 예시다. 다른 비즈니스 영역에서도 핵심 고객 관리자가 VIP 고객과 개인적인 관계를 유지하는 형태에서도 쉽게 발견할 수 있다.

셋째, 셀프서비스다. 온라인과 다양한 정보 제공 채널이 발달하면서 가능해진 방식으로 기업의 전담 인력들이 고객들과 직접적인 관계를 유지하지 않는다. 다만 고객이 스스로 니즈를 해결할 수 있도록 필요한 모든 수단을 제공한다.

넷째, 자동화 서비스도 정보시스템과 인터넷을 발달로 가능해졌다. 셀프서비스 방식에 고객 맞춤형이 혼합된 형태를 의미한다. 온라인 프로파일을 통해 고객에게 맞춤형 서비스를 제공한다. 고객들이 이미 구매한 패턴을 분석하거나 미리 등록한 고객 특성을 고려하여 서비스를 제공하는 방식으로, 제대로만 된다면 고객 중심의 개별 어시스트와 유사한 효과도 낼 수 있다. 온라인 서점들의 책 추천 서비스, 음원 서비스 제공 업체들의 추천 음악 스트리밍 서비스 등이 여기에 속한다.

다섯째, 커뮤니티를 구성하는 방법이다. 해당 제품이나 서비스의 이용자들의 모임인 온라인 커뮤니티를 말한다. 해당 커뮤니티는 현재 사용자뿐만 아니라 관심이 있는 잠재고객과 밀접한 관계를 맺을 수 있기 때문에 기업에서 직접 운영하기도 한다. 이용자들은 온라인 커뮤니티를 통해서 해당 제품의 사용과 관련된 다양한 지식을 교환하고 서로의 문제를 해결해주는 데 도움을 주기도 한다. 기업은 커뮤니티를 통해서 고객을 더 잘 이해할 수 있다. 게임 회사나 정보통신 서비스를 제공하는 회사들은 자사가 직접 운영하는 커뮤니티뿐만 아니라 동호회 커뮤니티에 '베타버전[39]'을 제공하여 개발자들이 예상하지 못한 문제를 발견할 뿐만 아니라 해결책을 얻기도 한다. 뿐만 아니라 이용자들이 사용하는 모습을 관찰하여 다양한 아이디어를 얻기도 한다.

---

39) 알파 버전은 개발자들이 개발 상품의 가시적인 형태와 기능을 보기 위해서 만든 버전이라면, 베타 버전은 출시 전에 이용자들에게 무료로 배포하는 약간의 결함이 있는 초기 버전을 일컬음. 이를 통해서 고객들이 서비스를 미리 경험하게 함으로써 구매로 이어지게 하는 장점뿐만 아니라, 이용 중에 발생할 수 있는 다양한 문제를 미리 발견, 이에 대한 개발자들보다 뛰어난 이용자들의 다양한 해법을 모두 획득할 수 있다는 장점이 있음. 개발자, 기획자가 예측하지 못한 사용 패턴을 발견하여 새로운 수익 모델을 만들거나 비즈니스 모델을 확장할 수 있음.

마지막으로 제시할 방법은 코-크리에이션(Co-Creation) 기법이다. 최근 많은 기업이 고객들과 함께 가치를 창조하기 위해 전통적인 '고객-벤더' 관계를 넘어서고 있다. 신제품의 디자인 과정에서 소비자를 개입시키기도 하고 유투브는 오롯이 이용자들이 스스로 콘텐츠를 제공하도록 하는 비즈니스 모델을 가지고 있다. 조직 내부의 개발자들과 고객들이 협업을 하는 형태가 되는 것이다. 이 외에도 고객 참여를 통해 디자인 및 기술 개발의 의사결정을 하는 다양한 방법이 기업이 제공하는 다양한 채널을 통해 가능해졌다. 고객들의 '참여'에 가치를 둔 사례 중에서 공공기관의 대표적 성공 사례로서 아이슬란드 레이캬비크 시의 '더 나은 레이캬비크 사이트'를 들 수 있다. 아이슬란드의 유명 코메디언이었던 욘 그나르(Jón Gnarr Kristinsson)는 2010년 아이슬란드 수도인 레이캬비크의 시장이 되면서 정치인으로서 전문성이 없으니 직접 시민들에게 물어보겠다는 취지로 웹사이트를 만들었다. 시민들이 자신들에게 필요한 진짜 서비스와 제도를 직접 제안하고 토론을 통해서 우선순위를 선정하는 사이트다. 욘 그나르 시장은 이 사이트를 통해서 정치적으로 필요한 의사결정이 아니라 진짜 시민들에게 필요한 행정서비스를 만들어 나갔고, 레이캬비크시는 욘 그나르 시장이 퇴임한 후에도 여전히 해당 사이트를 운영하면서 시의 고객인 시민들로부터 직접 이야기를 듣고 있다. 이 도시는 시민들과 함께 금융위기 이후 찾아온 각종 경기 침체를 서서히 회복하고 있다.

'더 나은 레이캬비크' 웹사이트

5 얼마를 받지? 수익원

수익원은 기업이 타깃 고객 집단으로부터 창출하는 현금을 의미한다. 수익은 매출 그 자체, 즉 수입을 의미하는 것이 아니라 전체 벌어들인 돈인 수입에서 비용, 즉 필요 경비와 원자재 비용을 제외한 재무적 가치를 말한다. 기업은 고객이 어떤 가치를 위해 기꺼이 비용을 지급하는가 하는 문제에 집중해야 한다. 이를 명확하게 정의할 수 있다면 기업은 타깃 고객 집단으로부터 하나 이상의 수익원을 창출할 수 있다. 각각의 수익원에 대해서는 정찰제, 할인 판매, 경매, 시장 의존, 물량 의존, 생산량 관리 같은 다양한 가격 메커니즘을 적용할 수 있다. 수익원을 명확하게 하기 위하여 다음의 질문을 해봐야 한다.

• 고객들은 어떤 가치를 위해 기꺼이 비용을 지급하는가?

- 현재 우리 기업과 유사한(혹은 관련된) 비즈니스 모델의 고객들은 무엇을 위해 비용을 지급하고 있으며, 어떻게 지급하고 있는가?
- 어떻게 고객들이 구매하고 싶어 하는가?
- 각각의 수익원은 전체 수익에 얼마나 기여하는가?
- 채널과 고객을 위한 업무는 제대로 통합되어 있는가?

서비스 제공에 있어 고객의 일회성 지출로부터 얻게 되는 수익뿐만 아니라, 향후 발생되는 반복적인 수익에 대한 고려해야 한다. 그러기 위해서 수익원을 창출하는 다양한 방법을 충분히 참고해야 한다.

1. **물품 판매**: 제품의 판매는 전통적인 시장의 거래 메커니즘에서 발생하는 수익 창출 방법으로, 물리적 상품의 소유권을 판매하는 것을 의미한다.
2. **이용료**: 특정한 서비스를 이용하게 함으로써 발생하는 수익원이다. 이용 시간이나 이용량에 따라서 과금하는 방식으로, 통신사가 통화 시간에 따라 전화 요금을 부과하거나 호텔에서 객실 이용 일수에 따라 요금을 부과하는 것을 의미한다. 택배 회사는 배달 물건의 무게와 수량을 모두 고려하여 요금을 받는다.
3. **가입비**: 서비스에 대한 지속적인 이용 권한을 판매하는 방식이다. 가입비와 별도로 이용료를 부과하는 방식으로 수익을 창출하기도 한다. 예를 들어서, 헬스클럽은 시설 이용에 대한 대가로 회원들에게 월간, 혹은 연간 가입비를 받는

다. 이 경우 회원 가입자는 해당 기간 동안 자유롭게 헬스 기구를 사용할 수 있다. 그러나 호텔이나 골프 회원권의 경우, 회원 가입비를 통해 이용할 수 있는 권리를 구입한 후, 이용 횟수에 따라 이용료도 별도로 지급해야 한다. 다만 이때 우선 예약이나 고객 맞춤형 객실 제공 등 회원 전용 서비스를 제공하거나 할인된 금액으로 이용할 수 있도록 하는 등의 가치 제안 방식을 따른다.

4. **대여료/임대료**: 특정한 자산을 일정 기간 이용할 수 있는 권리를 대가로 받는 수수료다. 대여자는 반복적인 수입을 얻을 수 있다는 이점이 있다. 반면에 이용자는 전체 대금을 치르고 소유하는 대신, 사용하는 시간만큼만 비용을 부담하면 된다. 요즘 소카(SoCar) 애플리케이션은 가장 가까운 곳의 소카 제공 차량을 애플리케이션으로 예약하고 사용한 시간과 거리만큼 비용을 지급한다. 일반 렌터카의 과금 방식과 유사하지만, 렌터카 센터를 방문하지 않고 스마트폰 어플을 통해서 현재 위치와 가장 가까이 있는 차량을 수배하여 손쉽게 이용할 수 있는 장점이 있다.

5. **라이센싱(Licensing)**: 고객들에게 지적재산권의 사용을 허가한 후 사용료로 받음으로써 창출된다. 라이센싱은 권리자들이 제품을 생산하거나 서비스를 제공하지 않고도 지적재산권으로부터 수익이 창출될 수 있도록 도와주는 제도다. 과거 기술 개발과 관련하여 특허권을 통해 특허권자들이 타 기업에 사용권을 부여하고 수익을 창출하던 방식뿐만 아니라, 최근 디지털 콘텐츠의 발달로 인하여 개인이나 소규모 스타트업들도 손쉽게 수익을 창출할 수 있는 중요한

수익원 중 하나다.

6. **중개 수수료**: 둘 또는 그 이상의 당사자들을 대신해서 매개 역할을 해주는 서비스에서 생겨난다. 신용 카드 수수료나 부동산 중개 수수료 등이 여기에 속한다. 최근 플랫폼 비즈 니스가 발달하면서 앱스토어가 애플리케이션 개발자들이 어플을 등록하는 데 약간의 수수료를 먼저 받고, 어플의 판 매 수익의 일부를 받아서 수익을 창출하는 방식이 여기에 속한다고 볼 수 있다.

7. **광고**: 특정한 상품이나 서비스, 브랜드 광고비에서 발생한 다. 전통적으로 미디어산업이나 행사 기획자들은 주로 광 고 수익에 의존해왔다. 디지털 콘텐츠의 발달은 광고를 통 한 수익원을 중요한 요인으로 만들었다. 드라마나 영화의 PPL(Product PLacement)은 제작 비용의 일부를 부담한 광 고주의 물건을 스토리 전체에 포함하여 자연스럽게 노출하 는 방식으로 광고를 한다. 각종 검색 사이트들은 이용자들 의 특성에 맞는 맞춤형 광고를 온라인 창에 노출시키도록 하여 광고주들로부터 광고료를 받는다.

수익원의 종류만큼이나 가격 결정 메커니즘도 다양하다. 대표적 으로 가격이 처음부터 고정되어 있느냐, 시장 상황에 따라서 변하 느냐에 따라 가격을 결정하는 방법이 있다. 어떤 가격 메커니즘을 취하느냐에 따라서 수익 면에서 큰 차이가 발생할 수 있다. 콘텐츠 를 중심으로 발달한 요즘 시장에서는 가격을 결정하는 것이 쉽지 않다. 음원 서비스, 영화, 이북(e-Book), 다양한 애플리케이션들과 같이 정보 재화의 가격을 책정하고 부과할 때에는 그 특성을 제대로 이해하고 있어야 한다. 정보 재화와 서비스 등은 직접 경험해보지 않으면 그 가치를 제대로 인지하기 어렵고, 또 고객마다 인지하는 가치가 매우 다르다. 이렇게 고객 각자가 가지고 있는 지불 의사 가격(Willingness to Pay)을 제대로 발견해 내는 것이 중요하다. 전통적인 방법은 원자재와 생산하는 데 들어간 총비용에 재화의 수량으로 나누어 가격을 책정하는 방식이었지만, 콘텐츠는 사용자의 인식하는 금액에 맞게 가격정책을 수립해야 한다. 그렇기 때문에 공짜로 서비스를 제공하는 프리미엄(Freemium)전략을 적용할 수 있는 것이다. 프리미엄은 서비스와 제품은 무료로 제공하고, 고급 기능과 특수 기능에 대해서는 요금을 부과하는 비즈니스 방식이다. 비디오 게임의 경우 프리투플레이(Free-to-play, F2P)라고 한다.

인터넷과 모바일 애플리케이션이 발달하면서 플랫폼과 네트워크를 핵심 활동으로 구성하는 스타트업들이 성공하고 있다. 플랫폼 비즈니스의 수익원이라고 하면 중계수수료를 떠올리기 마련이지만, 그 외에도 다양한 방법들이 있다. 실제 스타트업들을 통해서 몇 가지 방법을 알아보자. '이노센티브(INNOCENTIVE)'는 2001년 설립된 온라인 기업이다. 세계 정상급 과학자들을 온라인으로 연결하는 네트워크 활동을 통해서 전 세계의 어려운 문제들이나 꼭 필요한 기능에 대한 연구, 그리고 개발 기간의 단축을 최우선 가치로 설립되었다. 정부나 단체, 기업들이 문제를 해당 사이트에 올리고 현상금을 내걸면 전 세계 각 분야의 전문가들이 자신들의 방식으로 해당 문제를 해결하는 아이디어를 올린다. 문제가 해결되면 의뢰 기업은 현상금을 이노센티브에 지급한다. 이어서 이노센티브는 내부 정책에 따라 해당 금액에서 수수료를 제외한 금액을 아이디어 제공자들에게 차등 지급한다. 1989년 알래스카에서 좌초된 엑슨모빌 유조선의 기름 유출 문제를 해결한 것이 가장 대표적인 사례다. 17년 동안이나 해결되지 못하고 심각한 자연 훼손을 유발하던 중 국제기름유출연구소(OSRI)는 2007년 이노센티브에 현상금 2만 달러를 걸고 문제 해결을 의뢰하였다. 그 결과 3개월 만에 시멘트 회사 엔지니어로부터 아이디어를 얻어서 해결하였다. 문제 해결의 플랫폼이 되고 있는 이노센티브는 기업 입장에서 상대적으로 저렴한 비용과 빠른 기간에 연구 개발에 성공한 후 대가를 받아서, 문제 해결에 참여한 전 세계의 전문가들에게 합리적인 수준의 보상을 제공하고 그에 따른 수수료를 받고 있다.

　'플리토(Flitto)'는 번역가와 번역이 필요한 사람이 만나는 플랫폼이다[40]. 아산나눔재단의 '마루 180' 출신의 성공한 스타트업인 플리토는 기계 번역과 달리 집단 지성을 핵심 활동으로 구성하여 번역 서비스를 제공한다. 즉, 플리토 이용자들이 250자 이내의 단문 번역에 참여하여 각자의 영역에 적합한 맥락을 반영한 번역문을 올리면, 의뢰자는 이들 중에서 가장 적합한 번역문을 채택하고 채택된 번역가는 포인트를 수령하게 된다. 전문 번역의 경우에는 필요한 언어, 분야, 금액을 직접 의뢰자가 입력하면 조건에 적합한 전문 번역가가 선택하여 성사되면 플리토 측에서 1:1 채팅방을 만들어 준다. 번역을 진행하면서 서로 피드백할 수 있는 플랫폼을 제공하는 것이다. 하지만 이들은 거래를 연결해주는 대가로 중계수수료를 받지 않는다. 플랫폼을 소유한 사람은 그 위에서 생성된 자료들의 소유권을 갖게 된다. 따라서 플리토는 의뢰한 문장과 번역된 문장을 묶은 '말뭉치'를 자동 번역기 제작 업체나 전자어학사전 제작 업체

---

40) https://www.flitto.com

등 이를 필요로 하는 기업에 판매하여 수익을 창출한다. 한 달에 200만~300만 개의 말뭉치가 팔린다고 한다[41]. 언어는 시대와 문화를 반영하여 지속적으로 발전하기 때문에 늘 새로운 단어와 번역이 필요하다는 것에 주목하여 수익원을 결정한 것이 포인트다. 이용자가 반드시 매출을 일으키는 수익원이 되지 않는다는 점도 본 사례를 통해서 알 수 있다.

'벤티케익'은 2016년 현재 전 세계 84개국 2억 5천만 명이 사용하는 필터 카메라 어플 '레트리카(Retrica)'를 만든 회사다[42]. 처음 기업을 만들면서 이들의 가치는 "우리가 만들려는 제품은 기존에 존재하지 않던 것입니다. 우리가 만들어 갈 조직 또한 기존에 존재하지 않던 것입니다"라는 모토로 정의되어 있다. 오픈소스의 발달로 카메라에 다양한 필터를 넣는 기술은 특별한 것도, 신기한 것도 아니다. 그렇다면 이들은 이 가치를 어떻게 실현하였을까? 먼저 국내 스마트폰 사용자들이 셀카를 열심히 찍는 현상을 파악하였다. '셀피(Selfie)'라는 단어가 2013년에 사전에 등록될 만큼 외국인들에게 스마트폰의 전면부 카메라를 사용하여 자신의 모습을 찍는 것이 처음에는 생소했었다. 하지만 이것이 대중적으로 인기를 끌 것이라는 판단하에 자신의 모습을 포장, 수정·보완할 수 있는 필터카메라를 출시하였고 셀피 문화가 확산되면서 전 세계적으로 함께 성장한 것이다. 두 번째로 어떤 필터든지 레트리카를 통해 조금 먼저 만나볼 수 있다. 편집 기술, 간단한 영상 만들기 등 다른 필터카메라들이 제공하기 전에 조금 빨리 각종 서비스를 출시한다. 마지막

---

41) 대통령 직속 청년위원회의 이정수 플리토 대표 인터뷰(http://thepcyg.blog.me/220799421757)
42) 벤티케익 홈페이지(http://venticake.com/)

으로 낮은 사양의 휴대폰에서도 핵심 기능이 작동할 수 있게 하여 스마트폰시장이 크게 성장되어 있지 않은 동남아, 중남미시장도 배려하였다.

그렇다면 이들은 어떻게 수익을 창출하는가? 구글에서 창업을 지원하기 위해 전 세계 6개국에 오픈한 구글 캠퍼스의 운영을 아산 나눔재단의 창업 지원 단체인 '마루 180'이 맡은 후 첫 번째 입주 기업이었던 벤티케익은 글로벌 벤처캐피털들로부터 70억 원의 투자금을 유치하였다. 이들은 '노출 광고'와 '유료 필터 구매'를 수익원으로 설정하였다. 전 세계 2억 5천만 명이라는 고객은 그들의 핵심 자원으로 자리 잡았고 이들에게 적합한 광고를 화면에 붙여서 광고 의뢰 업체로부터 돈을 받는 것이다. 실용적인 차원보다는 고객들이 늘 즐거웠으면 좋겠다고 생각하는 벤티케익은 기본 필터들은 무료로 제공하고 보다 더 재미있고 특별한 필터들을 유료로 제공함으로써 프리미엄 서비스를 원하는 고객에게서 수익을 창출한다. 이처럼 플랫폼 비즈니스는 정보통신 기술의 장점인 네트워크에서 파생되는 다양한 수익원을 발견할 수 있다.

6 뭐가 필요하지? 핵심 자원

핵심 자원이란 비즈니스 모델을 구현하기 위해서 반드시 필요한 자원(Resources)을 말한다. 가치 제안을 만들기 위해 투여되는 자원이다. 예를 들어 마이크로칩 생산자에게는 자본 집약적 생산 시설이 핵심 자원으로서 필요하겠지만 마이크로칩 설계자는 물리적 설비보다 인적 자원에 집중하게 된다. 핵심 자원을 찾는 주요한 질문은 '우리의 가치 제안에는 어떤 핵심 자원이 필요한가? 공급 채널을 위해선 어떤 자원이 필요한가? 고객관계와 수익원을 위해선 어떤 자원이 필요한가?' 하는 것이다. 즉, 앞서 설명한 고객, 가치, 수익 창출을 위해 필요한 중요 자원을 구별해내면 된다. 핵심 자원을 구별할 때는 다음의 분류가 도움이 될 것이다.

1. **물적 자원:** 생산 시설이나 매장과 같은 건물, 원자재 이동과 제품 배송을 위한 자동차, 기계 설비, 정보시스템, 판매 시스템이나 물류네트워크 등이 이에 속한다. 이마트, 홈플러스처럼 대형 유통 기업은 자본 집약적인 물적 자원에 크게 의존한다. 카페24는 소상공인과 개인들이 쉽게 온라인 쇼핑몰을 개설하고 판매할 수 있도록 플랫폼을 제공한다. 따라서 정보시스템과 네트워크가 핵심 자원 중 하나다. 뿐만 아니라 해당 비즈니스 모델은 국내외로 실제로 물류는 배송할 수 있도록 국내외 배송 시스템을 함께 보유·관리하고 있다.

2. **지적 자원:** 브랜드, 독점적 지식, 특허나 저작권, 파트너십, 고객 데이터베이스 등 지적 자산은 시장 경쟁 우위를 차지하기 위해 점점 더 중요한 자산으로 여겨지고 있다. 지적 자산은 개발하기 어렵지만 일단 개발에 성공하면 상당한 부가가치를 낳을 뿐만 아니라 경쟁 업체가 모방하거나 가져가기 어려운 자원이 되어 경쟁우위를 가질 수 있도록 해준다. 나이키, 아디다스와 같은 브랜드, 애플의 충성심 높은 고객 집단 등이 이에 속한다. 스타트업의 경우 높은 브랜드 가치나 충성심 높은 고객 집단과 데이터베이스를 처음부터 가지

고 있는 것이 쉽지 않다. 다만, 어느 정도 인지도가 있었으나 경영상의 문제로 더 이상 비즈니스를 이어가기 어려운 기업을 인수하는 방법으로 브랜드 네임을 획득할 수 있다. 또는 특허나 저작권도 보유 기업 또는 개인을 조직에 영입함으로써 획득할 수 있다.

3. **인적 자원:** 인적 자원, 즉 우수한 인력은 기업의 핵심 자원이다. 특히 이 요소가 두드러지는 비즈니스 모델이 있는데 지식 집약적이고 창조적인 산업 분야다. 스타트업은 이러한 인적 자원을 중심으로 제품/서비스의 생산과 전달이 이루어진다. 기존 기업에서 우수한 박사급 인력들을 중심으로 제품 개발실을 운영하고 영업 전담팀을 운영하는 것과 스타트업에서 각자의 전문성을 가지고 일당백의 역할을 해내는 것은 완전히 다른 이야기다. 스타트업에서 인적 자원과 팀 구성이 중요한 이유다.

4. **재무 자원:** 비즈니스 모델에 따라 현금이나 신용 한도, 핵심 인력을 유지하기 위한 스톡옵션 등 재무적 자원이나 보장이 필요한 경우가 있다. 통신 기기 제조 업체인 에릭슨은 재무적 자원을 효과적으로 활용하고 있다. 그들은 자본 시장에서 자금을 빌려 그중 일부로 장비 구매 고객들에게 벤더 파이낸싱을 제공하여 경쟁자들보다 우선적으로 주문을 확보한다.

스타트업은 물적 자원이나 재무 자원을 핵심으로 하여 비즈니스 모델을 구성하기는 쉽지 않다. 이들은 특별한 기술이나 특허, 저작권 등을 가지고 있거나 우수한 인력을 팀원으로 하여 새로운 것을 만들어가는 상황이기 때문이다. 따라서 스타트업은 '지적 자원'인 특허, 실용신안, 저작권 등을 예민하게 생각하고 관리해야 한다.

최근 크라우드펀딩(Crowdfunding)과 같은 기법을 통해서 물적·재무적 자원을 빠르게 확보해서 추진하는 팀들도 꾸준히 나타나고 있다. 다수의 일반인의 참여와 도움으로 자금을 모으거나 필요한 생산 설비, 혹은 기술력을 조달하는 사례들은 스타트업 생태계를 활발하게 만들고 있다. 영화산업의 경우, 좋은 시나리오가 핵심 자원이기도 하지만 이를 영화화할 자금력 또한 핵심 자원이어야 한다. '연평해전'은 영화를 제작하고자 하는 취지와 시나리오의 일부를 사전 공개하여 핵심 자원 중 하나인 제작비를 크라우드펀딩을 통해 모금하였다. 제작 기간이 일반적인 영화에 비해 몇 년 정도 더 소요되었지만 결국 영화의 제작 및 개봉에 성공하였고 제작비 모금에 십시일반 참여한 일반인들을 관객으로 확보하는 두 마리 토끼를 모두 잡아 흥행에도 성공하였다.

'레가(REGA)'는 스위스 산악 지대의 사고 현장에 헬리콥터와 비행기로 의료진을 수송하는 서비스를 제공하는 기업이다. 이들의 핵심 자원은 헬리콥터, 비행기를 보유하고 이를 출동시키는 능력이다. 이들이 처음부터 이 자원을 확보하고 운영할 수 있는 자금이 있는 상태에서 서비스를 시작했을까? 이들은 어떻게 서비스를 운영할까? 레가에는 이백만 명 이상의 '패트론'이 재정적으로 지원하고 있다. 이에 대한 보답으로 패트론들이 레가의 구조 서비스를 받을 경우 모든 비용이 면제된다. 산악 지대에서 사고가 생겨 구조를 받게 되면 여기에 투입된 구조 인력 및 장비의 수가 많기 때문에 많은 비용을 지불해야 한다. 따라서 스위스의 산악 지대에서 레저 활동을 하는 수많은 일반인이 재정적 후원자가 되어 기업의 핵심 역량을 보유할 수 있는 주요 수입원이자 투자자가 되었던 것이다. 이처럼 핵심 자원을 정의할 때는 당장 기업 내에 눈에 보이는 것만을 찾을 것이 아니라 눈에 보이지 않는 지적 자원과 네트워크의 힘, 그리고 수익과 투자로 인해서 보유할 수 있는 자원들도 광범위하게 고려해야 한다.

쓰레드리스(Threadless)는 의류 유통 스타트업이다. 그들의 홈페이지에서 티셔츠를 구매할 수 있다. 회원들은 참여를 통해서 마음에 드는 디자인을 선택할 수 있다. 마지막으로 창조(Create)라는 작업을 통해서 자신의 디자인을 제안하고 만들 수 있다. 자본금 1,000달러(한국 돈 약 110만 원)로 시작한 이 회사는 현재 연간 800억 원의 매출을 올리고 있는, 성공한 스타트업이다. 티셔츠를 만들어서 판매하는 회사지만 이들의 핵심 자원은 티셔츠를 디자인하는 디자이너, 디자인에 대한 저작권이나 특허다. 의류 유통 회사들이라면 당연히 보유해야 한다고 생각하는 대규모 물류 창고가 아니다. 이들은 고객들이 직접 디자인을 생산하여 업로드하도록 하여 늘 새로운 디자인을 제시한다. 고객들에게 투표하도록 함으로써 시장의 최신 트렌드와 고객들의 취향에 맞게 최신의 것을 업데이트한다. 이들의 핵심 자원은 고객들이 누구나 쉽게 자신들의 아이디어를 디자인으로 제공할 수 있도록 하는 디자인 툴, 투표를 통해 선택할 수 있도록 하는 웹/모바일 기능들이다. 이와 같은 비즈니스 모델은 핵심 자원을 구별해낼 때 선택된 디자인이 최대한 그대로 옷(티셔츠, 모자, 각종 소품들)에 프린트되는 핵심 파트너십과의 연계를 생각해야 한다. 고객들과 공유와 참여의 관계 설정도 핵심 자원과의 연계도 명확히 할 수 있다. 신인 의류 디자이너들의 시험대이자 경력으로 커뮤니티를 구성할 수도 있다. 비즈니스 모델의 다른 부분들과의 연관관계를 고려해야 함을 잊지 말자.

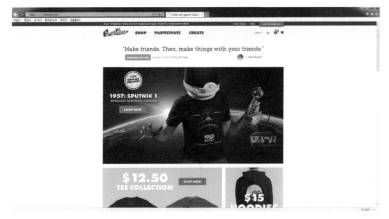

쓰레드리스 홈페이지(https://www.threadless.com)

⑦ 어떤 일을 해야 하지? 핵심 활동

　핵심 활동은 비즈니스 모델의 가치 제안, 핵심 자원과 연계되어 결정된다. 타깃 고객 집단에게 제공하고자 하는 핵심 가치를 전달하여 수익을 창출하는 데 필요한 활동을 의미한다. 따라서 비즈니스 모델의 유형에 따라서 핵심 활동은 달라진다. 같은 PC 제조 업체라도 삼성전자, LG전자의 PC사업부의 핵심 활동이 기술 개발이라면, 델(Dell)의 핵심 활동에는 공급망 관리가 포함되어 있다. 핵심 활동은 실제로 제품을 만들어 내는 건과 관련된 '생산', 고객 만족을 우선으로 서비스를 제공하는 비즈니스 모델과 관련된 '문제 해결', 그리고 최근 정보통신 기술 제품과 서비스의 주요 활동으로 등장한 '플랫폼/네트워크'로 구분해볼 수 있다.

　생산은 일반적으로 제조업의 핵심 활동으로 이해할 수 있는데 우수한 품질의 제품을 설계, 제작, 운송하는 일련의 과정을 포함하고 있다. 문제 해결은 주로 서비스업의 핵심 활동이지만 최근 '서비 사이징(Servicizing)'의 개념이 등장하면서 제조업까지 영향을 미치는 주요한 활동으로 인지되고 있다. 고객의 불편한 점, 또는 문제점을 해결해주는 활동으로 주로 컨설팅 회사, 병원, 기타 서비스 조직의 경영을 위해서 필요한 활동이다.

제록스는 기업의 문서 인쇄 및 복사기 제조 회사다. 기업에서 값비싼 인쇄 및 복사 복합기를 구입하는 것에 부담을 느껴 프린터를 컴퓨터 주변 기기로 인식하여 값싸고 가벼운 프린터를 구입하는 형태로 바뀌었다. 이 때문에 매출이 감소하게 되자, 고객에게 제공하는 가치(Value Proposition)를 기기의 판매가 아니라 대여로 바꾸었다. 인쇄 매수당 비용을 청구하는 방식으로 수익 창출 방식을 바꾼 것이다. 최근에는 제조 회사로서 핵심 활동인 생산뿐만 아니라 문제 해결도 제록스의 핵심 활동으로 인식되고 있다. 문서의 생산과 삭제, 보관과 관련된 기업들의 문제를 해결해주는 컨설팅을 시작했기 때문이다. 이처럼 제조업이라고 해서 반드시 '생산'만을 핵심 활동으로 인식하고 최적화, 효율화를 위해서 노력하는 것은 더 이상 경쟁우위를 차지하는 전략적인 방법이 아님을 주지해야 한다.

네트워크의 발달과 함께 플랫폼을 핵심 자원으로 설계된 비즈니스 모델은 플랫폼이나 네트워크와 관련된 핵심 활동에 의해 운영된다. 아마존닷컴은 온라인 도서 구매 사이트로 시작하였지만 현재는 기업용 클라우드 서비스 제공 분야의 선두 업체다. 기업에서 개별적으로 서버를 구매하고 데이터베이스를 구축하는 대신, 아마존에 가입하여 클라우스 서버와 데이터베이스, 소프트웨어를 사용하는 만큼 비용을 지불한다. 아마존은 자사 플랫폼의 기술적 업그레이드, 보안 및 다양한 기업용 소프트웨어 제공에 초점을 맞춘 핵심 활동을 수행한다. 마이크로소프트, 구글 등 IT 기업들이 네트워크와 플랫폼을 이용하여 기업 및 학교, 개인에게 다양한 서비스를 제공하는 활동들이 이 영역에 속한다.

교육플랫폼을 제공하는 스타트업의 인기가 뜨겁다. 지난 2016년 6월 창업 지원 단체인 디캠프의 데모데이[43] 우승팀과 인기상 수상팀은 각각 영어 회화와 수학 문제 풀이를 지원하는 교육 플랫폼이었다[44]. 디탬프 우승팀인 '미티영'은 네이버 출신 개발자가 2014년 설립한 교육 스타트업으로 미국 토크쇼나 예능 프로그램을 보면서 영어 회화를 익힐 수 있도록 미리 듣기, 자막, 문장 반복 등의 기능이 포함된 애플리케이션을 제공한다. 미국 TV쇼들은 현재 진행되는 다양한 시사 문제를 다루고 요즘 현지인들이 사용하는 표현을 담고 있다. 미티영이 이러한 콘텐츠를 직접 생산하여 제공하는 것이 아니라 플랫폼을 제공하는 서비스다. 미국의 각종 방송국에서 제작한 프로그램을 영어 공부를 하고 싶어 하는 이용자들이 학습할 수 있는 형태로 구조화하여 제공하는 것이다. 이와 유사한 형태의 영어 회화 플랫폼에는 '스피킹튜브'가 있다. 스피킹튜브는 미티영과 유사한 형태의 영어 회화 애플리케이션으로 미티영이 TV 토크쇼 프로그램이 주요 콘텐츠라면 스피킹튜브는 유투브 등 웹에 올려진 동영상 콘텐츠를 중심으로 구성되어 있다. 즉, 이들이 콘텐츠를 직접 생산하여 제공하는 것이 아니라 영어 회화를 공부할 수 있는 플랫폼에 얹어서 이용자들을 만날 수 있게 하는 서비스를 제공한다.

---

43) 은행권 청년창업재단 디캠프(http://dcamp.kr/)에서는 매월 마지막 주 목요일에 스타트업들이 모여서 자신들의 비즈니스 모델을 발표하는 '데모데이' 이벤트를 진행한다. 여기에서 우승한 팀에는 투자자들의 사업 지원금과의 연계 기회, 그리고 디캠프의 보육 공간 입주 기회 및 투자 유치 기회를 제공한다.

44) http://www.bloter.net/archives/259027

미티영 홈페이지(http://www.mitiyoung.com)

디캠프에서 인기상을 받은 '오누이(https://www.onuii.com/)'는 앞서 영어 회화 애플리케이션들보다 고객관계(비즈니스 모델의 네 번째 블록 참조)를 중심으로 비즈니스 모델을 구성한 케이스다. 수학 문제를 풀다가 어려운 문제를 '사진'을 찍어서 올리면 튜터로 등록한 이용자들이 풀이과정을 10분 내로 응답해주는 플랫폼이다. 문제를 올리는 사람과 이를 해결해주는 사람들의 만남의 장을 만들어 준 것이다. 현재 사용자 5만 명, 튜터 860명을 보유하고 있는 오누이 앱에는 게이미피케이션(Gamification, 게임의 특성을 게임 외의 일반적인 현상에 적용하는 것)의 요소를 이용하여 응답률을 높이고 있다. 기본적으로 질문이 등록되면 해당 문제가 속한 영역에 응답자로 등록한 튜터는 응답 여부를 선택하고 답을 업로드해야 한다. 이때 응답을 하지 못할 경우 '토스' 기능을 사용하여 다른 튜터들이 응답하도록 넘길 수 있다. 여러 번 토스된 문제는 그만큼 풀이하기 어려운 문제라는 것을 의미하기 때문에 이를 해결한 튜터는 더 많은 보상을 받게 된다. 그리고 여러 번 토스된 문제는 이용자 전체에게 공개되어 공유될 수 있도록 하고 있다. 플랫폼 또는 네트워크 서비스가 어렵게 생각될 수도 있다. 구글이나 마이크로소프트처럼 IT 분야 대기업이 아니라서 불가능할 것이라는 편견을 버리는 것이 좋다. 필요한 사람과 제공하고자 하는 사람들이 만날 수 있는 장을 만들어주는 비즈니스 모델이 바로 플랫폼 서비스이기 때문이다.

8 누구와 함께해야 하지? 핵심 파트너

비즈니스는 단독으로 할 수 없다. 따라서 생산 활동 전반에 걸쳐서 관계를 맺고 있는 다양한 공급자들과의 관계가 매우 중요하다. 기업들은 비즈니스 모델을 최적화하거나 위험(Risk)을 줄이고 자원을 원활하게 얻기 위해서 서로 연합한다. 이러한 관계를 파트너십으로 정의할 수 있다. 파트너십 형태는 형태와 목적에 따라 네 가지로 구분해볼 수 있다.

첫째, 비경쟁자들 간의 전략적 동맹은 시장에서의 공급자 교섭력을 높여줄 수 있다. 비경쟁자라는 것은 독점을 할 수 없는 시장의 경쟁자를 이야기한다. 예를 들면 도시가스 공급자와 같다. 도시가스의 경우는 국가 차원에서 보면 여러 개의 공급 업체가 존재한다. 그들은 다양한 방식으로 경쟁을 하고 있다. 원료의 수입 지역과 공급 지역을 확보하기 위해서는 개별 기업 간 경쟁은 필수적이다. 하지만 각 도시나 지역 단위에서는 공급망 전체를 하나의 도시가스 회사가 독점하고 있다. 따라서 비경쟁적 위치에 있다. 그렇기 때문에 도시가스 공급자들은 연합을 통한 규모의 경제로 수입 단가를 낮추거나 국가 정책에 영향을 주는 다양한 공급자 교섭력을 높일 수 있는 활동을 하게 된다. 이와 유사한 사례는 전혀 다른 공급망을 가지고 있는 경쟁자들 간에는 실질적으로 비경쟁으로 전략적 동맹을 하게 되는 것이다. 해운산업이 그 예다. 해운동맹은 운행되는 선박이 주로 어떤 항로를 점유하고 있는지에 따라 동맹을 맺는다. 예를 들면 A라는 선사는 유럽 항로에 강점이 있고, B라는 선사는 아시아-미국 항로에 강점이 있다면 A, B는 동일한 해운 업체지만 비경쟁자 위치에 있고, 규모를 키우기 위해서 동맹을 맺고 있는 것이다.

둘째, 코피티션(Coopetition, Cooperation+Competition), 경쟁자들 간의 전략적 파트너십 전략으로 경쟁한다고 해서 반드시 반목하거나 서로 정보를 공유하지 않는 것은 앞으로의 초경쟁 사회에서는 바람직하지 않다. 역발상으로 경쟁자들과 함께 신시장을 창출하고 만들어가려는 노력이 더 우수한 성과를 달성할 수 있음을 기억해야 한다. 경쟁자들과 네트워크를 형성하여 파트너십을 맺는 것은 경쟁 시장 환경에서 위험(Risk)을 줄이는 데 도움이 된다. 블루레이(Blue-ray)는 전 세계 가전제품, PC, 미디어 기업들이 공동으로 개발한 광디스크 포맷(Format) 표준이다. 이들 기업들은 서로 협력해서 표준화된 기술을 시장에 도입하였지만, 다른 한편으로는 각자의 제품을 판매하기 위해 시장에서 경쟁한다. 정보통신 기술에서 이러한 표준화는 매우 중요한 이슈다.

셋째, 새로운 비즈니스를 개발하기 위한 조인트벤처는 주로 신시장에 진출하려는 경우 많이 사용된다. 중국 시장에 진출하기 위해서 이미 중국에 진출하여 네트워크를 확보한 기업과의 연계를 추진하는 것이 대표적인 예다. 심플렉스인터넷(SimpleX Internet)은 쇼핑몰 솔루션, 웹호스팅, 온라인 마케팅 컨설팅 등을 사업 분야로 하는 대한민국의 IT 기업이다. 대표적으로 온라인 쇼핑몰 솔루션인 카페24가 있다. 심플렉스인터넷은 한류 열풍을 기회로 해외의 한류 팬들에게 한국의 물건을 손쉽게 구입할 수 있는 온라인 쇼핑몰 솔루션을 제공하고 싶었다. 하지만 꽌시(관계)부터 시작해서 넓은 중국 대륙에서 배송시스템을 찾고 새로 운영하는 것은 그야말로 엄청나게 어려운 일이었다. 한편, 중국 최대의 전자상거래 업체인 알리바바는 타오바오 등에서 한국 제품을 판매하고 싶었다. 하지만 한국의 제품을 수배하는 데서부터 세금·회계 문제, 한국 내의 건실한 물류 업체들을 일일이 알아보고 조율하는 데 상당한 시일과 비용이 든다는 것을 파악하였다. 이 두 업체는 조용히 양해각서(MOU)를 체결하고 서로의 시장에 진출하여 활발하게 활동하고 있다. 심플렉스인터넷은 알리바바의 중국 내 네트워크와 물류배송시스템을 손쉽게 이용할 수 있다. 알리바바를 사용하는 쇼핑몰 운영자들은 심플렉스인터넷의 카페24 등에서 보유하고 있는 공급자들을 통해서 고품질의 제품을 안정적으로 공급받는다[45].

넷째, 안정적 공급을 확보하기 위한 '구매자–공급자' 관계: 시장에서 물건을 살 때도 '단골집'이 좋다. 질 좋은 물건을 먼저 주기도 하고 덤으로 조금 더 넣어주기도 한다. 가끔 구하기 어려운 것을 구해 주기도 하고 말이다. 비즈니스를 하는 기업인 경우 공급자들과 이렇게 우호적인 관계를 잘 유지하는 것은 매우 중요한 일일 것이다. 이와 같은 '구매자와 공급자 관계'는 파트너십의 기본적인 형태로서 재원이나 활동의 배분을 최적화하기 위해 만들어진다. 기업

---

45) 한국경제신문, http://www.hankyung.com/news/app/newsview.php?aid=2014072270811

이 모든 자원을 보유하거나 모든 활동을 직접 수행하는 것은 비효율적이다. 이러한 형태를 비즈니스라고 부르기 어렵다. 각각의 활동에 최적화된 파트너는 해당 활동에서 '규모의 경제'를 달성한 기업인 경우가 많다. 해당 기업과의 파트너십은 비용 절감, 그리고 자원이나 인프라 공유를 통한 범위의 경제 달성 등의 목적을 쉽게 달성할 수 있다.

⑨ 얼마를 써야 하지? 비용 구조

비즈니스 모델을 운영하는 동안 발생하는 모든 비용을 의미한다. 가치를 만들어 내고 전달하고 고객관계를 유지하고 수익원을 만들어 내는 과정에서 비용이 발생하게 된다. 앞서 언급한 비즈니스 모델의 구성 요소들인 핵심 자원, 핵심 활동, 핵심 파트너십 등을 정의하고 나면 비용 구조를 비교적 쉽게 파악할 수 있다.

비용 구조는 스타트업의 비즈니스 모델에서 가장 중요한, 즉 반드시 지출해야 하는 비용이 무엇인지를 중심으로 분석할 수 있다. 그다음으로는 비즈니스 모델의 핵심 자원과 핵심 활동 영역과 연계하여 어떤 핵심 자원의 확보와 핵심 활동의 수행에 비용이 가장 많이 필요한지를 분석하여 비용 구조를 완성해야 한다. 왜냐하면 비즈니스 모델의 핵심 가치와 이를 수행하기 위한 자원, 활동의 영역은 반드시 필요한 지출 영역이다. 따라서 해당 영역을 제외한 자원과 활동 영역에서 비용을 합리적으로 절감하려는 노력이 필요하게 된다.

비용은 최소화하는 것이 당연한 목표다. 다만, 비용 주도적인 관점과 가치 주도적인 관점에 따라서 최소화의 영역이 달라진다. 비용 주도(Cost Driven)적인 비즈니스 모델은 비용 절감에 최대한의 초점이 맞춰진다. 비용을 최소화할 수 있는 구조를 만들고 이를 유지하는 것이 목적이며, 고객에게도 저가 정책, 최대한의 자동화, 아웃소싱 확대 등 비용 절감을 위한 다양한 방법을 동원하게 된다. 국내 항공노선을 중심으로 발달한 저가 항공사의 비즈니스 모델이 비용 주도적 관점의 대표적인 사례. 제주항공은 서비스 오픈 2년 만에 2,000억 매출을 달성하며 시장을 선도하고 있다. 불필요한 서비스를 과감히 없애고 시스템을 단순화하여 3~4시간 이내의 짧은 거리를 운항하는 서비스를 가장 저렴한 가격에 제공하는 데 성공하였다. 품질과 서비스는 최소한으로 유지하면서 배, 자동차, 기차 등 다른 운송수단보다 빨리 목적지까지 운송하는 비행기의 기본 가치에 충실함으로써 고객의 마음을 얻은 것이다.

가치 주도(Value Driven) 관점은 비용 절감보다 고객의 만족과 가치를 최우선으로 두고 비즈니스 모델을 구성하는 경우다. 고도의 맞춤 서비스, 프라이버시를 최우선으로 하는 허니문 패키지, 호화로운 시설과 전용 서비스를 제공하는 리조트 등이 여기에 해당된다. 허니문 패키지의 경우, 일반 관광지 여행과는 달리 신혼부부만 이용할 수 있는 해변, 수영장, 각종 레저 활동, 쇼핑, 그리고 낭만적인 저녁 식사 및 마사지 등이 하나의 상품에 포함되어 있어서 개별 활동과 서비스에 대하여 일일이 찾아서 예약하지 않아도 된다는 장점이 있다. 조용한 휴식을 원하는 고객들을 대상으로 전용 출입구가 따로 마련되어 있고 머무는 동안에도 아무에게도 방해받지 않도록 구성되어 있는 호텔 리조트도 가격보다는 프라이버시를 충분히 지켜주는 가치를 더 높이 평가하는 것이 대표적인 예다.

비용 최소화의 관점도 가치 주도 관점도 모두 가치 제공의 스타트업 근본 정신에서 벗어나서는 안 된다. 고객이 지불해야 하는 비용을 최소화하는 것을 가치로 제공할 것인가, 아니면 프리미엄 비용을 조금 더 주고서라도 럭셔리, 편의성, 시간 절약 등과 같이 비용 이외의 서비스 가치를 부여하여 수익을 창출할 것인가의 문제다. 비즈니스 모델을 구현하기 위해서는 인건비에서부터 사무실 임차료, 전기료, 각종 사무 기기의 비용 등 생산 활동에 직접적으로 연관되어 있지 않아서 눈에 보이지 않는 비용이 많이 발생한다. 원자재 가격이나 운송비, 개발 및 생산에 필요한 요소들은 명확하게 식별할 수 있으며 이러한 비용을 줄이는 것은 쉽지 않다.

최근 스타트업들의 운영 비용을 줄이고 협업을 할 수 있도록 도와주는 다양한 공간들이 등장했다. 일명 협업 스페이스, 코워킹 스페이스라고 불리는 공동 사무 공간은 여러 개의 스타트업이 한곳에 모여서 다양한 인터랙션을 할 수 있도록 도와준다. 초기 자본이 충분하지 않고 아직 매출이 발생하지 않은 초기 스타트업이 사무실을 임차하여 운영하기는 쉽지 않다. 따라서 이러한 협업 스페이스는 스타트업 프로젝트 구성원들이 모여서 협업하고 핵심 파트너들과 회의를 진행할 수 있는 공간을 최소한의 비용으로 사용할 수 있게 해준다. 아산재단에서 운영하는 '마루 180'의 경우 스타트업 구성원의 숫자별로 차별화된 공간을 제공하고 이에 더하여 클라우드 용량, 기술 지원 서비스, 세무/법무 비서 서비스, 회계 · 세무 지원 서비스, 투자자 연계 서비스 등도 무상으로 제공하고 있다.

3.4 비즈니스 계획서

창업한 지 100년이 넘은 기업들이 파산하고 있다. 미국의 코닥(Kodak)은 1888년 필름을 끼워 쓰는 사진기를 최초로 출시했다. 코닥의 미국 시장 점유율은 한때 90%를 기록한 바 있었고 이미 오래전부터 디지털 기술을 확보하고 있었다. 2000년대 초반 카메라시장의 주도권이 디지털 기반으로 넘어가는 환경을 간과한 것이다. 코닥은 카메라를 싸게 팔고, 필름 판매와 인화 시장에서 수익을 남기는 비즈니스를 했다. 개인용 프린터시장에서 프린터는 싸게 팔고 잉크나 드럼 등 부속품에서 수익을 남기는 것과 유사했다. 하지만 디지털 카메라는 대중화될수록 필름시장과 인화시장은 사라져 가고 메모리 카드나 온라인 앨범과 같은 것으로 대체되어 간 것이다.

코닥 몰락의 원인은 시장의 변화에 맞게 비즈니스 모델을 효과적으로 바꾸지 못한 것에 있다. 비즈니스 모델에 대한 주기적인 검토와 적절한 변화가 곧 비즈니스 전략 전반을 추상화하는 방식이다. 반면에 비즈니스 전략은 수립된 비즈니스 모델을 구체화하고 실행 방안에 대한 고차원의 계획이 된다. 이것을 상세하게 풀어낸 것이 비즈니스 계획이다. 따라서 비즈니스 계획서를 작성하는 작업은 비즈니스 모델을 작성하는 가장 마지막 작업이라고 할 수 있다. 비즈니스 계획서는 목적과 용도에 맞게 사용해야 한다. 기업이나 조직 구성원들과 함께 비즈니스를 진행할 때 나가야 할 방향과 목적을 서로 명확하게 하기 위한 내부적인 커뮤니케이션 용도와 자금 조달(투자 유치), 기업 홍보, 사업 제휴 등의 외부적인 용도다. 따라서 비즈니스 계획서는 용도에 따라 작성 내용이 다소 상이하게 작성될 필요가 있다. 제공되는 용처에 따라 기업 현황, 아이템 기술의 실현 가능성, 미래시장으로의 성장 가능성 등 각각 중요하게 고려되는 항목이 다르기 때문에 무엇으로 초점을 두고 작성해야 할지 고려할 필요가 있다. 다만 기본적인 비즈니스 계획서는 내부 커뮤니케이션을 위한 용도가 가장 필수적이다. 스타트업을 위한 비즈니스 계획서를 구성하는 기본 항목들은 다음과 같다.

1. 팀
   구성원 프로파일(경영진 중심), 왜 우리 팀일 수밖에 없는가?
2. 비즈니스 모델
   - 팀의 비전, 미션 그리고 가치
   - 비즈니스 모델이 시장에 어떻게 통할 수 있는가?
   - 가치 제공(Value Proposition)
   - 대상 시장과 고객(Target Market and Customer Segment)
   - 마케팅 플랜(Marketing Plan – Channel and Customer Relationship)
   - 핵심 자원과 활동(Key Resource and Activity)
3. 재무 분석
   - 손익분기점 분석(Cost Structure and Revenue Stream)
   - 매출 시나리오와 예상 매출액
   - 운영 경비와 투자 요구액
4. 외부 환경 분석
   - 경제 상황
   - 시장 분석 및 주요 트렌드
   - 경쟁자 분석 및 경쟁우위 요소

5. 서비스, 상품 구현 계획

세부 로드맵과 마일스톤(Milestone)

6. 위험 분석

제약 환경 및 성공 요인 분석

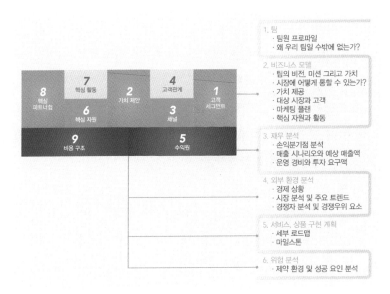

비즈니스 계획서의 구성

비즈니스 계획서는 비즈니스 모델을 구성하면서 검토하고 확인했던 다양한 자료를 바탕으로 구성한다. 특히 2부 비즈니스 모델은 대부분 캔버스 내용을 기준으로 한다. 3부 재무 분석은 캔버스의 비용 구조와 수익원에 대한 내용을 바탕으로 구성한다. 실제로 소요되는 비용을 상세하게 구분해 보고, 수익원에 대한 매출 시나리오를 작성해야 한다. 이를 기반으로 언제쯤 손익분기점을 도달하는지를 살펴보고 필요한 자본과 투자 요구액을 도출하는 것이다. 4부 외부 환경 분석은 비즈니스 모델의 타이밍에 관한 근거를 확보하는 것이다. 어떤 사업이든 왜 지금 해야 하는지를 잘 설명해야 한다. 거시적 관점의 경제 상황은 비즈니스 트렌드를 보여 주고, 시장환경에서는 향후 방향성에 대한 전망을 알 수 있게 해준다. 이와 병행하여 경쟁자들을 얼마나 잘 알고 있는지, 그들과 어떻게 경쟁할 것인지를 제시해야 한다. 그다음 5부 서비스, 상품 구현 계획에서는 실제 제공할 서비스와 제품에 대한 구현 계획을 제시하고 마지막 6부 위험 분석에서 비즈니스 계획 수행에서는 발생할 수 있는 제약 환경과 성공 요인을 정리하면 된다.

효과적인 비즈니스 계획은 비즈니스 모델의 성과를 잘 성취하기 위해서 꼭 필요하다. 따라서 계획서를 작성할 때에는 세 가지 중요한 고려 사항은 기억해야 한다.

첫째, 단순 명료한 설명이다. 비즈니스 계획서는 간결하고 명확한 표현과 단어를 사용해야 한다. 비즈니스 계획을 공유하는 건 잘 모르는 사람을 위해서이다. 또한 쉽게 설명되지 못하는 건 명확하지 않은 것이다. 따라서 최대한 쉽게 단순 명료하게 설명하려고 노력해야 한다. 단순 명료한 표현이란, 숫자로 이야기하는 것이다. 수익이 많아진다고 하지 말고 2020년까지 영업이익을 10% 증대시키겠다고 표현하는 것이다.

둘째, 가진 것과 필요한 것을 구분해야 한다는 것이다. 구성원들의 역량은 가장 중요하고, 내세울 수 있는 것이다. 그들이 가진 일의 장점과 핵심적인 역할 그리고 어떻게 비즈니스를 성공시킬 사람들인지를 잘 기술하는 건 내가 가진 것을 잘 표현하는 방법이다. 그중에 특히 인적 네트워크가 있다면 어필해야 한다. 반대로, 자금이나 기술적인 한계 혹은 관리적 한계 등 잘못하거나 필요한 것이 있을 것이다. 그런 것들에 대해서는 왜 필요한지, 어떤 한계를 가지고 있는지를 명확하게 알려줘야 한다. 필요한 것을 정확하게 이야기하고 표현한다면 그것을 극복하기 위한 계획을 수립할 때 신뢰성을 확보할 수 있다.

마지막 항목은 솔직해야 한다는 것이다. 그래야 신뢰를 얻을 수 있다. 어떤 데이터를 사용하는 경우에라도 구성원들의 프로파일과 역량에 대해서도 솔직하게 알려야 한다. 한두 가지 잘못된 정보는 팀 전체의 신뢰를 무너트리고 더 이상의 투자도 없게 되고 그 때문에 추진할 힘도 잃어버리게 된다. 함께 일해 보면 금방 실력은 드러나게 되고, 거짓은 밝혀진다. 진정성이 없는 계획은 무용지물이다. 말도 안 되는 추측과 계획은 아무런 설득력이 없다. 합리적 근거와 솔직한 전망이 비즈니스 계획을 성공적으로 이끌어내게 한다.

4장.
Teaming
(팀 구성)

: 스타트업
성공의 모든 것

4장. Teaming(팀 구성): 스타트업 성공의 모든 것

스타트업 성공, 팀 구성이 좌우한다

_고영하, 벤처포럼 및 엔젤투자협회 회장

4.1 투자를 받는 스타트업 팀

스타트업에 투자하는 투자자들을 만날 때마다 항상 화두로 나오는, 몇 가지 주제가 있다. 첫 번째는 투자 성과에 관한 이야기다. 스타트업 투자로 실제 성과를 만들어 낸 과정에 관한 내용이다. 최근에 어떤 분야에 주로 투자하는지 누가 얼마를 어떤 식으로 투자했는데 적정한 것인지 등 다양한 스타트업 업계 현실에 대한 이야기를 들을 수 있다. 두 번째는 누구(어느 팀)에게 투자해야 할 것인가에 관한 이야기다. 투자 성과를 이야기하다 보면 자연스럽게 투자 분야를 넘어서서 개별 팀에 대한 장·단점이 나오게 된다. 그렇게 하다 보면 어떤 팀의 리더가 잘하더라, 팀 구성원 중에 누가 잘하더라 등 스타트업 팀의 팀워크와 역량에 대한 이야기로 흐르게 된다.

초기 투자자의 관점은 스타트업이 그들의 고객을 보는 것보다 더 정확하거나 더 많은 인사이트가 있다고 볼 수는 없다. 투자자들은 항상 새로운 스타트업보다 특정 분야에 대해서는 뛰어날 수 없다. 하지만 투자하는 사람은 시장의 흐름과 트렌드 그리고 '투자'에 대한 인사이트가 있는 사람들이다. 그들에게 투자 받는 스타트업팀들은 지금 시장에서 가장 가능성이 높은 팀들이다. 그럼 누가 투자를 받는 걸까? 투자자들의 이야기를 들어보자.

무엇보다 좋은 제품과 서비스가 가장 중요하다. 스타트업 팀은 투자자를 만나는 일보다 좋은 제품과 서비스를 만드는 일에 더 중점을 두어야 한다. 이는 당연하고, 진리와 같은 이야기다. 사람들이 좋아하는 서비스를 만들면 이익을 가져다 줄 것이다. 제품과 서비스가 없다면 투자를 받는 것이 불가능에 가깝다. 제품이 없는데 투자를 받는 경우는 시장이 매우 좋거나 또는 창업자가 매우 뛰어나기 때문이다. 이 경우는 뛰어난 창업자가 제품을 곧바로 만들어 낸다. 그렇기 때문에 실제로는 이런 경우는 없다.

투자 결정 요인은 성장률, 인터랙션, 수익 이렇게 세 가지로 구분된다.

- **성장률**: 고객 증가율이 높을수록 좋다(연평균 성장률 - 45도 그래프가 기준).
- **인터랙션**: 초기 고객이 서비스 사용 이후 지속적으로 서비스를 사용한다는 것을 증명해야 한다(고객 반복 구매율, 고객 재방문율 및 유지율 등).
- **수익**: 매출과 수익(월급을 서비스로 자체 조달할 수 있다면 투자 가능성이 매우 높다)

투자자들이 가장 싫어하는 팀들은 대기업에 대한 의존도가 높은 팀과 진입 장벽이 점점 낮아지는 시장의 팀들이다. 대기업 의존도가 높은 팀들은 궁극적으로 스타트업이라고 하기 어렵다. 대기업 의존도를 낮추지 않는 한 궁극적으로 대기업의 하청 구조에서 벗어나기 어렵고, 경우에 따라서는 대기업에서 다른 걸 못하게 통제하는 경우도 많다. 진입 장벽이 점점 낮아지는 스타트업 모델은 경쟁이 점점 심해지기 때문에 투자자 입장에서는 성공을 장담하기 어렵다.

투자자 입장에서 투자할 팀의 선정은 처음에는 눈에 보이는 투자 가이드에 따라 선정된 팀을 기준으로 한다. 그러나 결국 최종적인 의사결정은 '사람과 팀'에 있다. 벤처기업에 투자할 때는 기업의 성장가치가 가장 중요한 결정요인이다. 하지만 성장을 일궈내고 가치를 현실화하는 주체는 언제나 사람이다. 그래서 투자자는 스타트업에 돈을 투자한 '갑'의 위치가 아닌 스타트업이 대박을 내야만 하는 '을'과 같은 입장에 서기 때문이다. 투자자는 투자 집행 이후에 투자 기업의 경영 전반에 걸쳐 경영진과 심도 있는 협의도 하고 전략적인 방향 설정에 적극적으로 의견을 개진한다. 일부 경영진의 경우 종종 이걸 간섭으로 보기도 한다. 그러나 투자를 집행하여 주주로 등재되는 순간, 투자한 돈을 통해 수익을 만들어야 하기 때문에 스타트업을 돕기 위해 불철주야 노력하게 된다. 이제 막 시작한 스타트업보다 더 많은 경험이나 인맥을 가지고 조언을 해도 듣는 사람의 입장을 배려하지 않으면 소귀에 경전 읽는 것에 불과하다.

경험 많은 투자자들은 공통적으로 팀 리더와 구성원들을 꼼꼼하게 본다. 그들의 관계를 잘 살펴보고, 좋은 경험을 보유했는지를 살핀다. 열린 사고와 가치 중심적 관점을 가졌는지도 살펴본다. 투자자들은 수없이 많은 네트워크를 통해서 다양한 정보를 가져오게 된다. 그중에서 투자한 팀들에게 꼭 필요한 것들을 전달해 주기도 하고, 경우에 따라서는 비즈니스 제안을 하게 된다. 그것도 팀의 역량에 따라 선택의 가능성을 폭넓게 만들게 한다. 투자자들은 여러 팀의 상황이 비슷하다면 '좋은 팀'에 투자한다. 좋은 팀이란 팀 리더와 구성원이 능력과 경험이 평균 이상이라는 점이다. 조금 부족한 비즈니스 모델과 서비스를 가진 팀의 경우에도 '훌륭한 팀'에는 투자한다. 사실 훌륭한 팀은 구성원들이 매우 놀라운 능력을 가진 경우다. 그래서 훌륭한 팀은 부족한 서비스도 최고의 비즈니스로 탈바꿈시킬 것이라는 기대가 있다. 정말 그런지는 나중에 다시 이야기하자.

투자자와 스타트업 팀의 관계는 연애하는 관계와 비슷하다. 언젠가는 결별을 전제로 하는 일종의 계약 연애라는 사실만 다르긴 하다. 너무 상대에 집착해도 안 되고, 헤어진 후 좋은 추억을 남기는 것도 중요하다. 상대의 무엇을 보고 연애를 시작하는지 살펴보면 된다. 아무리 좋은 회사, 스펙을 가졌어도 사람 자체가 나랑 맞지 않으면 연애를 시작해도 매우 고생하게 된다. 사람 자체가 괜찮아야 연애가 시작이라도 될 수 있다는 점을 기억해야 한다.

4.2 팀이 만들어지는 과정

최고의 스펙을 가진 사람들로 팀을 구성하면 꼭 성과를 낼 것이다. 누구나 그렇게 믿으려 한다. 영국의 저명한 조직 연구자인 메러디스 벨빈(Meredith R. Belbin)은 《팀이란 무엇인가 Management Teams》라는 책에서 독특한 실험을 수행했다. 그의 연구 가설은 '우수한 인재들이 모인 팀은 상대적으로 더 좋은 성과를 낼 것이다'이다. 최고의 팀은 최고의 구성원들로 구성되어 있을 것이라는 것을 확인해 보고 싶었다. 그래서 자타가 인정하는 최고의 인재를 선발해서 25개 팀을 구성했다. 그리고 평범한 팀과 경영게임(Management Game)으로 경쟁하게 했다. 여러 해 동안 진행된 게임에서 우승한 것은 첫해 3개 팀뿐이었다. 다음 해에는 총 8개 팀 중에서 6위만 6번 했고, 4위를 4번 했을 뿐이다. 실험 팀의 이름이 아폴로 팀이었던 관계로 이 실험 결과를 '아폴로 신드롬(The Apollo Syndrome)'이라고 부르고 있다.

아폴로 신드롬은 뛰어난 인재들을 모아놓은 팀에서 오히려 낮은 성과가 나오는 현상을 말한다. 똑똑한 사람들로 구성된 집단이 오히려 비생산성적인 논쟁에 과도한 시간을 소모하고, 서로 자기주장을 강하게 하는 경향이 존재하여 뜻을 모으기 어렵고, 일부는 오히려 논쟁을 회피하려는 성향이 발생한다는 것이다. 따라서 개인이 아무리 우수해도 팀에서 능력을 발휘할 수 없는 것을 잘 보여준다. 좋은 스펙과 다양한 경험을 가진 국회의원들이 국회에만 들어가면 제대로 일하지는 않고 싸우기만 하면서 무능해지는 것이 아폴로신드롬으로 설명될지도 모르겠다.

능력은 중요하다. 그렇다고 그게 전부일 수는 없다. 테슬라 자동차 창업자 엘론 머스크는 한 인터뷰에서 "나의 매우 큰 실수 중 하나는 성격보다는 재능에 너무 무게들 두고 사람을 뽑은 것입니다. 좋은 마음을 가지고 있는지가 가장 중요하다고 생각합니다"라고 이야기했다. 팀은 그렇게 어떤 가치를 가지고 있느냐, 서로의 가치를 이해하느냐, 그리고 같이 실행할 강한 신념과 신뢰, 페이스(Faith)를 가지고 있느냐가 팀의 전제 조건이다. 스타트업도 팀이다. 잘 구성되고 좋은 팀이 있는 반면에 매우 수준 낮은 팀도 존재한다. 브루스 터크먼(Bruce Tuckman)은 팀의 발달을 4단계로 구분해서 팀의 수준을 설명할 수 있는 이론적 틀을 제공하고 있다.

첫 번째 단계는 형성기(Forming)다. 일명 탐색기라고도 하는 이 단계에서는 많은 것이 생소하고 불명확하다. 일하는 방법이나 프로세스도 정립되어 있지 않고 아직 서로에 대한 이해도도 낮아 팀원 간의 관계도 서로가 조심스럽다. 팀이 무엇을 해야 할지 명확하지도 않고 팀과의 관계도 약한 수준인 경우에는 팀이 무언가를 한다는 게 쉽지 않다. 이 형성기를 극복하고 나면 혼돈기(Storming) 단계로 넘어가게 된다. 소위 갈등기라고도 부르는 이 단계에서는 팀원 간의 상호 작용이 본격화되면서 서로가 가진 생각과 생활 방식의 차이가 나타나는 한편, 갈등과 혼란이 자주 발생하게 된다. 그래서 일이 지연되거나 팀 구성원 간의 갈등이 빈번해져서 다양한 문제가 야기되거나 팀 리더를 믿지 못하고 운영 방식이나 절차에 대해 계속 불만을 토로하게 된다. 이 단계에서는 팀의 성과는 개인이 일하는 수준에 비해서 낮게 나타난다. 새로운 조직에 책임자가 부임하면 어수선한 팀들에서 초반에 문제가 여러 차례 발생하게 되는데 바로 이런 경우를 말한다. 구성원들과 리더의 관점과 상호 작용이 아직 충분히 무르익지 않았기 때문이다. 이 혼돈기를 극복하면 규범기(Norming)의 단계로 들어간다. 이 단계에서는 팀원들이 서로를 이해하고 친해지고 결속력이 강화된다. 공동 목표에 대한 공감대가 형성되고 이를 달성하고자 하는 의지가 발생하게 된다. 의견 차이는 서로 존중하고 문제 해결 방법을 만들어 내게 된다. 보통 이정도 된 팀들은 팀 리더의 방향성에 팀이 어느 정도 맞춰져 있다. 본격적으로 팀의 성과를 만들어 낼 준비가 된 것이다. 마지막 단계는 성취기(Performing)다. 팀원들은 팀의 비전을 이루기 위해 기존의 성과에 만족하지 않고 더 많은 성과를 창출하기 위해 부지런히 움직이게 된다. 누가 지시하지 않았는데도 구성원들이 알아서 움직이며 스스로 문제를 해결하게 된다. 그리고 서로에 대한 신뢰가 커서 매우 효과적으로 소통하게 된다. 이렇게 움직이는 팀이 최고의 팀이다.

팀의 발달 4단계 중에 혼돈기에 집중해야 한다. 구성원들 간의 상호 관계가 형성되는 시기이기 때문이다. 이 단계에서 팀의 수준이 결정된다. 모든 스타트업 역시 이 단계가 최대의 고비다. 초기 스타트업은 소수의 믿을 만한 인원들로 팀이 구성되지만, 시간이 흐를수록 새로운 구성원들이 들어오면서 스타트업 팀의 형태는 혼돈기에서 정체되는 현상을 겪게 된다. 혼돈기에는 기본적으로 갈등이 본격적으로 발생하고 혼란이 많이 존재한다. 이 경우 꽤 많은 구성원이 갈등과 혼란을 무시하거나 내버려 둔다. 이런 팀은 겉으로는 매우 평안해 보인다. 팀원들 간에도 원만한 관계처럼 보이고 무난해 보인다. 하지만 실제로는 갈등이 발생하는 것을 회피하기 때문에 아예 갈등이 없어 보이는 것이다. '좋은 게 좋은 것'이라는 것 자체가 팀의 가장 낮은 단계인 형성기로 회귀한 모습이 되는 것이다. 팀이 발전하지 않는 것이다.

발전하는 팀에는 건전한 갈등이 존재해야 한다. 우리는 스타트업 팀을 대상으로 갈등이 실제로 어떤 영향을 주는지를 연구했다[46]. 누구나 아는 것처럼 갈등이 발생하면 매우 힘들다. 특히 몇 명 되지도 않는 작은 스타트업에서 갈등이 존재한다면, 결과는 대부분 실패로 끝날 것이라고 예상하게 마련이다. 그러나 실제에서는 어떨까? 정말 실패할까? 이런 질문이 우리의 관심사였다. 이 궁금증을 해결

---

46) 박준기, 이혜정(2016). 《Startup Teamwork and Performance Research: the Impact of Task Conflict and Relationship Conflict》 Asia-Pacific Journal of Business Venturing and Entrepreneurship 11(2): pp. 101-111.

하기 위해서 다양한 유형의 스타트업 팀 142개를 대상으로 팀 내에서 발생하는 갈등이 팀워크(Teamwork)와 어떤 상관관계를 가지고 있는지에 대한 연구를 진행했다. 스타트업 환경에서 빈번하게 발생하는 갈등을 크게 과업갈등(Task Conflict)과 관계갈등(Relational Conflict)으로 구분했다. 과업갈등은 업무와 관련하여 대립된 의견으로 인해 발생하는 것이고, 관계갈등은 팀 구성원들 간에 부정적 정서가 발생하여 함께 일하는 것을 방해하게 된다. 갈등에 의해서 영향을 받는 핵심 요소는 보통 팀워크라고 불리는 것으로 의사소통(Communication), 협업(Collaboration), 업무 조정(Coordination)과 응집력(Cohesion)으로 구성된다. 연구 결과는 놀라웠다. 과업갈등이 존재하는 곳에서 대부분 팀워크가 좋아졌고, 일부는 팀워크를 촉진하기도 한다는 것이 확인되었다. 그 이면에는 작은 조직일수록 자기주도적이고 적극적인 업무 스타일로 인해 충돌이 존재한다는 사실이 있다. 스타트업의 특성상 이것은 일종의 문화로 자리 잡고 있다는 것을 보여준다. 스타트업은 조직 문화적으로는 매우 수평적인 경우가 많다. 비즈니스 전략과 방향성은 독재적 성향이 존재하는 경우도 있지만, 의사소통과 업무 추진은 구성원 개인들이 주체적으로 해야만 하기 때문이다. 반면에 관계갈등은 협업과 업무 조정에 나쁜 영향을 준다는 점이 분명하게 확인되었다. 좋은 스타트업 팀일수록 높은 수준의 목표를 달성하기 위해서 업무에 대한 갈등을 적극적으로 받아들이고, 논쟁을 즐긴다. 창의적인 아이디어를 만들어 내기 위해서 갈등이 자연스러웠다. 혼돈기를 거치면서 팀의 정체성이 만들어지고 규범기를 거치면서 성취기까지 발전하게 되는 것이다.

스타트업 성공은 참여하는 사람들에 의해서 결정된다. 물론 견고한 비즈니스 모델을 가지고 있고, 명확한 목표와 비전을 공유하고 있다고 해도 일은 사람이 한다. 적절한 사람을 구하지 못하거나 자신들의 역할을 제대로 못한다면 성공은 요원한 일이 된다. 따라서 스타트업을 구성하는 사람이 누구이고 어떤 역할을 하는지 살펴볼 필요가 있다.

첫째, 스타트업을 재무적으로 지원해주는 후원자다. 보통은 벤처 캐피털리스트, 엔젤 투자자 혹은 부모님을 포함한 친인척 등이다. 초기에는 후원자 없이 시작하는 경우가 많지만, 스타트업이 성장하기 위해서는 후원자는 필수다. 초기에 가족 등을 제외한 공식적인 후원자는 대부분 벤처 캐피털이 될 것이다. 벤처 캐피털이 작동하는 방식은 돈을 빌려주는 은행과 매우 다르다. 은행은 기업이 상환할 능력이 있는지 심사하는 데 그친다. 그러나 벤처 캐피털은 기업의 설립에서 운영까지 깊숙이 관여한다. 일반적으로 벤처 캐피털은 투자한 기업의 지분을 갖고 기업이 성장하는 과정을 스타트업과 함께한다. 그러면서 단순히 자본금뿐 아니라 전문가 네트워크와 조언도 제공한다. 건강한 벤처 캐피털일수록 이러한 협업은 매우 효과적으로 작동한다. 스타트업에 벤처 캐피털의 역할이 매우 중요한 이유다. 좋은 엔지니어들이 반드시 좋은 기업가가 된다는 보장은 없다. 벤처 캐피털은 적절한 사람들을 이사회와 기업 자문 대응 인력으로 배치해 스타트업이 제대로 자리매김을 할 수 있도록 지원한다. 벤처 캐피털의 가장 중요한 능력은 투자 능력이지만 그다음으로는 네트워크가 중요하다. 다양한 기업들과 좋은 투자관계를 맺고 있을

수록 투자 네트워크에 포함되었을 때 상호 시너지를 만들어 낸다.

둘째, 스타트업 프로젝트 관리자(Project Manager)다. 스타트업이라는 프로젝트를 총괄하는 지휘자다. 보통은 CEO, 대표로서의 역할을 한다. PM은 스타트업의 모든 진행과정을 계획하고 일정을 챙긴다. 이 모든 모험(Adventure)과 여정(Journey)에 대해 가장 큰 책임을 지닌다. 따라서 후원자들은 PM에게 자금을 집행할 수 있는 권한을 제공하게 된다. 스타트업 PM은 일반적인 프로젝트 PM보다 더 많은 노력을 하게 된다. 일반적인 PM의 경우 프로젝트가 잘못되어도 조직은 그대로 있지만, 스타트업은 조직이 없어지기 때문이다. 스타트업 PM은 다음과 같은 일을 한다. 분명 여타 프로젝트와 비슷하지만 스타트업 PM은 구성원들과 함께 일을 진행해야 할 필요성이 더욱 명확하다.

- 유능한 구성원 발탁하기
- 스타트업 활동에 대한 프레임워크와 방향성을 제시하기
- 비전을 명확히 유지시키기
- 과업과 활동을 일정에 조화시키기
- 다양한 이해관계자와 교섭하기
- 갈등을 중재하기
- 예산과 자원을 파악하고 관리하기

셋째, 팀의 프로젝트 리더(Project Leader)다. 대부분의 조직과 마찬가지로 사람들은 각자의 역할을 맡고 있다. 스타트업에서도 누군가는 마케팅을 해야 하고, 누군가는 개발을 해야 한다. 그 영역을 혼자서 할 수도 있고, 여러 명이 함께할 수도 있다. 하지만 한 영역

에 여러 명이 있는 경우에도 한두 가지만 하는 경우는 없다. 많은 경우 PM이 PL이고 팀원인 경우도 비일비재하다. 개개인이 매 순간 의사결정도 해야 하고 끊임없이 서로 의사소통을 해야 한다. 따라서 스타트업에서 PL의 역할은 팀원의 역할이 확대된 것에 불과하다. 그러나 전문성이 있는 영역에서는 PL의 존재가 중요하다. 예를 들면 개발 영역의 경우는 프로젝트 리더의 전문성이 팀원들과의 의사소통에 윤활유로 작용하게 된다. 기술적 전문성이란 기술과 관련된 특정 용어, 업무에 필요한 기술 스펙(Spec)과 요건(Requirements)에 대해서 경험을 가지고 있는 것이다. 그래서 다양한 프로젝트 환경에서 기술을 활용한 노하우와 경험이 실제로 팀원들이 문제를 만났을 때 적절한 의사소통이 되도록 작용하기 때문이다.

넷째, 유능한 팀원들이다. 어느 팀이든지 진정한 엔진은 팀원들이다. 좋은 투자자를 만나서 자원을 충분히 지원해주고 훌륭한 리더를 통해서 성과를 자극하고 비전을 공유하고 있다고 해도 이 모든 과업과 활동을 추진하기 위해서는 유능한 팀원들이 있어야 한다. 결국 적절한 기술과 능력을 보유한 사람들을 확보하고 있는 것이 핵심이다. 훌륭한 팀원을 구하는 것은 어렵다. 초기 스타트업은 대부분 그 이전부터 알고 있던 지인들이 모여 시작한다. 지속적으로 사람이 필요한 경우에도 다양한 네트워크를 통해서 알게 된 능력자들을 팀원으로 선발하게 된다. 팀원을 선발할 때는 능력에 대한 평가가 필요하다. 일차적으로 전문적인 지식을 보유하고 있는지를 알아봐야 한다. 그다음 중요한 능력은 문제 해결 능력이다. 힘겨운 상황들이나 난관을 분석하고 해결책을 도출해 내는 능력이다. 이것은 팀원들이 어떤 일을 했었는지가 매우 중요하다. 함께 일해 보지 않으면 알기 어려운 것이 문제 해결 능력이다. 그다음이 대인

관계 능력이다. 실제로 과업을 해결하는 것은 대부분 대인관계에서 시작되고 그것으로 마무리된다. 이는 좋은 엔진에 꼭 필요한 좋은 윤활유 같은 것으로 대인관계 능력이 떨어지면 팀 전체가 깨지는 사태가 벌어지기도 한다. 마지막으로 봐야 할 능력이 조직적 능력이다. 이것은 자기 자신보다는 조직 전체를 생각하는지에 대한 능력이다. 조직 전체를 이해관계자들 사이에서 포지셔닝할 수 있도록 하는 것으로 상대적으로 중요성은 떨어진다.

4.4 실행가와 전략가

버퍼(Buffer)라는 회사가 있다. 2010년에 설립된 스타트업이다. 현재 기업 가치가 6천만 달러(750억 원) 정도 되는 회사다. 버퍼는 마케팅 전문 기업이다. 5개의 주요 소셜미디어[트위터(Twitter), 페이스북(Facebook), 핀터레스트(Pinterest), 구글플러스(Google+), 링크드인(LinkedIn)]에 원하는 시간에 원하는 날짜에 지정해서 게시물을 올릴 수 있게 해주고 그것 뿐만 아니라 어느 시간에 글을 올리거나 사진을 올리는 것이 효율적인지 알려주는 소셜 분석 서비스까지 이용할 수 있다.

버퍼가 유명해진 이유는 2013년 다소 급진적인 결정을 내렸기 때문이다. 버퍼의 모든 직원은 정해진 산정 방식에 따른 연봉을 받았고 그 연봉의 산정 방식뿐만 아니라 연봉 금액까지 모두 온라인에 공개되었다. 연봉 책정 기준에는 시장 가격, 직원의 경력 수준, 지역의 물가 등을 포함했다. 공동 창립자인 조엘 가스코이그(Joel

Gascogne)는 "도입 당시에는 다양성과 포용을 염두에 둔 것이 아니었지만 시간이 지나면서 이 제도의 투명성이 다양성을 확대시키고 있다는 것을 깨달았다"고 말했다. 뿐만 아니라 버퍼는 직원들의 다양성에 대한 분석도 실시했다. 회사의 지원자 및 직원의 성별과 인종 분포를 보여주는 통계를 웹사이트에 올려놓았다. 직무 소개에 성별 관련 내용이 포함되지 않도록 수정했고, 채용 과정에서 '문화적 적합성'의 중요성도 재고했다. 이런 과정을 통해서 버퍼는 지금 완전 재택 근무제를 실시하고 있다[47]. 모든 직원이 재택 근무를 한다. 그들은 물리적인 공간을 없애고 완전 재택 근무가 그들의 문화로 자리 잡았다. 이런 배경에는 그들의 스타트업 고유의 팀 빌딩 방식이 존재한다.

버퍼는 직원을 전략가와 실행가라는 두 유형으로 나눠 반반씩 섞어 팀을 만들었는데, 전략가는 비전을 세우고 장기 목표를 수정하며 끊임없이 '왜?'라는 질문을 통해 프로젝트가 추구하는 가치에 맞는지를 점검하면서 팀이 올바른 방향에서 벗어나지 않도록 한다. 반면 실행가는 일을 추진하고 관리하며 성과를 위해 단기 목표를 설정하고 빠르게 움직여 결과를 내는 데 집중함으로써 팀이 속도를 낼 수 있게 한다. 버퍼가 제시한 실행가와 전략가를 나누는 기준을 제시하고 있다. 사람을 명확하게 두 개 유형으로 구분하기란 쉽지 않지만 그 유형은 대략적으로 구분할 수 있다.

---

47) https://open.buffer.com/no-office/?utm_content=bufferf609d

실행가 유형	전략가 유형
1. 한 번에 많은 프로젝트를 진행하는 게 편하다.	1. 제한된 프로젝트에 깊이 있게 집중하는 것을 선호한다.
2. 빠르게 움직이고 많은 결과를 내는 것에 흥미를 느낀다.	2. 훌륭하고 가치 있는 일에 흥미를 느낀다.
3. 일을 너무 빨리 한다고 사람들에게 평가 받는다.	3. 일을 너무 늦게 하는 경향이 있다고 평가를 받는다.
4. 창의적이고 훌륭한 결과를 내는 일에는 자신이 없다.	4. 프로젝트를 많이 진행하거나 빨리 진행하는 것에 자신이 없다.
5. 즉각적인 문제 해결을 좋아하고 당장 효과가 나야 한다.	5. 상세하게 파고 들어 방향성을 명확하게 하는 것을 좋아한다.

　직원들의 의사를 반영해서 구분된 인원을 기준으로 두 유형이 팀을 나눠 업무를 수행했다. 개발팀과 고객 행복팀에 실행가 1명, 전략가 1명씩 구성한 결과, 성과가 놀라웠다. 여러 명이 나누어서 맡던 업무도 한 명이 모든 책임을 지고 권한을 행사했더니 오히려 서로 의논해서 손발이 잘 맞게 돌아갔고 성과도 명확했다.

　버퍼의 이런 실험은 실제로는 스타트업 창업 초창기부터 경험으로 축적된 것이었다. 버퍼 역시 최고경영자(CEO)인 조엘 개스코인(Joel Gascogne)과 최고업무책임자(COO)인 레오 비트리히(Leo Widrich)가 1:1로 만나서 만든 기업이다. 재미있는 사실은 조엘이 인재 관리와 마케팅에 능한 전략가 유형이었고, 레오는 상품 개발과 기술 개발에 매우 민감한 실행가 유형이었다는 것이다. 전혀 다른 성향의 두 명이 만났기에 단점만 부각될 수도 있었지만 놀랍게도 성공적으로 버퍼를 운영하고 있다. 서로의 성향에 맞게 자신의 스타일을 기반으로 협업함으로써 오히려 회사를 성장시킬 수 있었다.

　협업은 '분업'이나 '협동'과는 구분된다. 어떤 목적 달성을 위한 생산력을 높이기 위해 둘 이상의 사람이나 조직이 모여 협력해서 일하는 건 가장 효과적이고 효율적인 방법이다. 분업은 목적을 달성하기 위한 효율적인 방법이지만 사람이 가진 역량을 전부 사용하지 않기 때문에 아쉽고, 협동은 함께 일을 해서 서로 나누는 작업이지만 효율과 관계없이 이익을 공유하거나 어려움을 극복하는 방법에서 한정된다. 그래서 자신이 가진 역량을 극대화하고 가장 잘하는 것을 기반으로 협업해야 한다.

협업은 성공적인 스타트업에서는 자연스러운 현상이다. 애플은 스티브 잡스(전략가 유형)와 팀 쿡(실행가 유형)의 조합이었고, 마이크로 소프트는 빌 게이츠(전략가 유형)과 스티브 발머(실행가 유형)의 조합으로 세계적인 소프트웨어 회사를 만들었다. 페이스북 역시 마크 저커버그(전략가 유형)와 셰릴 샌드버그(실행가 유형)의 조합이다. 이런 조합은 성공적인 팀에서는 어디서나 발견된다. 팀이라면 함께하는 파트너들의 중요성이 가장 클 수밖에 없는 이유가 바로 이것이다.

4.5 예측하고 조정하라

일반적인 스타트업 팀은 2~3명의 소규모 인원으로 시작된다. 아이디어 단계에서는 혼자서 가능하지만 구체화가 진행될수록 믿고 의지할 구성원이 꼭 필요하다. 그래서 팀의 형태가 구성된다. 이때까지만 해도 적은 인원으로 아이디어를 실현시킬 방법을 고려하는 정도이기 때문에 팀이 체계적으로 구성되는 것을 기대하기 어렵다. 그중 한 명이 리더가 되어 자금과 방향성을, 다른 한 명은 영업을, 또 다른 한 명은 개발을 책임지게 마련이다. 기술 중심의 스타트업은 세 명이 모두 기술만 개발하는 경우도 있긴 하지만, 명목상으로 역할은 구분되게 마련이다. 당연히 세세한 것들은 3명이서 나눠서 그때그때 처리하게 된다. 이때까지는 그래도 괜찮다. 이제 시작이 니, 조금 부족해도 서로가 무엇을 해야 할지 목표도 명확하고 상호 간에 비전이 공유되어 있다. 그들은 초기 설립자(Co-founder)들이 기 때문이다. 열심히 준비하다 보면 자금을 담당할 사람, 마케팅과 영업을 도와줄 사람 등이 급하게 필요해진다. 개발은 다양한 문제 를 일으키게 마련이고, 사람이 더 필요하거나 외부에 맡겨야 할 정 도로 일이 많아지게 된다. 이제 스타트업 팀의 형태가 본격적으로 만들어지게 된다. 정신 없을 정도로 너무 바빠진다. 사람은 더 필요 하다고 하는데, 우리에게는 계속 돈이 부족하다.

일반적인 스타트업은 처음부터 팀을 완벽하게 구성해서 시작할 수 없다. 시간이 흐르면서 팀이 구체화된다. 이 과정에서 가장 필요 한 것은 예측(Forecasting)이다. 전통적인 프로젝트에서는 사전에 요 구 사항이 어느 정도 결정되어 있는 경우가 많다. 하지만 스타트업 은 프로젝트 형태이지만 훨씬 요구 사항의 변화에 민첩하게 대응해 야 한다. 따라서 팀 구성을 위한 자원 산정은 꼭 진행해야 한다. 보 통 초기에 돈과 사람을 어떻게 확보할 것인지를 산정하고 나면 그 다음에는 전쟁터의 군인처럼 매 순간 생존만을 생각하게 된다. 하 지만 사람과 돈이라는 자원을 산정하고 예측하는 활동은 계속되어 야 할 작업이다. 그 이유는 우리는 시간을 맞춰야 하기 때문이다. IT 전문가인 리차드 세리던(Richard Sheridan)은 모든 프로젝트 형 태의 팀이 1주일마다 예측을 해야 한다고 주장하고 있다[48]. 거기에 는 몇 가지 이유가 있다.

---

48) Barbee Davis, 《프로젝트 관리자가 알아야 할 97가지》 지앤선, p. 54

1. 예측은 하면 할수록 더 좋은 예측치를 얻는다.
2. 때로는 이전보다 현재 우리가 하는 것에 대해 더 많이 알고 새롭게 예측하기 때문이다.
3. 때로는 우리가 생각보다 현재를 잘 알지 못하는 것을 배우기도 한다. 그래서 다시 예측한다.
4. 새로운 기술이나 시장에 진입하는 경우 예측이 더 어렵다. 경험이 없기 때문에 하지만 새로운 기술이나 시장을 알게 되면서 그 두려움은 반감되게 된다.
5. 자원을 산정할 때 구성원들과 함께 함으로써 훌륭한 '대화 수단'으로 활용할 수 있다.

예측을 한다는 건 어려운 것이다. 예측은 그 전제가 불확실성에 있기 때문이다. 따라서 불확실성을 줄이기 위해서는 꼭 고려해야 하는 것들이 있다. 과업의 정의를 계속 반복할수록 정의를 명확하게 해야 한다. 이해되지 않았거나 명확하지 않은 것들을 구분해 놓지 않으면 과업을 정의할수록 잘못된 방향으로 가게 된다. 또한 누락하면 안 된다. 식별된 과업에서 빠져있는 것들이 없는지 계속 확인해야 한다. 지나친 낙관주의는 계속 경계하라. 누군가 긍정적으로 상황을 받아들이기 잘할 수 있다는 말로 힘을 불어넣어주는 것과 냉철하게 현실을 인식하는 것은 별개의 문제다. 지금 없는 자원을 최대한 절약하면서 목표를 달성해야 한다. 긍정의 힘도 냉철한 예측에서 나오는 것이다. 그래서 여지를 만들면 안 된다. 냉철하게 과업의 범위를 도출할 때는 여분의 시간도 전부 빼야 한다. 정말 할 수 있는 한도까지 전부 공유되어야 한다. 예측을 꼭 정기적으로 해라. 어제 했는데 오늘 다시 한다고 하면 그건 신의를 저버리게 되는 것일 뿐만 아니라 불필요한 시간을 낭비하는 것이다. 과업의 규모와 범위를 산정하는 데 수행 당사자의 능력은 놀라울 정도로 중요하다. 그러므로 수행할 사람이 누구인지 논의하면서 해야 한다.

정해진 시간에 꼭 되어야 할 것들이 정해지는 경우도 있다. 투자자가 요구하거나, 고객이나 사용자와의 약속이거나, 아니면 때때로는 구성원 중에 누군가 이탈했을 때다. 이 경우 예측은 더욱 냉철하게 해야 한다. 지금 이 순간에 할 수 있는 것이 무엇인지가 정확하게 나와야 한다. 그것은 해야 할 것과 할 수 있는 것의 차이를 보여준다. 그 간격이 작으면 조정될 수 있지만 만약 너무 크다면 비상계획을 수립하거나 솔직하게 사용자에게 알리는 것이 방법이 될 수 있다. 어떤 방법을 선택하든지, 예측을 반복할수록 구성원들 간의 해결 능력은 강화된다.

4.6 공유된 목표와 비전

스타트업을 하려는 이유는 다양하다. 그중 대표적인 것이 일에 대한 의미와 가치를 찾기 위해서 시작한 경우다. 생태지도 서비스 업체인 네이처링의 강홍구 대표는 IT 회사에서 14년간 직장생활을 한 다음 스타트업을 시작했다. 그는 "회사에서의 경험과 개인적으로 관심이 있어서 그동안 쌓아왔던 지식과 경험, 이 두 가지를 결합할 수 있는 것을 생각했다"라고 말했다. CNTV 아나운서 출신인 펠루(Pellure) 최윤진 대표는 직장생활이 자신의 몸에 맞지 않았다고 말한다. 회사를 퇴사하고 한국에 돌아와서 아나운서 일을 해야 할지를 깊이 고민하고 나서 생긴 일에 대한 소명 의식을 바탕으로 결정했다. 내가 잘하는 것, 목소리(Voice)로 다른 사람을 즐겁게 (Entertainer) 해주자. 스마트 재활 솔루션 네오펙트(Neofect) 반호영 대표는 고액 연봉이 보장된 펀드 매니저의 길을 마다하고 창업을 한 인물이다. "코파운더의 제안을 받고 처음에는 거절하려고 했다. 하지만 창업 아이템이 뇌졸중 재활 훈련 솔루션이라는 말을 듣고 생각을 바꿨다. 집안 어른들이 뇌졸중으로 고생하는 걸 바로 곁에서 지켜봤기에 사업성을 떠나서 일단 무조건 하고 싶었다. 정말 의미 있는 일이라는 생각이 들었다."

더 많은 경험과 도전에 매료되어서 스타트업을 시작하는 사람들도 있다. '톡투미'라는 B2C 모바일 영어 교육 앱을 서비스하고 있는 퀄슨(Qualson)의 박수영 대표는 "비즈니스를 하면서 추구하는 다양한 가치가 있겠지만, 개인적으로는 '세상에 정말 필요하고, 많은 사람이 사용하는 단 한 가지 서비스'를 만들고 싶어서 창업을 했다고 한다. 핸드스튜디오 안준희 대표는 처음부터 비즈니스를 하겠다는 꿈을 가지고 있었던 것은 아니었다. 더 많은 것을 배우려고 유학을 떠나기 전 1년 정도 남은 시점에서 IT를 더 알고 싶어서 입사한 한 벤처기업에서 시작되었다고 한다. 그 과정에서 스마트 TV의 흐름을 알게 되었고 현장에서 직접 겪어보자는 마음으로 스타트업을 시작했다고 한다[49].

스타트업의 여정은 시작되었다. 이제 무엇을 위해서 달려야 하는지 목표와 비전을 명확하게 하는 것은 필수 중의 필수! 꽤 많은 스타트업은 이 초기 작업을 잘하지 못해서 실패의 쓴잔을 맛보게 된다. '몇 명 되지도 않는데, 우리가 왜 스타트업을 하는지 전부 잘 알

---

49) http://platum.kr/archives/32769

고 있을 거야'라고 너무 쉽게 생각하기 때문이다. 모든 스타트업은 고객의 문제를 해결해 주는 것에서 시작하게 된다. 그러나 그 문제의 본질이 뭔지를 정확하게 정의하지 않고 건너뛰려는 경향이 많다. 이 것은 큰 실수다. 문제를 어떻게 정의했는지에 따라 해결 방법은 다양 해지고, 빠르게 해결할 수 있는 것을 찾기가 용이하기 때문이다.

어느 날 출근길에 갑자기 차가 중간에 멈춰버렸다. 너무 당황한 나머지 친구에게 전화를 해서 차를 어떻게 해야 하는지를 물은 적 이 있다. 문제의 정의를 '차를 고치는 것'으로 규정한 것이다. 실제 로 더 근본적인 것은 '출근을 어떻게 할 것인가'에 대한 물음임에도 문제의 본질을 당장 눈앞에 보이는 문제로 한정한 것이다. 새로운 서비스가 나왔을 때 누구나 기대하는 건 고객의 반응이다. 기획했 던 수준보다 적게 나오든 많이 나오든 차이가 발생했다는 건 예상 과는 다르다는 것이다. 왜 그런 결과가 나왔는지 문제를 정확하게 규정하지 않으면 다른 서비스를 기획할 때도 똑같은 결과가 반복된 다. 스타트업은 시간과의 싸움이기 때문에 문제를 어떻게 규정했는 지가 민첩성을 결정하는 근본적인 요인이 된다.

문제 정의의 수준에 따라 비전이 명확해진다. 스타트업을 시작하 면서 비전의 정의를 깊이 있게 생각하지 않는 경향이 있다. 스타트업 을 준비하는 가까운 지인의 사례다. 그는 한국판 에어비앤비(Airbnb) 인 숙소 공유 서비스를 하려고 준비하는 예비 창업자였다. 그는 "스 타트업을 시작한 이유는 무엇인가요?"라는 질문에 여러 가지를 설명 했지만 결국 핵심 답변은 "한국판 숙소 공유 서비스가 필요했기 때문 입니다"였다. 그 예비 창업자는 문제 정의는 '숙소 공유 서비스의 부 재'였다. 그럼 뭘 해야 하느냐고 물어보면 "숙소 공유 서비스를 만들 어야죠"라고 대답한다. 그 서비스의 비전이 무엇이냐고 질문 했더니 매우 당황스러운 표정으로 '한국의 숙소 공유 서비스를 만든 것' 자체가 비전이라고 한다. 이 말은 필자를 더욱 당황스럽게 만들었다.

기업의 비전이란 조직의 바람직한 미래상 혹은 기업의 모습을 표현한 것이다. 우리 공동체 안에서 기업의 위상과 미래를 향한 꿈을 실현하기 위해 기업이 갖추어야 할 자기 역할과 기본 방향을 구체화한 것을 말한다. 즉 비전은 왜 기업이 영속되어야 하는지를 말해 주는 방향타다. 우리가 지금까지 들어온 비전이라고 하면 '세계 최우량 기업 추구', '매출 10조 기업' 등 무언가 숫자로 제시하려고 한다. 하지만 어디선가에서 본 '전교 1등' 따위의 목표에 불과하다. 비전과 목표를 혼돈해서 잘못 사용하는 게 현실이다. 스타트업의 비전은 그런 허황된 형태가 되어서는 안 된다.

2012년에 설립된 플리토(Flitto)라는 기업이 있다. 현재 130억 이상의 투자금을 유치한 글로벌 번역 플랫폼이다[50]. 이들은 다양한 언어 사용자가 존재하는 온라인 세상에서의 가장 큰 문제점을 자유롭게 소통을 방해하는 '언어'라고 정의했다. 이들의 문제 정의 수준은 소통에 있었던 것이다. 플리토의 비전은 'Beyond Language'로 설정했다. 그리고 목표를 '번역 서비스에 대한 고객 수요를 따라잡는다'로 설정했고 이를 공유했다. 그랬더니 자연스럽게 그들의 미션은 '번역을 가장 효율적인 비용으로 사람들에게 필요한 방식으로 제공하는 것'이 되었다. 플리토의 사업은 이렇게 발전해서 트위터를 기반으로 한 소셜 번역 플랫폼으로 성장할 수 있었다.

강력하게 공유된 비전은 스타트업 팀의 뼈대와 같은 역할을 하게 된다. 비전을 통해서 도출된 세부 목표와 미션은 구성원들에게

---

50) http://platum.kr/archives/59470

무엇을 위해서 일을 하는지를 각인해주기 때문이다. 우리는 창업한 지 5년 이하의 신생 조직 185개를 대상으로 조직 내에 존재하는 갈등을 줄이고 성과를 높이는 것에 공유된 비전이 어떤 영향을 주는지 살펴보았다. 스타트업에서 비전의 공유 수준이 높을수록 갈등으로 인한 팀원 간의 문제를 악화시키는 것이 확인되었다. 공유된 비전은 실제로 지식 공유를 확대하고 적극적으로 갈등을 조절한 것이다. 스타트업에서 빈번하게 갈등이 발생하면 팀 전체에 부담이 될 수 있다. 과업을 해결하기 위해서 적극적으로 충돌하고 논의하며 지식 공유를 촉진한다고 해도 그 정도가 심해지거나 너무 오랫동안 지속되면 오히려 그 효과가 반감된다. 따라서 공유된 목표와 지향점에 대하여 같은 인식을 가지고 행동한다는 건 전체의 성과를 높이는 기초 체력과도 같은 것이다.[51]

4.7 스타트업 리더십

스타트업은 자유롭게 해도 된다는 잘못된 생각 때문에 리더들이 부드럽고 다정할 것이라고 착각하는 경우가 종종 있다. 오히려 초기 스타트업에는 엄격하고 독재적(Control) 리더십으로 무장한 CEO들이 많고, 자리를 잡고 나면 구성원들을 더 많이 챙기는 서번트(Servant) 리더십으로 바뀌는 경우를 자주 본다. 좋은 리더십을 가진 리더는 상황에 맞게 리더십을 바꾼다. 왜냐하면, 리더십은 일종의

---

51) 이혜정, 박준기, 이세윤(2016), 《Exploring the Relationship among Conflict, Knowledge Sharing, and Agility in Startup: Focus on the Role of Shared Vision》 Asia-Pacific Journal of Business Venturing and Entrepreneurship 11(3): pp. 233-242.

스타일(Style)이기 때문이다. 우리가 여름, 겨울옷의 스타일이 바뀌고, 날씨나 기분에 따라 바뀌는 화장이나 외모를 바꾸듯 리더십도 그렇게 해야 한다. 그래서 좋은 리더의 조건은 리더십 훈련을 받아야 한다는 것이다.

스타트업을 시작하게 되면 해야 할 목표는 있지만, 아직 어수선하고 구성원들 간에 목표 수준에 대한 공유가 부족하고, 대부분 구성원끼리도 잘 알지 못한다. 이런 형성기 시점에는 리더는 명확한 기준을 가져야 한다. 조언형(Advising) 리더십을 가져야 한다. 때에 따라서는 독재적 성향인 카리스마(Directing) 리더십이 필요한 경우도 있다. 초기 단계에 리더는 반드시 팀원들을 도와서 서로 간의 관계를 명확하게 하고 그들의 목표와 역할, 책임에 대해서 분명하게 알도록 해줘야 한다. 종종 지시적 리더십을 발휘하다 보면 구성원들이 서로를 충분히 할 수 있는 시간을 '시간 낭비'라고 생각하는 잘못을 범한다. 내가 이끄는 팀의 '선수들'이 서로의 기량을 충분히 파악하지 않고 성과를 발휘하기는 어렵기 때문이다. 서비스를 준비하면서 구성원들 상호 간에는 아직도 우리의 목표가 명확하게 가고 있는지를 의심하게 마련이다. 하나씩 과업이 이루어져 가면서 시간은 흐르게 마련이고, 이에 따라 부정적인 정보들이 점차 많아지게 되기 때문이다. 리더는 이 시점에 스타트업은 정상적으로 진행되고 있다는 점을 구성원들이 확신할 수 있도록 해야 한다. 목표에 대한 의문은 구성원들에게 갈등을 만들어 낸다. 이런 갈등이 긍정적 에너지로 전달될 수 있도록 만들어야 한다. 이런 격동기에는 카리스마 리더십에 바탕을 두지만 추가로 협력적(Collaborating) 리더십도 발휘되어야 한다.

혼돈이 사라지고 제품이나 서비스가 출시되면 스타트업은 안정이 된다. 이제 본격적으로 비즈니스 목표가 눈에 보이기 시작한다. 구성원들은 견고해지고 스스로가 자신들을 뛰어넘어 다른 구성원들과 본격적으로 협력하게 된다. 리더는 규범이 정착되는 시기에 있다. 이때부터는 구성원들의 참여가 곧 성과라는 확신이 바탕이 되어야 한다. 더 이상 지시적 리더십을 고집해서는 안 된다. 리더는 카멜레온처럼 변해야 한다. 구성원들이 의사결정에 최대한 참여해서 본인들에게 동기부여가 되는 한편, 과업을 더 적극적으로(Proactive) 추진할 수 있도록 해야 한다. 이런 리더십이 참여적(Participative) 리더십이다. 리더는 팀원 개개인이 적극적으로 자신들의 생각과 의견을 독려하고 창의적 의사결정을 지원한다. 또한 구성원들 간의 문제를 공정하게 조정하는 역할을 하게 된다. 충분히 자율적인 스타트업 팀은 구성원 개개인들을 직접 코칭하고 독려하는 임파워링(Empowering) 리더십으로 바뀌는 경우도 있다. 리더는 스타트업 구성원들의 자율권을 보장하고 개인들의 역량에 대한 충분한 동기부여와 스타트업 방향성에만 집중한다.

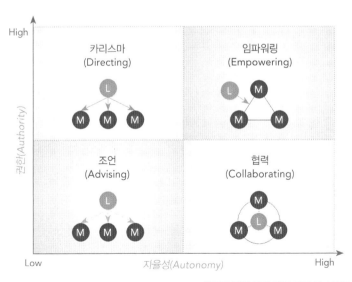

권한과 자율성에 따른 리더십 스타일

건강한 스타트업은 리더가 효과적인 리더십을 발휘하고 구성원은 효과적으로 업무를 성취해 낸다. 하지만 항상 그렇지는 않다. 새로운 구성원들이 참여하게 되거나 외부적 환경으로 인해 혼돈에 빠지거나 격동을 다시 경험하는 스타트업이 매우 많다. 강한 스타트업 조직은 이런 변화나 충격에서도 잘 이겨내고 곧바로 자신의 모습으로 돌아오는 팀이다. 이 모든 것을 가능하게 만드는 건 스타트업 리더와 구성원 전체의 몫이다. 곧 팀의 문화에 달려 있다.

리더십 스타일은 팀의 성장에 맞게 바뀌어야 한다. 반면에 리더가 가져야 할 리더십 역량은 스타일에 맞게 개발하고 발전시켜야 한다. 우리는 프로젝트 관점에서 리더십 역량과 성과의 상관관계를 살펴봤다[52]. 리더의 역량이라는 관점에서 보게 되면, 뛰어난 결과를 이끌어낼 수 있는 지식과 기술, 그리고 개인적 성품을 가진 리더를 리더십으로 정의할 수 있다. 우리는 리더가 보유해야 할 역량을 감성역량(Emotional Competency, EQ)과 인지역량(Cognitive Intelligence Competency, IQ), 사회역량(Social Competency, SQ)의 세 가지로 구분했다. 감성역량은 프로젝트 관리자 자신의 효율 지향성, 계획성, 업무 주도력, 자기 절제 및 융통성과 같은 자질을 말하며, 인지역량은 프로젝트에 대한 개념, 시스템적 사고, 업무 패턴 인식과 같은 업무 수행 능력을 말한다. 사회역량은 관리자가 팀 구성원과 상호 작용하여 네트워크를 형성하고, 의사소통을 진행하고, 팀 구성원의 능력을 개발 및 그룹 관리 등 사회적 능력을 말한다. 총 40개 팀의 285명을 대상으로 진행된 연구에서 리더역량은 성과와 밀접하게 관련되어 있다는 점을 확인했다. 감성역량은 팀 성과를 좌우하는 직접적인 역

---

52) 이혜정, 박준기, 이정우(2013), 《Role of leadership competencies and team social capital in IT services》 Journal of Computer Information Systems 53(4): pp. 1-11.

량이지만, 사회역량은 구성원들의 신뢰관계 수준을 높이는 사회적 자본을 늘려서 성과를 만들어 내고, 프로젝트에 대한 업무 수행 능력은 성과에 직·간접적으로 영향을 행사하는 것으로 나타났다. 놀라운 점은 리더의 역량에 따라서 팀 구성 기간에 따라서 성과에 변화가 발생한다는 것이다. 팀의 시간이 흐를수록 팀 구성원 간의 사회적 자본을 늘리는 것에 인지역량의 작용이 확대된다는 것이다. 즉, 팀을 어떻게 운영할 것인가는 실제로는 팀 구성원 상호 간의 관계를 지속적으로 높이는 과정에 영향을 준다는 점이다. 따라서 리더는 스타트업 전반에 걸쳐 특별히 인지역량의 수준을 높여야 한다. 스타트업 전반에 대한 개념, 시스템적 사고 그리고 업무 패턴을 어떻게 바꿀 것인지에 대한 역량을 키우는 것이 중요한 고려 요소가 될 것이다.

5장.
Executing
(실행력)

: 상황에 적응하는 민첩성

5장 Executing(실행력): 상황에 적응하는 민첩성

만약 모든 일이 너에게 불리하게 되어가는 것 같을 때면 기억하라. 비행기는 바람을 가르고 이륙하는 것이지 바람의 힘으로 이륙하는 것이 아니다.

_헨리 포드(Henry Ford), 포드자동차 창업자

5.1 민첩하게 움직여라

난바 도모코(Tomoko Namba)는 일본 맥킨지 컨설턴트로 사회생활을 시작한 후 하버드대학교 MBA를 거쳐 34세 때인 1996년에 맥킨지의 파트너가 되었다. 1999년 회사를 그만두고 'DeNA'를 창업했다. 그는 현재 일본 부자 순위 50위 안에 드는, 성공한 기업가다. 그녀는 하버드 MBA에 최고의 컨설팅 회사인 맥킨지를 경험해 봤어도 "직접 창업해 보니 다 필요 없다"고 단언했다. 컨설턴트는 끊임없이 정보를 수집해 분석해야 하고 최선의 결과를 내기 위해서 엄청난 시간이 소요된다. 정보의 질을 높이기 위해서는 어쩔 수 없다. 그들은 도와주기 위해 존재하기 때문이다. 하지만 창업자는 불완전한 정보에 바탕을 둔 신속한 결정이 충실한 정보에 바탕을 둔 느린 결정보다 훨씬 어려운 일이고 중요하다. 난바 도모코는 "창업을 해 보니 MBA 스쿨이나 컨설팅 회사에서 배운 것들이 도움이 되기는커

녕 방해만 됐다. 또한 '해야 합니다'와 '하겠습니다'의 차이가 이렇게 큰 줄은 몰랐다"고 한다. 타이밍이 최선이다. 그걸 위해서 완벽한 정보를 수집하려고 하면 너무 많은 시간이 소요된다.

민첩하게 움직이는 건 큰 회사건 작은 회사건 모든 조직에 가장 필수적인 요소다. 기본적으로 작은 조직은 민첩함이 생명이다. 2008년 미국 경제위기 이후 GM과 같은 대규모 조직들이 무너졌다. 그 원인은 갑작스런 이벤트가 발생할 때 적응을 할 수 없는 조직 구조의 한계에서 비롯된다. 2016년 삼성전자의 경영진은 매우 심각했다. 실적 하강이라는 위기 극복을 위해 경영 쇄신과 조직 정비 작업으로 분주했다. 삼성전자의 2분기 실적은 '적자'가 아니었다. 조 단위의 흑자를 내고도 비상경영체제에 돌입한 것이다. 삼성전자가 바라보는 경영환경은 심각하기만 하다. 기술이나 소비자 요구 사항의 변화뿐만 아니라 비즈니스 모델 자체가 굉장히 빠르게 변하고 있기 때문에 현재 하는 일에 대한 새로운 시각을 찾으려고 분주히 움직이고 있다.

어느 기업이나 문제가 존재한다. 문제를 해결하는 것을 다른 사람에게 맡기기 어렵다. 스트라이크 넣는 법이나 홈런 치는 법은 야구 해설가가 가장 잘 설명한다. 윤동주의 서시는 그의 생각과 마음을 이야기한 것인데, 평론가들은 그 획 하나하나까지 분석해 준다. 장기의 훈수는 훈수일 뿐이다. 실행은 내가 해야 한다. 전략 없는 실행은 있어도 실행 없는 전략은 없다.

난바 도모코는 맥킨지에서 오랫동안 컨설팅을 했지만, 창업한 이후에는 아무런 의미가 없다고 고백하고 있다. 전략대로 되었다면 맥킨지나 보스톤컨설팅 같은 회사는 모든 사업에서 성공했을 것이다. 현장에서 직접 뛰는 사람의 감각이 가장 중요하다. 과거 현대차에는 중소형 차인 아반떼 혹은 중형차인 소나타만 만들어야 한다고 주장한 경영 전략가가 많았다고 한다. 현대차의 시장 전략(Market Positioning)은 저렴한 가격에 괜찮은 차였다. 그 이상의 차는 실패한다고 본 것이다. 그것에 안주했다면 글로벌 기업의 하청기지가 되었을 것이다. 정몽구 회장은 품질을 최우선시하고 미국시장에서 고급차로 경쟁해야 한다고 선언했다. 그렇게 탄생한 제네시스와 에쿠스로 현재 세계 5위의 자동차 회사가 되었다.

'빠른 변화, 불확실성, 무한 경쟁' 이 세 가지가 현 비즈니스 환경을 이야기하는 키워드다. 스타트업은 이런 변화에 가장 중심에 있다. 전략적 민첩성이 스타트업의 태생이 되어야 할 이유는 여기에 있다. 가볍기 때문에 빠르게 변화할 수 있고, 불확실하기 때문에 기회가 존재하며, 기존의 경쟁 방정식을 무너트릴 수 있는 비즈니스 모델과 실행력이 있어야 스타트업이 된다.

5.2 시간은 고정된 값

대학원에서 프로젝트 관리 수업을 할 때마다 학생들에게 하는 질문이 있다. "프로젝트를 시작하면서 가장 큰 어려움이 무엇입니까?" 프로젝트 경험이 풍부한 학생들은 "프로젝트에 사람과 충분한 돈을 지원해 주지도 않으면서 달성하려고 하는, 높은 수준의 목표만 있는 경우가 많다. 처음 시작할 때부터 부족한 돈과 사람을 가지고 해야 하는 게 너무 힘들다"는 대답을 많이 한다. 사람과 돈의 부족은 대부분의 프로젝트를 진행하는 데 어려움을 유발하고, 실패의 주된 원인이다. 그런데 스타트업은 시작부터 사람과 돈이 부족한 것이 당연한 프로젝트다. 그렇다면 이건 시작할 때부터 실패할 수밖에 없는 프로젝트인 셈이다. 따라서 무언가는 포기해야 한다.

프로젝트에는 비용, 범위, 시간이라는 세 가지 중요한 제약 요인이 존재한다. 제약 요인이란 프로젝트의 산출물, 즉 품질을 결정짓는 데 영향을 주는 핵심 요소들이다. 비용을 줄이려고 하면, 진행 속도와 프로젝트 관리 범위가 줄어든다. 시간을 절감하려고 하면, 비용이 늘어나고 범위가 줄어든다. 프로젝트 관리 범위를 넓히려고 하면, 비용이 늘어나고 시간이 더 필요하게 된다. 결국, 프로젝트에서 어떤 것을 향상하려고 해도 다른 2개가 제약 조건이 된다.

만약 비용, 범위, 시간이라는 세 가지 요소의 변동성을 통제하지 못하게 된다면 프로젝트는 혼돈에 빠지게 된다. 그리고 모든 요소가 함께 움직이면 통제해야 할 요소들은 급격하게 늘어나고 끝내는 프로젝트를 중간에 포기하는 사태가 벌어진다. 따라서 변동성을 최소화하기 위해서 기본적인 전제가 필요하다.

프로젝트의 세 가지 요소

그렇다면 어떤 것을 기본 전제로 삼아야 할까? 어떤 프로젝트에서도 예산은 통제하고 싶지만, 실제로 예산은 현실적으로 통제하기가 가장 어려운 요소다. 프로젝트의 범위 역시 통제하기 어려운 요소다. 개발 범위 즉, 요구 사항이 내부에서 발생한다면 통제가 용이하겠지만 수천 또는 수만 명의 사람을 서비스 대상으로 생각한다면 범위를 처음부터 통제하고 시작하는 것이 어렵다. 스타트업은 적절한 타이밍에 서비스와 제품을 시장에 출시해야 한다. 즉, 스타트업 비즈니스의 핵심은 서비스 타이밍에 있다. 따라서 늘 시간을 고정해 놓아야 한다. 시간을 고정해 놓으면 변동 요소는 비용과 범위로 한정된다. 스타트업 프로젝트는 시간을 고정해 놓고 시작한다.

시간을 고정하면 몇 가지 중요한 전제가 생기게 된다. 스타트업의 제품 혹은 서비스를 조금 단순하게 만들 수 있게 된다. 짧은 시간에 빠른 방식의 접근을 할 수 있게 된다. 그것이 린 스타트업에서 이야기하는 MVP(Minimal Viable Product) 개념이다. MVP는 최소한 노력과 개발 공수로 완성할 수 있는 제품이다. 그리고 핵심은 린 스타트업의 3단계 과정인 Build-Measure-Learn Loop 과정을 실현할 수 있는 최초 버전이다. 즉, 쉽게 말하는 최소한의 리소스로 고객의 피드백을 얻고, 이를 쉽게 제품 개발에 반영할 수 있도록 설계된 제품이다. 조금 더 쉽게 말하면 가장 간단한 프로토타입(Prototype)이다. 당연히 여기에는 필요하다고 여겨지는 많은 기능이 빠져 있을 수 있다. 모든 것을 전부 구성하기에는 시간이 충분하지 않기 때문이다.

MVP를 만드는 목적은 명확하다. 원하는 시간 안에 최종 제품을 만들기 위해서는 고객의 피드백(Feedback)이 필요하기 때문이다. 이것은 단순히 엔지니어 혹은 디자이너가 서비스 내부 안정성, 디자인 품질을 따지는 것과 다른 차원이다. MVP는 빠른 시간 내에 학습(learning)을 제공한다. 물론 간단한 제품의 경우, MVP가 필요하지 않을 것이다. MVP는 최소한의 리소스로 시간 내에 목표를 실현하는 방법이라고 할 수 있다.

소셜커머스의 효시로 알려진 그루폰(Groupon)은 우리에게는 티켓몬스터의 모회사로 알려져 있다. Groupon이란 이름은 말 그대로 "group coupons"에서 유래되었다. 그루폰의 시작은 더포인트(The Point)라는 기업에서 시작된다. 더포인트는 혼자 해결하기 어려운 일을 여러 사람을 통해서 해결할 수 있도록 도와주는 비즈니스 모델을 가지고 있었다. 하지만 비즈니스는 신통치 않았다. 그래서 새로운 시도를 해야만 하는 상황이 되었다. 그들의 처음은 매우 초라하게 시작했다. 그루폰의 첫 번째 판매(딜, Deal)는 20명 고객을 대상으로 그루폰 건물 1층 피자 가게의 50% 할인 쿠폰이었다. 창업자인 앤드류 메이슨은 그루폰의 초창기 프로젝트는 정해진 시간 내에 개념화하는 데 집중했다는 점을 강조한다.

우리는 워드프레스 블로그를 만들고, 그루폰을 나타내는 스킨을 블로그에 입히고, 매일 포스팅을 올렸다. 사실 지금 생각해보면 무척 허접했었다. 우리는 그루폰의 첫 번째 버전격으로 티셔츠를 팔았다. 그리고 다음과 같은 안내 문구를 적었다. "이 티셔츠는 레드 컬러와 라지 사이즈만 준비되어 있습니다. 만약 여러분께서 다른 컬러와 사이즈를 원하신다면 저희에게 이메일을 보내주세요." 우리는 그때 정보를 입력받는 각종 양식조차도 준비하지 못하고 있었다. 그냥 조잡하게 겨우겨우 우리의 아이디어를 테스트할 수 있는 형태였을 뿐이었다. 하지만 이를 통해 우리는 지금 준비하고 있는 콘셉트(Concept) 와 틀(Framework)이 사람들이 진정으로 좋아하는 것임을 확인할 수 있었다. 우리는 특별한 시스템 구축 없이 쿠폰을 PDF 형태로 제작하여 사용자들에게 이메일로 보내는 방식으로 진행했었다. 그리고 500명의 고객을 모은 초밥 딜의 경우에는 애플 메일을 활용해 동시에 이메일을 발송하기도 했다. 그해 7월까지 우리는 논리적으로 서비스를 그려가기 위해 고군분투했다.

정해진 기간(7월)까지 그들은 최대한 고객의 피드백을 받기 위한 기능만을 개발했고, 그 이상은 과감하게 포기한 것이다. 그것이 지금의 그루폰을 탄생하게 했다.

5.3 해야 할 일의 범위

시간을 고정하게 되면, 해야 할 것은 비용과 해야 할 일의 범위를 조정해야 한다. 그중에 범위를 정의하는 것은 가장 먼저 진행하게 되는 작업이다. 해야 할 것들을 정하는 것을 우리는 과업(Task)이라고 한다. 모든 과업을 정리하는 데 가장 효과적인 방법은 작업분류체계(WBS, Work Breakdown Structure)라고 불리는 방법이다. WBS의 개념은 매우 간단하다. 복잡한 과업을 더욱 작은 단위의 과업으로 세분화하는 것이다. 더욱 작은 과업의 소요 일정과 투입되는 자원을 산정하면 큰 과업의 일정과 자원을 구하기 쉽기 때문이다.

　스타트업에서 과업은 해본 적이 없는 경우가 많거나, 발생할 것이라고 예측하기 어려운 경우도 많다. 따라서 과업과 세부 과업으로 상세화하는 과정은 쉽지 않다. 그럼에도 불구하고 기존의 경험과 지식을 동원해서 해야 할 과업들을 정리해 보는 것은, 모든 프로젝트를 시작하는 가장 쉬운 방법이다.

　WBS를 간단하게 구성해 보자. 당신의 '집 청소'를 한다고 하면 무엇을 할지 생각해 보자. 집 청소를 한다면 마루, 큰방, 작은방의 옷, 카펫, 신발장, 옷방의 옷들의 정리를 제거해야 한다. 창문도 닦아야 하고, 가구의 먼지도 털어야 한다. 이 모든 활동(Activity)은 '집 청소'의 하위 과업(Sub Tasks)들이고 보통 활동이라고 부른다.

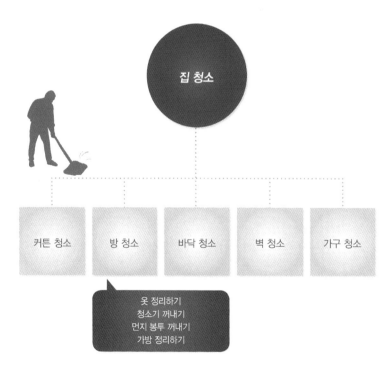

그림/ 집 청소를 위한 WBS 예제

WBS를 구성할 때, 순서는 중요하지 않다. 과업을 도출하는 것에 집중해야 한다. 과업의 순서는 일정을 수립할 때 고려하면 된다. 일반적으로 3~4레벨로 구성된다. 스타트업 프로젝트에서는 초기 과업 구성을 너무 상세하게 하지 않고 프로젝트를 수행하면서 추가적으로 식별해도 된다. 과업 식별을 할 때 순서에 따라 위에서부터 아래로 할 필요도 없다. 일을 하면서도 과업이 식별되기도 하고, 모든 일을 전부 모르기 때문에 완벽하게 식별되지 않을 수도 있다. 최대한 식별되도록 노력하기만 하면 된다. WBS는 과업을 식별하면서 시간이 얼마나 소요될지, 비용이 얼마나 필요한지, 어떤 자원이 소요되는지도 가늠하게 된다. 이렇게 식별된 WBS는 일의 범위를 보여주는 좋은 방법이다. 해야 할 일을 알면 우리가 고정했던 시간 내에 할 수 있는 범위를 가늠할 수 있다. 직접 해야 할 과업과 외부에 맡길 과업 혹은 그냥 하지 말고 포기할 과업을 선정할 수 있다. 이 과정이 중요한 것은 과업의 식별이 소프트웨어 개발에 있어서는 기능의 리스트가 될 수도 있기 때문이다. 꼭 필요한 기능만 먼저 개발하는 것이 해야 할 일의 범위가 되는 것이다.

스타트업은 타이밍을 첫 번째 제약 요소로 고려한다. 따라서 프로젝트 과업의 범위는 목표한 일정에 맞추기 위해서 주의를 기울여야 한다. 기본적으로 일정을 구성하는 방법은 WBS에서부터 시작한다. WBS를 통해서 과업들 간의 관계를 살펴볼 수 있게 되고, 전체 일정의 초안을 짜고 체계화하게 된다.

대부분의 과업은 연결되어 있다. 분류한 것들을 순서화하면서 상호 관계가 어떻게 이루어져 있는지 살펴보아야 한다. 앞에서 정리했던 집 청소를 생각해 보자. 내가 집 청소를 시작할 때는 먼저 바닥 청소부터 한다. 이 경우 세부 활동은 크게 3단계로 진행된다.

① 바닥에 있는 물건들을 치운다. ② 청소로봇을 돌린다. ③ 걸레로 바닥을 닦아준다. 이러한 세 단계 활동을 끝내야 바닥 청소가 완료된다. 이 활동 사이에는 종속관계가 있다. 바닥을 치우지 않고 청소로봇을 돌리면 다시 바닥을 치워야 하고, 그것이 끝나지 않은 상태로 바닥을 닦아주게 되면 청소를 다시 해야 하는 경우가 발생한다. 즉, 첫 번째는 항상 선행해야 한다. 조금 빨리 하려고 한다면 청소로봇 없이 걸레로 바닥을 닦아주며 청소할 수도 있다. 하지만 첫 번째 단계는 먼저 해야 한다.

스타트업 프로젝트들 중 많은 경우가 앱(App)과 같은 소프트웨어 개발이다. 예를 들어 여행 콘텐츠 서비스 스타트업 팀이라고 생각해 보자. 이 경우 앱을 출시하기 위해서 여행 대상지의 콘텐츠를 구성해야 한다. 프로젝트 팀은 콘텐츠 구성을 위해서 여행 지역을 연결해야 한다. 여행 콘텐츠에는 그 대상이 되는 여행지가 필수적으로 포함되어 있다. 따라서 반드시 대상지에 대한 지역 정보와 지도를 제작해야 한다. 그 이후에 각 콘텐츠를 지도 정보와 연결시키는 과정을 거쳐야 한다. 이러한 일련의 활동들은 상호 간에 영향을 주고받기 때문에 각 활동을 완수하기 위해서 영역별로 담당자들이 충분히 인지한 것만으로도 작업 전체 시간을 단축할 수 있다. 활동 간 의존성은 서로 다른 관계를 가지고 있다.

첫 번째는 일관적인 의존성을 가진다. 즉, 끝과 시작이 서로 맞물리는 관계다. 즉, 소프트웨어 설계 ▷ 소프트웨어 개발 ▷ 소프트웨어 테스트와 같이 일반적으로 각 작업의 시작과 끝이 맞물려 있는 것이다. 반면에 어떤 관계는 하나의 활동을 완료하기 위해서는 다른 것이 끝날 때까지 기다려야만 한다. 이 관계를 지체관계라고 한다. 대표적인 경우가 스마트폰과 같은 하드웨어 개발이다. 하드웨어 개발의 경우는 소프트웨어 개발과 매우 밀접하게 연결되어 있다. 즉, 하드웨어 개발은 소프트웨어 개발이 완료되어야 최종 테스트를 할 수 있고, 반대의 경우인 소프트웨어 개발도 하드웨어 개발이 완료되어야 최종 테스트를 같이 할 수 있다. 즉, 상호 간에 지체 관계를 형성하게 된다. 작업들의 선-후행관계를 완벽하게 식별하려고 하면 오히려 많은 시간이 소요될 수 있다. 직관적으로 이루어지는 선-후행관계만 먼저 식별할 필요가 있다.

꼭 필요한 기능을 문장 형식으로 기술하는 방식은 사용자 스토리(User Story)라고 한다. 사용자 스토리는 고객과 사용자에게 어떤 가치를 줄 수 있는 기능인지를 서술하는 것이다. 즉, 고객 관점에서 기능을 어떻게 사용하면 잘 사용할 수 있을지 설명해 주는 것이라고 보면 된다.

기술하는 방식 :

(사용자)는 (어떤 가치)를 위해 (이런 기능)을 원한다.
- 교육생은 본인에게 적합한 과정을 찾기 위해 과정 리스트와 검색을 원한다.
- 수강생은 수강 신청을 위해 신청, 취소, 목록 보기를 원한다.

사용자 스토리를 작성할 때 다음의 몇 가지를 고려해야 한다[53].

1. 이해관계자들이 사용자 스토리를 작성한다.

중요한 점은 개발자가 아닌 이해관계자들이 사용자 스토리

---

53) http://www.agilemodeling.com/artifacts/userStory.htm

를 작성한다는 점이다. 사용자 스토리는 몇 분 만에 작성할 수 있을 정도로 단순하다. 그래서 실제로 최종 사용자나 서비스를 원하는 사람이 그것을 작성하는 것이 가장 좋다.

2. 가장 단순한 도구를 사용해서 작성한다.

간단한 카드를 사용해서 필요한 것을 한 문장으로 작성한다. 카드를 사용하는 것은 함께 일할 때 매우 효과적이다. 원하는 것을 구조화하거나 시각화하기도 쉽다.

3. 비기능성(Non-Functional) 요구 사항을 기억하라.

스토리는 다양한 요구 사항을 묘사하는 것이다. 기능적으로 가능한 것과 가능하지 않은 모든 것이 포함된다. 예를 들면 학생들이 교통카드를 사는 과정을 생각해 보자. 교통카드를 충전하기 위해서 교통카드를 찾고, 그걸 가지고 충전소에 가서 금액을 이야기하고 충전된 것을 확인한다. 이 과정을 웹이나 모바일로 구현하다고 하면, 물리적인 교통카드를 찾는 것은 비기능성 요구 사항일 수 있다. 하지만 한발 더 나아가면 물리적인 교통카드를 가상의 교통카드로 변환시키는 것도 새로운 과업이 될 수 있다.

4. 규모를 예상한다.

사용자 스토리를 구현하는 데 소요되는 자원을 산정해 볼 수 있다. 카드에 기입된 사용자 스토리에 포인트를 주기만 하면 자동으로 산정된다. 포인트 1점이 2시간이 소요된다면 5점을 줄 경우 10시간이 되는 것이다.

5. 우선순위를 정하라.

여러 경로로 도출된 요구 사항은 실제로 최종 고객(이해관계자)의 관점에서 우선순위를 설정해야 한다. 카드는 가장 중요한 순서로 쌓이도록 하는 방법이 일반적이다. 다른 방법은 사용자 스토리별로 우선순위를 중요(High), 보통(Medium), 낮음(Low)으로 구분하는 것이다. 무엇이든 단순하게 하면 된다.

6. 구분할 수 있는 식별자를 포함하라.

모든 사용자 스토리에는 구분할 수 있는 식별자(NO. 1, 2, 3 이런 방식)가 있어야 한다. 필요한 경우 추적을 용이하게 하기 위함이다. 사용자 스토리가 실제로 제품이나 서비스로 구현될 때 각 항목을 추적할 수 있어야 한다.

사용자 스토리가 기술적으로 구현할 수 있는지를 서술할 때 활용하는 것이 기술 스토리(Technical Story)다. 요구 사항과 아키텍처, 도구 셋업, 인프라 시스템, 품질 작업, 사용성 개선 작업 등에 대한 기술적 활동을 설명하게 된다. 사용자 스토리와 기술 스토리는 WBS를 구성한 후에 상세한 과업 내용을 구분하고 정의할 때 활용할 수 있는 방법이다. 이를 통해서 일정과 비용 범위를 추정할 수 있다.

5.4 자원을 예상하고 준비한다

해야 할 일들의 목록을 열심히 뽑아냈다면, 이제 일을 할 사람과 일을 잘 연결해 주면 된다. 전통적인 프로젝트 업무는 대부분 리더가 주도하는 방식이다. 리더는 업무를 할당하고 챙기지 않으면 일이 진행되지 않는다고 생각했다. 스타트업의 방식은 달라야 한다. 구성원이 스스로 원하는 일을 할 수 있도록 해야 한다. 스타트업은 기본적으로 구성원의 능력이 폭발적으로 발휘되어야 한다. 하기 싫은 일을 억지로 하거나 누가 시켜서 하는 스타트업팀은 자연적으로 도태된다. 식별된 사용자 스토리와 기술스토리에 따라서 구성된 과업들을 가장 잘 아는 것은 구성원들 자신이다. 찾아서 일을 한다고 해도 구성원들 끼리 조정하기 어렵다. 따라서 리더는 특정 작업이 팀원들에게 몰리 거나 불균형하게 집중되지 않도록 조정하는 역할을 해야 한다. 리더 가 시키는 것이 아닌, 구성원이 일을 선택하고 조정하는 것이 중요하 다. 리더는 구성원의 일을 조정해 줄 것이라는 확신을 주어야 한다.

　스타트업의 핵심은 능력 있는 사람을 통해 많은 일을 해결하는 것이다. 따라서 능력 있는 사람들이 팀 구성원이 되어야 한다. 하지 만 해야 할 과업은 많고 일할 사람은 부족하다. 일정은 고정되어 있 으니, 일을 줄이는 것 외에는 달리 방법이 없다. 그렇다고 해도 절대 적으로 줄일 수 없는 일이 존재한다. 경우에 따라서는 외부 사람에 의해서 수행되어야 할 과업도 존재한다. 새로운 사람을 뽑든지, 전문 가에게 맡기든지 여하튼 돈이 든다. 초기 산정했던 예산과 비교해 봐 도 부족하기만 하다. 왜 이런 상황이 발생하는 걸까? 프로젝트를 시 작한 사람들은 종종 이런 착각에 빠지기도 한다. '다른 사람들보다는 나는 더 잘할 수 있어.' 이는 일종의 긍정효과다. 제삼자 입장에서는 어려운 일도 내가 하면 조금 쉽게 생각하는 경향이 존재한다. 그래서 과업을 식별할 때에도 일정과 업무량을 낙관적으로 산정한다. 잠재 적으로 발생할 수 있는 문제들은 과소평가한다. 다양한 관점을 고려 하지 못하고 몇 가지는 빼먹거나 무시하는 오류를 범한다. 예를 들면 시스템 구성을 할 때 하드웨어 가격은 포함해 놓고 소프트웨어는 무 료라고 생각하고 시작하거나, 네트워크 비용은 무시한다든지 하는 것이다. 구성원들의 역량을 과대평가하고 무조건 열심히 하면 될 것으로 판단한다. 이를 바탕으로 일정을 수립하고 비용을 산정한다.

부족한 자원을 절감하고 효율을 극대화하는 것은 매우 중요하다. 하지만 일정을 산정하거나 비용을 계산할 때는 매우 객관적으로 산정하려고 노력하고, 얼마나 잘할 수 있을지 계산해 내는 것이 중요하다. 기술적 추측이 잘못되면 충분한 기술 경험이 있는 팀이 프로젝트를 수행하더라도 전체적인 위험성이 높다. 두 개의 애플리케이션을 연동시키는 단순한 작업에서도 전혀 다른 API(Application Programming Interface)를 사용하거나, 데이터 연동 방식의 변동으로 인해 연동 테이블을 잘못 구성해서 문제가 발생하는 경우도 심심치 않게 나타난다. 경험이 많은 사람이 맡으면 몇 분이면 해결할 문제도 처음 직면했을 때는 몇 시간이 걸리는 경우도 다반사다. 생각지도 못한 이슈들이 중간 중간에 도사리고 있다. 이 모든 것에 대처하기에는 경험이 부족하기 마련이다. 목표로 한 시간에 맞게 가장 효과적으로 범위를 한정하는 방법 중의 하나가 플래닝 포커(Planning Poker)다. 다른 말로 스크럼 포커라고도 불리는데, 이는 추정을 위한 합의 기반 기술(consensus-based technique)로서 대부분 소프트웨어 개발에 있어서 최종 목표 달성을 위한 상대적 규모 산정에 활용된다. 플래닝 포커에서 팀의 구성원들은 규모를 산정할 때에 그들이 생각하는 규모를 말로 하는 것을 대신해서 숫자로 된 카드를 테이블에 엎어 놓는 방식으로 놀이처럼 진행한다. 그 카드들을 확인하면서 해당 투입 공수들이 논의된다. 숫자를 숨기는 이런 방식은 구성원들의 편향적인 고정관념을 피할 수 있게 해준다. 누군가 처음 숫자를 크게 말하면서 다음 사람들의 공수 산정에 영향을 미칠 수 있는 것처럼 말이다[54].

54) https://ko.wikipedia.org/wiki/플래닝_포커

모바일앱_플래닝 포커

플래닝 포커는 고객에게 제공되어야 할 기능 리스트들과, 여러 벌의 카드 묶음으로 되어 있다. 카드는 숫자로 되어 있다. 일반적으로 수열을 사용한다. ½, 1, 2, 3, 5, 8, 13, 20, 40, 100, 그리고 경우에 따라 커피 컵(나 쉬고 싶어)으로 구성되어 있다. 대다수 스타트업에서는 주로 모바일 앱을 활용한다. 팀원들이 항상 같은 장소에 없고 가상의 커뮤니티에서 작업을 수행하기 때문이다.

수행 방법은 다음과 같다.

1. 중립적인 진행자를 선정한다. 그는 공수를 산정하지는 않는다.

2. 논의할 영역을 설명한다. 팀원들은 질문이나 토론을 통하여 애매한 사항이나 위험 요소를 파악할 기회를 갖는다. 진행

자가 토론 내용을 종합 정리한다.

3. 각 개인은 그들의 산정 결과를 카드로 엎어서 내려놓는다. 토론하는 동안, 다른 사람의 공수 산정에 영향을 미치는 어떠한 숫자도 말을 하면 안 된다.

4. 모두가 동시에 자신의 카드를 뒤집어 보여준다. 가장 큰 숫자와 가장 작은 숫자를 제시한 사람들에게는 왜 그런 산정을 했는지 타당한 이유를 제시하고 토론을 계속 진행한다.

5. 범위 추정에 대한 합의에 도달할 때까지 반복한다.

카드에서 더 큰 숫자가 의미하는 것은, 업무 범위 내에서 불확실성이 크게 존재한다는 것이다. 따라서 만약 6을 기준 값이라고 정의한다면 불확실성이 낮아 보이면 5를 내면 되고, 아니면 보수적으로 불확실성을 높게 고려해서 8을 내면 된다.

플래닝 포커에는 중요한 장점들이 있다. 플래닝 포커에 참여하는 모든 사람이 토론을 수행하게 된다. 이것은 업무 이해도를 높여준다. 초기에는 구성원들이 경험이 달라 서로 다른 추정 값을 제시할 수 있다. 하지만 토론이 진행되면 될수록 서로의 생각과 관점을 모으게 되고 업무 이해도가 높아지는 장점이 있다. 다음으로는 전문가들의 경험들이 함께 공유된다는 점이다. 지식 공유를 촉진하기 위해서는 사회적 교환(Social Exchange)이 발생한다는 이론이 있다.

즉 서로 다른 영역의 전문가들이 다양한 경험을 교환하는 것은 지식의 폭을 넓혀 주는 촉진 요소로 작용하게 된다[55]. 마지막으로

---

55) 박준기, 이정우(2014). 《Knowledge sharing in information systems development projects: Explicating the role of dependence and trust》 International Journal of Project Management 32(1): pp. 153–165.

플래닝 포커를 게임으로 즐길 수 있다. 포커와 유사하게 다른 사람과 나의 관점이 같은지 다른지를 찾아가는 과정 자체가 재미있다. 일은 즐기면서 하면 효과가 커지기 마련이다.

5.5 비주얼라이제이션(Visualization)

공장에서 물건을 만드는 것과 같이 몸으로 수행하는 일의 경우에는 눈으로 확인할 수 있다. 지금 이 순간 하려고 했던 것이 얼마나 진행되었는지 평가를 할 수 있다. 하지만 형체가 없이 진행되는 스타트업 프로젝트는 진척 상황이 잘 보이지 않는다. 주로 컴퓨터, 모바일 기기와 같은 IT 기술에 의존하다 보면 가시성은 더욱 떨어지게 마련이다. 따라서 가시성을 확보하는 것이 프로젝트 효율성을 높여주는 데 가장 효과가 크다.

대표적인 시각적 관리 방법은 상황판을 활용하는 것이다. 보통 칸반(Kanban)이라고 불리는 방법이다. 시각적 관리는 비즈니스 계획에 맞게 도출된 과업들을 포스트잇(혹은 시스템)을 활용해서 상황판에 붙이고, 진행 상황과 이슈를 주기적으로 관리하는 것이다. 이렇게 관리하면 해야 할 계획에 맞게 해야 할 일과 장애들을 한눈에 볼 수 있다. 이러한 상황판은 기본적으로 플래닝 포커를 진행할 때도 도움이 되고, 구성원들 개개인이 어떤 업무를 하고 있는지를 상세하게 볼 수 있다. 업무 로드에 따라 조정도 할 수 있고, 구성원의 책임감을 높일 수 있다.

매일같이 진행되는 스탠딩업 미팅(Daily Stand-up Meeting)은 상황판을 기준으로 구성원들이 10~20분간 진행 상황을 조율하고 협력할 방법을 찾는 과정이다. 리더는 조율만 할뿐이고 대부분의 구성원이 어제 한 일, 오늘 할 일, 앞으로 예상될 만한 예상 이슈, 도움을 받았으면 하는 것들에 대해서 이야기하고 간단히 논의를 진행한다.

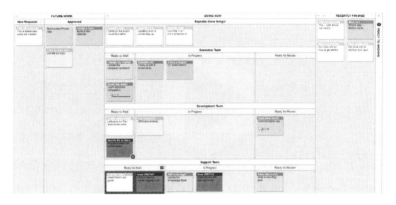

LeanKit을 활용한 시간 관리[56]

구성원들은 자신들의 이야기를 하면서 포스트잇을 조정하거나 완료된 영역에 옮기게 된다. 구성원은 이 작업을 통해서 현재 각자 진행하고 있는 일에 대해서 알게 되고, 전체적으로 어떤 이슈가 존재하는지를 알게 된다. 스탠딩업 미팅을 하려면 어느 정도의 인원이 모여서 해야 할까. 스타트업의 구성 인원이 2~3명으로 초기인 경우도 있고 30~40명씩 어느 정도 규모를 갖춘 조직도 있다. 인원이 3명 정도로 적다면 할 필요는 없다. 스탠딩업 미팅의 핵심은 상

---

56) http://www.leankit.com

호 간 실행력을 높이기 위한 협력과 조율이다. 그러나 초기 스타트업인 경우 주로 창업자끼리만 있는 규모이기 때문에 협력과 공유의 문제는 크게 발생하지 않는다. 20명씩 될 경우는 어떻게 할까. 너무 많다면 스탠딩 미팅이 너무 길어지고 집중하지 못한다. 15~20분 만에 끝날 수 있는 스탠딩 미팅이어야 한다. 그렇다면 10명 내외가 좋다. 따라서 사람이 많다면 참여하는 사람을 조정하는 것도 하나의 방법이다. 영역별로 묶어서 진행하거나 그룹핑을 하는 방식 등으로 조정해야 한다.

데일리 스탠딩 미팅은 매우 효과적인 지식 공유 및 소통의 방법이지만, 잘못된 방향으로 진행되면 구성원들에게 불필요한 회의로 남게 된다. 다음과 같은 것은 주의를 기울여야 한다.

1. 스탠딩업 미팅은 업무를 보고하는 것은 아니다.

   대부분의 리더가 아침마다 일일 미팅을 한다. 어떤 방식으로 하든지 대부분 리더가 중심이 된다. 하향식으로 일을 하는 것이다. 팀원의 업무 진행 상황을 파악하고 자신이 전부 통제하는 형태로 진행한다. 그러나 이런 방식은 리더의 성향에 더욱 많은 영향을 받는다. 리더의 생각에 따라 일방적으로 진행되기도 하고, 경우에 따라서는 모든 미팅이 보고를 위한 보고의 자리가 되어 버린다.

2. 미팅 시간은 20분 이내로 한다.

   미팅 시간이 짧게 정해진 이유는 스탠딩업 미팅이기 때문이다. 오전에 주요 장애 요인과 진척 사항을 빠르게 공유하고 그다음 이슈별로 상세한 미팅을 진행하면 된다. 그러나 20분이 넘어서고 길어지면 몇몇 사람에게는 불필요한 미팅으로 느껴지고. 효율성이 떨어지게 된다.

3. 구성원들 개개인에게 관심을 가져야 한다.

구성원들에게 관심을 가지지 않으면 집중하지 않게 된다.
경우에 따라서는 스탠딩업 미팅 중에 누군가를 비난하게 되
는 경우도 있다. 관심은 도움의 필요 여부와 관련되고 어떻
게 하면 일을 잘 풀어갈 수 있을지를 결정하는 것이다. 업
무 수행을 위한 개인별 면담과 스탠딩업 미팅의 차이를 잘
알아야 한다.

4. 활기찬 미팅이 되도록 신경 쓴다.

매일같이 같은 방식으로 진행되는 미팅은 무미건조하게 흘
러가게 마련이다. 구성원들의 몰입도가 떨어지고 기계적으
로 행동하게 된다. 중간중간 미팅의 형태나 유형을 바꿔주
는 것이 필요하다. 스탠딩업 미팅이 기다려지는 문화가 되
도록 계속해서 아이디어를 구하는 것도 좋은 방법이다.

영국 스타트업팀의 일일 스탠딩업 미팅

6장.
Communicating

: 관계를 연결하는
윤활유

6장 Communicating: 관계를 연결하는 윤활유

> 스타트업은 한 가지 지표에만 집중해야 한다. 그러므로 해당 지표가 무엇인지 결정했으면 나머지는 모두 무시해야 한다.
>
> _노아 케이건(Noah Kagan), Appsumo CEO

6.1 스타트업을 둘러싸고 있는 사람들

"스타트업을 시작했다. 그래 열심히 하자."

시작한 사람에게는 당연하고도 자연스러운 이야기다. 열심히 하지 않으면 스타트업에서 절대 생존할 수 없기 때문이다. 그러나 열심히만 하면 될까? 스타트업을 둘러싸고 있는 게 너무 많다. 스타트업을 시작하면 먼저 힘들게 하는 사람이 가족이다. 내가 하겠다는데 반대를 먼저 한다. 멀쩡한 회사를 다니던 직장인의 경우 그냥 부모님에게 이야기를 하지 않는 편이 좋을 수도 있다. 사업한다고 하면 그저 반대부터 하는 게 부모님의 심정이니 뭐라 하겠는가. 이제 졸업을 앞둔 학생들이 스타트업을 한다고 하면 먼저 편견을 접할 수밖에 없다. 혹시 취직하기 어려워서 도피성으로 스타트업한다는 건 아니냐고 핀잔을 듣거나, 친구들에게 무시당하기도 하고, 때로는 취업할 때 불이익을 받는 건 아닐까 하고 고민하는 사람까지 봤다. 가족과 친구들의 성원을 받지 못했다고 물러설 수는 없다. 그렇게 시작했다.

스타트업은 혼자 하는 게 아니다. 누군가와 함께해야 한다. 스타트업 초기 구성원이 된다면 창업 구성원이 되는 것이다. 창업 구성원은 스타트업의 생사고락을 같이 하게 된다. 누가 CEO고 누가 종업원이라는 것이 중요한 것은 아니라 모두가 프로젝트 구성원들이다. 프로젝트가 실패하면 끝나는 운명 공동체와 비슷하다. 따라서 초기 구성원이 가장 중요한 사람들이다. 그들로 인해서 프로젝트의 성패가 좌우되기 때문이다. 괜찮은 아이디어와 열심히 한 구성원들 덕에 투자를 받게 된다. 투자로 인해 우리 프로젝트에 관계되는 사람이 늘어나게 된다. 투자자들은 시간이 날 때마다 스타트업의 진행에 대해서 확인하려고 한다. 서비스가 본격적으로 시작되면 이와 관련된 다양한 사람들을 만나게 된다. 그들은 서비스를 사용하는 고객이기도 하고, 서비스에 광고나 다른 서비스를 제휴한 사람들이다. 때로는 우리 서비스의 핵심 공급처로서 다양한 서비스 제공자들이 존재한다. 예를 들면 G마켓의 스토어이거나 다수의 블로거다. 무수히 많은 사람이 우리를 주시하게 된다. 그들의 이익(Profit)이 우리와 연결되었기 때문이다. 그들을 이해관계자(Stakeholder)라고 부른다. 우리가 어떻게 하는지 끊임없이 반응하고 다양한 요구 사항(Requirements)과 기대 수준(Expectation)을 가지고 우리에게 영향력을 행사하고 있다.

효과적으로 이해관계자를 관리해야 불필요한 영향력에서 벗어나게 된다. 한편으로 스타트업에서 원하는 것을 얻어낼 수 있다. 따라서 이해관계자들을 관리해야 한다. 누가 우리에게 영향력을 행사하는지를 알아야 그들과 커뮤니케이션을 할 수 있다. 따라서 먼저 이해관계자를 정확하게 식별해야 한다. 우리의 스타트업으로 인해 이익을 얻는 사람이 누가 있을까? 곰곰이 생각해 보자. 고객, 투자자, 나와 연결된 다른 스타트업, 정부 기관 담당자, 홍보 업체 담당자, 금융 기관 등등 다양하다. 이해관계자를 식별하는 목적은 그들을 분석해서 영향력을 파악하기 위해서이다. 식별하고 분석하는 방법에는 이해관계자 매트릭스(Stakeholder Matrix)나 이해관계자 어니언 다이어그램(Stakeholder Onion Diagram), 이해관계자 지도(Stakeholder Map) 등을 사용한다. 그중에 한눈에 쉽게 식별과 분석을 할 수 있는 방법이 어니언 다이어그램(Stakeholder Onion Diagram)이다.

어니언 다이어그램은 프로젝트나 비즈니스 목표에 관계하는 이해관계자들의 관계를 한눈에 보여주는 방법이다. 어니언(Onion, 양파)의 특징인 껍질(Layers)같이 계층별로 특정한 성격의 이해관계자를 식별하게 된다. 계층은 일반적으로 4개의 계층으로 구성한다. 가장 안쪽부터 제품/서비스 계층(Product or Service Layer), 비즈니스 시스템 계층(Business System layer), 비즈니스 계층(Business Layer), 환경 계층(Environment Layer)이다[57].

57) Alexander, Ian. "A taxonomy of stakeholders, human roles in system development." Issues and Trends in Technology and Human Interaction(2006): pp. 25-71.

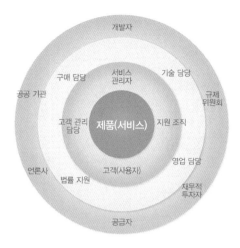

이해관계자 분석 도구 - Stakeholder Onion Diagram

작성하는 방법은 다음과 같다. 첫 번째, 가장 안쪽에는 프로젝트 혹은 비즈니스의 목표를 넣는다. 프로젝트명을 넣거나 회사 이름을 넣는 게 아니다. 비즈니스를 통해서 전달하고 싶은 최종 제품 혹은 서비스를 작성하는 것이다. 두 번째로 비즈니스 시스템을 식별한다. 이 계층은 최종 서비스를 달성하는 데 직접적으로 관계하는 이해관계자들을 식별한다. 예를 들면 시스템 운영자, 사용자 혹은 고객, 지원 조직 등이다. 다음 단계는 비즈니스 자체를 위한 이해관계자들이다. 비즈니스를 통제하거나 운영하는 이해관계자들이다. 이들을 보통 기능적 이해수취자(functional beneficiaire)라고 불리기도 한다. 조직 내부에서 영향을 주는 이해관계자들이기 때문이다. 마지막으로 외부 환경적 요인에 영향을 주는 이해관계자를 식별한다. 기자들이나 공무원 혹은 경쟁 상대와 같은 이해관계자들이다. 이 부분을 식별하는 것은 어려울 수 있으나 향후 환경적 불확실성을 줄이기 위해서는 꼭 식별되어야 할 이해관계자들이다.

최종 식별된 이해관계자 - Stakeholder Onion Diagram

마지막 작업은 식별된 이해관계자들의 관계를 연결해 주는 것이다. 작업 자체는 매우 쉽다 그저 실선으로 연결해 주면 된다. 이를 통해서 이해관계자들 간의 선후 관계도 식별된다. 몇 가지 더 활용할 수 있는 것이 있다. 색깔을 통해서 이해관계자의 성격을 구분할 수 있다. 예를 들면 붉은색은 적대적인 것, 푸른색은 호의적인 것, 노란색은 중립적인 것을 표현한다. 또한 실선의 두께를 통해서 관계가 강한지 약한지를 나타내는 것도 좋은 방법이다.

이해관계자를 잘 식별했다고 해도 역할과 책임에 혼동이 발생하면 큰 문제가 발생한다. 이런 혼란을 최소화하기 위해서 사용하는 것이 책임할당모델(Responsiblity Assignment Matrix)이다. 프로젝트 혹은 비즈니스 포르세스에서 업무를 수행하기 위한 구성원별 책임과 역할을 식별하는 방법으로 RACI(Responsible, Accountable, Consulted, Informed)모델이라고 부르기도 한다. 대다수의 프로젝트 혹은 비즈니스 운영을 위해서 역할, 책임을 쉽게 정리하는 데 사용할 수 있는 것이 RACI모델이다.

RACI모델은 구성원들이 담당하는 역할을 기술하는 것에 관한 구조와 명확성을 제시한다. 이것은 책임을 명확히 하고 프로젝트에서 필요한 모든 것을 담당자에게 할당하도록 하는, 하나의 행렬(Matrix)이다. RACI모델을 적용하기 위해서는 일단 과업, 중요한 단계, 핵심 의사결정 등 모든 것을 정의하고 누가 책임(Responsible)을 지며 책무(Accountable)를 다하고 적절한 곳에서 컨설팅(Consulted)해야 하고 정보(Informed)가 필요한지 정하기만 하면 된다. RACI를 구성하는 네 가지 영역을 정의하면 다음과 같다.

1. 책임(Responsible): 담당자가 수행할 과업 또는 목표를 완수하거나 의사결정한다. 책임은 공동으로 할당할 수 있다.

2. 책무(Accountable): 담당 업무의 최종 승인자, 반드시 과업, 목표, 의사결정이 완료되었을 때 승인한다. 책임자의 의사결정을 승인하는 역할을 수행한다.

3. 컨설팅(Consulted): 업무를 수행하는 실제 전문가다. 자신의 역량과 지식을 투입하고 일을 하는 역할을 가지고 있다. 쌍방향 커뮤니케이션을 수행한다.

4. 정보(Informed): 정보를 받아가는 사람이거나 주는 역할로 단방향 커뮤니케이션을 하게 된다.

RACI모델을 작성하는 방법은 다음과 같다.

1단계: 스타트업에 필요한 주요 과업을 식별하고, 순서대로 기입해서 목록화한다. 일반적으로 주요 과업은 비즈니스 모델링, 실행, 피벗 등의 단계로 통합하거나 세분화하면 된다.

2단계: 스타트업에 참여하는 구성원들(경우에 따라서는 이해관계자 전부)을 확인하고 윗부분에 기입하여 목록화하라.

3단계: 책임과 책무, 컨설팅, 정보 역할을 하는 대상을 식별하고 정의한다.

4단계: 식별된 과업에 최소한 1명 이상의 책임(R)자와 단 1명의 승인자(A)가 있는지 확인한다.

5단계: 단계별로 구성원들과 RACI모델을 논의하고 공유한다.

프로젝트 착수 단계	PM (Project Manager)	프로젝트 후원가 (Sponsor)	프로젝트 분석가 (Analyst)	기술 전문가 (Technical Specialist)
프로젝트 목표 정의	R	A	C	I
프로젝트 범위 정의	R	A	C	I
프로젝트 산출물 정의	A	C	R	C
이해관계자 매트릭스 정의	A	C	R	C
의사결정 구조 결정	R	A	C	I
실행 방법 결정	A	C	R	C
리스크 및 이슈 정리	A	I	R	C
프로젝트 헌장	R	A	C	I

프로젝트 단계에서 RACI모델

6.2 정치력

사람들이 모여 있는 모든 조직에서는 구성원들 간의 정치적 현상이 필연적으로 나타난다. 그래서 스타트업 프로젝트에서 정치(Politics)의 본질적인 특징을 이해하고 적극적으로 활용하는 법을 알아야 한다. 정치라는 개념을 명확하게 정의하기는 어렵다. 정치의 본질은 영향력에 관한 기술이다. 유능한 정치가는 영향력을 발휘하여 자신이 원하는 바를 타인이 수행하도록 한다. 즉, 선거에서 이기기 위해서 유권자들에게 영향력을 행사할 수 있는 다양한 무언가를 만든다. 그걸 보통 정책이라고 한다. 우리는 그걸 권력(Power)이라고 부르기도 한다. 여하튼 정치력이란 누군가에게 자신의 지위를 공고히 하는 과정에서 발휘되는 것이다.

재미있는 건 정치력이 인간관계에서 윤활유 같은 역할을 한다는 점이다. 이는 정치력의 특징 중 하나다. 일반적으로 거의 모든 사람이 갈등을 겪는다. 가정에서도 남편과 아내가 TV 프로그램이나 아이들의 교육 문제로 다툼을 벌이는 경우가 많고, 기업에서는 각 팀이 상호 간에 수없이 많은 문제를 가지고 충돌하고 해결하는 과정을 거쳐 업무를 수행한다. 이 과정에서 발생하는 갈등을 해결하기 위해서 정치적 노력과 역량을 발휘하게 된다. 따라서 정치란 특정한 목적을 달성하는 과정에서 특정한 영향력을 행사함으로써 조화롭게 일을 해결해 가는 것이다. 프로젝트가 진행되면 정치는 가장 먼저 고려해야 할 요소다. 구성원들은 과업을 수행하면서 다양한 갈등환경에 노출된다. 부족한 자원을 해결하기 위해서 누군가의 도움을 받으려면 '영향력'을 행사해야 한다. 이해관계자들에게 필요한 영향력을 행사하고 자원을 추가로 받거나 긍정적인 피드백을 확보하기 위해서 필요하다. 이해관자들은 우리를 도와줄 수도 있고 중단시킬 수 있는 힘도 있다. 그들의 의견을 듣고 조정하는 데 필요한 시간을 투자해야 한다.

1) 투자자: 어떤 투자자를 만나느냐에 따라서 스타트업 전반

에 미치는 영향력이 달라진다. 예를 들면, 긴급하게 자금이 필요할 때, 투자자는 투자를 더 해줄 수도 있고, 또 다른 투자자를 찾아줄 수도 있다. 스타트업 내부의 잘못된 부분을 확인하고 위험을 회피하는 방법을 알려주거나 경영에 적극적으로 관여하게 된다. 이 경우 경영 활동이 촉진될 수도 있지만 전체적으로 위축될 수도 있다. 투자자는 절대 중립적인 입장이 아니다. 중요한 정치적인 요소다. 투자자가 개인이 아닌 투자 펀드의 경우에는 그들에게 영향력을 행사하는 기관이나 기업이 존재할 수도 있다. 필요한 경우에는 확대된 투자자들의 입장까지 생각하는 것이 필요하다.

2) **고객**: 스타트업의 목적은 고객을 만족시키는 것이다. 그럼에도 일부는 고객보다는 기술의 전문성을 자랑하는 것에 만족해하는 경우가 있다. 고객은 가장 영향력이 큰 이해관계자다. 그들에게 가치를 제공하지 못하고 기술의 전문성만 홍보한다면 고객은 외면한다. 고객의 가치와 스타트업이 제공하는 서비스 사이에 존재하는 차이를 파악하고 고객들과 적절하게 협의할 수 있는 능력이 필요하게 된다.

3) **협력 업체**: 표면적으로는 협력 업체와의 사이에 정치적인 문제가 없어 보인다. 일반적으로 협력 업체들은 일정 수준 통제할 수 있다고 생각한다. 제때 서비스와 상품을 제공하지 못한 협력 업체에 대금을 지급하지 않을 수 있기 때문이다. 그러나 협력 업체로부터 내가 원하는 것 그대로 얻어낸다는 것은 매우 힘든 과정이다. 물품 공급이 늦어지거나 공급된 서비스가 제시한 것과 다를 수 있고, 예상했던 비용을 초과하는 경우도 자주 발생한다. 협력 업체와 법적인 계약

관계가 아무리 있다고 해도 이런 경우에는 치명적인 결과가 발생한다. 따라서 지속적인 문제 해결을 위한 정치적 기술이 필요하다. 문제가 발생하기 전부터 예측하고 지속적으로 영향력을 행사할 수 있는 방법을 모색해야 한다.

정치적인 행동과 방법은 쉽게 개발하기 어렵다. 다양한 상황이 존재하고 이해관계자 간의 힘의 관계에 따라 어떤 법칙이 존재하지 않기 때문이다. 그래도 몇 가지 중요한 행동 지침은 존재한다. 가장 중요한 점은 스타트업을 둘러싸고 있는 정치라는 현상에 긍정적인 관점을 가져야 한다는 것이다. 정치는 사람과 사람 사이에는 당연히 존재하는 필연적인 것이다. 그것을 인정하고 자연스럽게 긍정적 것으로 바라봐야 한다. 둘째, 이해관계자를 파악하고 영향력을 행사할 수 있는 권한을 확보해야 한다. 이해관계자 모두를 관리의 대상으로 설정하는 것이 좋겠지만, 현실적으로는 우선순위를 정해서 이해관계자를 파악하고 관리하는 것이 필요하다. 그렇게 하면 특정한 영역의 대상자들의 권한에는 무엇이 있을지 살펴보고 준비하기 때문에 상대적으로 작은 노력이 들어간다. 이때 할 수 있는 가장 효과적인 방법이 계약관계를 맺어서 행동 방식을 한정시키거나 아니면 대상자들에게 적극적인 홍보 활동을 하는 것이다. 셋째, 어떤 행동을 할지를 결정하고 실행에 옮기는 것이다. 정치라는 것은 결국 행동하고 조율하는 것이다. 먼저 행동하는 것에 대해 발생할 결과를 예상해 보고 반복적으로 경험을 쌓는 것이 필요하다. 지금 이 순간에도 정치는 이루어지고 있다. 그걸 있는 그대로 인정하고 실행하면 부드러운 관계가 유지될 수 있다.

PMI(Project Management Institute, 국제프로젝트관리협회)의 보고서[58]에 따르면 새롭게 진행되는 프로젝트 5개 중 2개는 실패한다. 그중에서 1개는 비효율적인 커뮤니케이션에서 비롯된다. 그리고 프로젝트 위험 비용의 56%가 비효율적인 커뮤니케이션에서 원인을 찾을 수 있다고 지적하고 있다. 대다수 프로젝트는 공동의 목표(Shared Goals)에 대한 충분한 이해 부족과 이해 당사자들 간의 공유된 언어(Shared Language)의 부족으로 실행이 지연되는 경험을 하게 된다. 이것을 극복하는 과정에서 효율적인 커뮤니케이션의 필요성을 느끼게 된다. 즉, 초기에 비효율성을 극복하지 못하면 실패는 쉽게 찾아오게 되는 것이다.

스타트업의 단계별로 어떤 비즈니스 가치와 이익이 투자자들에게 혹은 팀 구성원들에게 제공되는지가 잘 공유되어야 한다. 프로젝트가 진행되면서 계속 자원이 투입되고 결과물이 나오기까지 시간이 필요하기 때문이다. 창의적인 조직과 같이 고도의 지식 공유가 요구되는 조직일수록 커뮤니케이션을 효과적으로 진행하는 것이 성과에 큰 영향을 준다[59]. 서로가 가진 지식과 정보를 통해서 새로운 지식을 창출하는 것이 창의적인 조직의 전형적인 형태라는 점에서 구성원들은 높은 상호 의존성을 보유하고 있다. 따라서 고객에 의한 변화에 민감하게 반응하기 위해서는 작은 변화에도 지식의 공유와 전달이 효과적으로 이루어져야 한다. 이것이 커뮤니케이션의

---

58) PMI(2013) 《The high cost of low performance: The essential role of communications》
59) 박준기, 이세윤, 이정우(2014). 《사회적 상호 의존성과 지식 공유: IT 프로젝트의 사례》 Information Systems Review 16(3): pp. 25–47.

역할이다. 성공한 스타트업은 그 어떤 조직보다 창의성을 잘 발휘하고 있다. 또한 지식 공유의 수준이 높다. 작지만 강한 조직의 전형적인 모습을 보여준다. 구성원 개개인이 여러 역할을 수행하고 있고, 서로가 철저하게 의지하고 돕는다. 반면에 만족스럽지 못한 팀들에게는 커뮤니케이션이 사라지는 현상이 발생하기도 한다. 오히려 작은 조직이라고 해도 효율적인 커뮤니케이션이 이루어지지 않는 경우도 많다. 이런 팀들은 다음과 같은 몇 가지 특징을 보여준다.

첫째, 팀 구성원 간의 의견을 제시해도 무시된다는 것이다. 리더가 권위적인 리더십을 가지고 있는 경우나 오랫동안 성공한 경험만을 보유한 사람들이 모여 있는 경우에는 다른 사람들의 말이 통하지 않는다. '내가 가장 잘 아는 내용인데, 잘 알지도 못하면서 이야기를 해!' 이런 식이다. 스타트업에서 커뮤니케이션이 단절되기 시작하면 리더의 아집이나 욕심에서 시작하는 경우가 많다. 얼마든지 갈등이 생길 수 있고 다양한 문제에 대한 의견이 다를 수 있다. 그리고 리더의 생각을 실행하고 함께 가야 한다. 이 과정에서 다양한 의견이 나오는 건 공동의 목표를 추구하기 위해서 자연스러운 과정이다. 그럼에도 의견이 나오지도 않고 반영되지도 않는다고 판단되는 순간 더 이상의 서비스의 가치를 향상시키기는 힘들다. 따라서 커뮤니케이션의 단절은 실패가 가까워진 징조다.

둘째, 공간적인 구분과 고립이다. 경직된 조직이 되어 가면서 커뮤니케이션은 사라진다. 예를 들면 10명 정도의 조직에서 영역별로 사람을 나누고, 격리된 곳으로 사람들을 분산하면 커뮤니케이션 빈도는 눈에 띄게 줄어든다. 눈에 보여야 커뮤니케이션을 하게 된다. 사람들 간의 사회적 관계(Social Ties)는 끊임없는 공감대와 교감을 통해서 만들어지기 때문이다. 의도하지 않게 각 팀을 분리하거나 다른 공간에서 일을 하는 경우가 있다. 이 경우에는 팀의 커뮤니케이션 수준을 잘 살펴봐야 한다. 작은 변화에도 커뮤니케이션이 쉽게 무너질 수 있다.

셋째, 구성원들 상호 간에 신뢰가 없어지게 된다. 함께 일하는 사람들 사이에서 믿음이 깨지면 커뮤니케이션은 단절된다. 감정과 오해로 인해 리더에 대한 신뢰가 깨져버린 경우, 커뮤니케이션을 할 필요성을 못 느낀다. 고생하면서 일하지만 인정받지도 못하고, 누군가를 위해서 좋은 일만 시킨다고 생각하면 더는 노력하지 않는다. 신뢰는 조직 문화를 만들어가는 첫걸음이자 마지막이다.

스타트업 구성원들의 업무 효율성은 무작정 커뮤니케이션만 한다고 개선되지 않는다. 커뮤니케이션을 한다고 반복된 회의를 하는 것과 같이 비효율적인 행동을 너무 당연하게 생각하는 경우도 있다. 효율적인 커뮤니케이션은 생각보다 단순하다. 프로젝트 환경에서 커뮤니케이션 효율성을 높이기 위해서 커뮤니케이션 빈도는 중요하게 고려할 요소가 아니었다.[60] 대부분 자주 회의하고, 연락하고, 공유하면 커뮤니케이션을 잘하고 있다고 믿는 경향이 있다. 하지만 144개의 조직을 대상으로 한 연구 결과는 그 반대로 나타났다. 커뮤니케이션을 자주 한다고 해서 품질이 좋아지지도 성과가 좋아지지도 않았다. 실제로는 쌍방향 커뮤니케이션(Two-Way Communication)이 더욱 중요했다. 일방적인 지시나 전달이 아닌, 지속적인 상호 작용을 해야 하는 것이다. 실제로 효율적인 커뮤니케이션은 커뮤니케이션 품질(Communication Quality)로 결정되었다. 단 한 번의 회의라고 해도 상대방이 정확하게 이해할 수 있도록 아젠다(Agenda)를 개

---

60) 박준기, 이세윤, 이정우(2014), 《ommunication effectiveness on IT service relationship quality》 Industrial Management & Data Systems 114(2): pp. 321-336.

발하고 사전에 준비해서 정해진 시간에만 하면 효율성이 높아졌다. 실제로 효율적인 조직일수록 회의가 많지 않다. 공유는 짧고 간단하다. 이슈나 문제가 발생한 내용은 깊이 논의하지만 필요한 사람들만 참석한다.

6.4 커뮤니케이션 가이드라인

재미있는 아이디어를 실현하고자 평범한 사람들 몇 명이 모여서 시작한 스타트업이 유능한 팀으로 변신하는 것은 하루아침에 될 수는 없다. 분명 처음부터 잘하는 팀도 있긴 하지만, 일반적으로는 구성원들 개개인이 공동의 사명과 목표를 바탕으로 노력을 해야 한다. 구성원들 개개인은 스타트업을 통해서 얻고자 하는 개인적인 목표와 관점이 다를 수 있다. 때때로 상대를 경쟁자로 여기기도 하고 개인적인 감정을 숨기며 일하는 경우도 있다. 그리고 사교적 기술이나 인격 함양이 부족한 사람들이 팀 내에 한둘은 꼭 있게 마련이다. 개인적인 목표나 관점의 차이, 경쟁에 대한 생각, 감정적 접근, 관계에 대한 서투름과 같이 어느 조직에서나 발생할 수 있는 이런 일들이 스타트업에는 치명적일 수 있다. 작은 조직일수록 사람의 영향력은 그만큼 크게 작용한다. 구성원들이 가진 전문성을 발휘해 보지도 못하고 팀은 급속도로 와해된다. 예를 들면 기술자들은 자신만이 알아들을 수 있는 단어를 사용하게 되고, 구성원들 간에 발생한 관계갈등은 팀 내에 이너서클(Inner Circle)을 만든다. 급기야 서로가 이야기하는 것을 믿지 못하게 된다. 이런 문제들을 예방하기 위한 효과적인 방법은 다음과 같이 커뮤니케이션 가이드라인을 설정해 놓는 것이다.

1. **약속된 미팅에는 참석한다.**

   팀원이 약속된 미팅에 참석하지 않는 순간부터 팀의 의사결정은 잘 이루어지지 않게 된다. 중요한 정보가 서로에게 명확하게 전달되지도 않게 되고, 어느 누구도 과업을 완벽하게 완수하지 않아도 책임지지 않게 된다. 누군가 늦은 것은 정시에 참석한 모든 사람의 시간을 빼앗은 것이 되기 때문에 매우 엄격해야 한다.

2. **상대를 존중하라.**

   요즈음은 누구나 끊임없이 스마트폰을 사용하고 있다. 항상 스마트폰을 보지 않으면 불안하기까지 하다. 미팅과 중요한 회의 중에는 스마트폰을 꺼야 한다. 무의식적으로 상대방에게 집중하지 않게 된다. 상대를 존중하지 않는 팀은 신뢰를 쌓을 수도 없다. 내 의견이 존중받으려면 다른 사람을 존중해야 한다.

3. **모든 가능성이 존재한다.**

   어떤 문제와 이슈에 대해서도 열린 자세를 가져야 한다. 스타트업의 장점은 작은 가능성에도 귀를 기울이고 변화에 민감하게 대처할 수 있다는 것이다. 문제를 해결하기 위한 커뮤니케이션 순간에는 누군가 싫어한다는 이유로 주저해서는 안 된다. 투자자가 반대한다고 문제를 회피하는 순간 다른 모든 팀원은 더는 노력을 하지 않을 수도 있다.

4. 건설적인 논쟁을 즐기자.

스타트업을 진행하는 동안 끊임없이 문제를 만나게 된다. 그 순간 커뮤니케이션이 필요하게 된다. 자신이 문제를 유 발한 사람이 될 수도 있고, 그것으로 인해 가장 난처한 상황 에 처한 사람이 될 수도 있다. 하지만 무분별하게 상대를 비 난하거나 책임을 회피하는 방식의 커뮤니케이션은 감정적 대립으로 흘러갈 수 있다. 문제를 만날 때마다 정형화된 방 식에 맞게 논쟁하고 반대 의견을 표출하도록 해야 한다.

5. 보안을 유지하자.

스타트업은 타이밍이 가장 중요하다. 따라서 매 순간 중요 한 정보들이 유지되고 지켜져야 한다. 작은 실수로 경쟁사 에 타이밍을 빼앗기거나 중요한 협상을 실패할 수 있다. 또 한 팀원들이 이야기했던 내용이 외부로 새어나가기 시작하 면 누구도 자신의 의견을 이야기하지 않는 상황에 맞닥뜨리 게 된다.

6. 행동이 먼저다.

우리는 회의나 미팅을 위해서 존재하지 않는다. 결국은 스 타트업의 목표를 완성시켜야 한다. 결과물을 만들어 내야하 고 시장에 상품과 서비스를 약속한 시간에 출시해야 한다. 내 업무에 매진하는 것이 행동하는 것이다. 다른 구성원들 은 그걸 알고 있다.

커뮤니케이션을 어떻게 할 것인지에 대한 가이드라인은 팀의 유 형이나 팀원들의 성향에 따라 다르다. 꼭 어떤 것이 정답이라고 할 수는 없다. 하지만 어떤 가이드라인을 제시한다고 해도 그것은 간결해야 한다. 메시지가 정확하고 쉬운 단어로 공유되어야 한다. 팀원들에 대한 존중, 경청과 헌신은 항상 포함되어야 한다. 성공적인 스타트업들에서는 커뮤니케이션 가이드라인을 더 확대해서 조직의 문화적 규범으로 발전시키고 있다. 예를 들면 모든 임직원의 행동규범으로 '개인적인 의견을 많이 적용하기', '딴 이야기를 해도 들어주기', '실패해도 비난하지 않고 팀이 해결하기' 등을 회사에서 사용하고 있다. 어떤 종류의 기준이건 팀원들이 참여해서 결정해야 한다. 그들이 충분히 동의해야 하고, 이해하고 협조를 구하는 과정을 거쳐야 한다.

커뮤니케이션 가이드라인은 팀의 역량을 개발하고 유지하기 위해서도 도움이 된다. 선언적 형태의 정의가 있어도 되고, 암묵적으로 공유해도 되지만, 모든 팀원이 이해할 수 있는 기본 틀은 반드시 존재해야 한다. 이러한 과정이 '커뮤니케이션 계획' 단계다. 커뮤니케이션 계획은 팀 전체적인 커뮤니케이션을 하기 전에 필요한 정보를 식별하는 것에서부터 시작된다. 여기에는 구성원들의 책임과 권한이 정리되어 있는지 살펴볼 필요가 있다. 모든 커뮤니케이션은 상호 간의 역할 관계에 따라서 이루어져야 하기 때문이다. 그러므로 팀 구성원들의 전문 분야와 주요 과업을 식별해야 한다. 커뮤니케이션 주기도 같이 정한다. 추가적으로 외부 커뮤니케이션(미디어, 언론 등)의 경우에 적절한 절차를 만들면 도움이 된다.

커뮤니케이션을 유형으로 구분하면 내부 유형과 외부 유형(고객, 미디어, 대중에 대한 것 등)이다. 일반적인 내부 활동으로는 대화, 모임, 이메일을 통한 문서 교류, 온라인을 활용한 SNS나 데이터베이스를 이용한 커뮤니티, 게시판 사용을 들 수 있다. 형식으로 구분하면 공식적인 것(보고서, 브리핑 등)과 비공식적인 것(메모,

임시적인 대화 등)이 있다. 모든 커뮤니케이션 방법의 핵심은 원하는 목표를 달성하는 것에 있다. 따라서 프로젝트 단계별 결과를 공유하기 위해 가장 적절한 방법을 선택해서 실행한다.

프로젝트 단계별 결과는 완성 여부와 품질 충족 정도 그리고 소요된 비용 규모에 관한 정보를 공유하는 것이다. 이것을 적절한 타이밍에 맞게 보고하고 공유하는 것을 실행 보고서(Performance Report)라고 부른다. 실행 보고에는 현재 상태를 나타내는 상태 보고(Status reporting), 과업 달성 내용을 공유하는 진도 보고(Progress reporting), 그리고 향후 진행 내용에 대한 예측(Forecasting)과 범위, 일정, 비용 그리고 품질에 대한 정보를 제공하는 실행 보고가 포함되어 있다. 무엇이 되었든 기본적으로 현재 상황을 잘 공유해야 한다.

6.5 팀워크를 끌어올리자

투자자가 기존에 성공했던 창업자가 소속된 스타트업이나, 누구나 알만한 유명한 팀원을 보유한 스타트업 팀, 아니면 영향력 있거나 믿을 만한 전문가의 추천이 없이 스타트업에 투자할 때는 '팀' 전체를 깊이 있게 볼 수밖에 없다. 케이큐브벤처스(K-Cube Ventures)의 김기준 투자역은 투자자가 팀을 어떻게 바라보는지를 잘 설명해 주고 있다[61].

---

61) http://platum.kr/archives/18874

첫째, 팀을 잘 이해하기 위해서 최대한 폭넓은 인적 네트워크를 통해 팀 핵심 구성원들을 360도에서 바라본다. 그들이 어떤 과정으로 성장했고 어떤 역량을 보유하고 있는지를 살펴보게 된다. 둘째, 작은 것이라도 '되는 가능성'을 찾으려 한다. 99% 불완전함을 극복할 수 있을 만큼의 잠재력을 지닌 1%의 잘 될 가능성, 핵심 요인을 찾기 위해 많은 고민을 하게 된다. 마지막으로 끝까지 갈 수 있을 정도로 팀워크가 끈끈한지 확인한다. 팀워크는 어느 정도 시간이 흐르고 오르락내리락하는 롤러코스터를 몇 번 같이 타본 후에도 여전히 끈끈한지가 중요하다. 투자자의 투자 결심은 '이 팀은 정말 해낼 수 있겠다'라는 나름의 확신을 가지게 되어야 한다고 이야기하고 있다.

강한 팀에는 항상 훌륭한 팀워크(Teamwork)가 있다. 팀워크의 사전적인 의미는 팀 구성원이 공통의 목적을 달성하기 위해 각자의 역할에 따라 책임을 지고 협력하여 행동하는 것이다. 팀워크는 네 가지 중요한 요소(4C)로 구분된다. 첫째, 팀 구성원들 중 누구에게 어떤 지식이 필요한지 파악하고 연결하는 조정 능력인 업무 조정(Coordination), 둘째, 팀 공동의 목표를 위해 개인별 업무 등을 상호 간에 이해하고 정보 교환을 통해 업무를 진행하는 협업(Collaboration), 셋째, 팀 구성원 간의 충분하고 빈번한 정보 교환을 뜻하는 커뮤니케이션(Communication), 그리고 마지막으로 팀 구성원들 사이에 형성되는 상호 작용적인 단결된 힘을 뜻하는 응집력(Cohesion)이다. 이 네 가지 요소가 조화를 이루는 것을 팀워크로 측정할 수 있다.

우리 연구팀은 창의적인 프로젝트 팀을 대상으로 두 차례에 걸쳐 팀워크가 팀의 작동 원리에 어떤 영향을 주는지를 살펴봤다. 첫 번째 연구는 글로벌 가상 팀의 223명의 구성원을 대상으로 수행된 것으로 팀워크를 구성하는 데 심리적 친밀감(Psychological Proximity)이 어떤 영향을 주는가를 살펴봤다[62]. 팀워크는 일반적으로 같은 물리적 공간에서만 강하게 유지될 것으로 봤으나, 실제 거리와 관계없이 심리적 거리가 더 중요한 요소로 파악되었다. 특히 사회적 거리감(Social Distance)이 팀워크에 영향을 가장 많이 주고 있었다. 이러한 심리적 거리감을 없애 주면 실제로 친밀함을 느끼게 된다. 가상 팀 구성원들은 팀워크가 무엇보다 중요했다. 재미있는 건 팀워크의 네 가지 요소 중에 업무 조정이 가장 비중이 큰 것으로 나타났다. 상대방이 가진 역할과 권한에 대해 민감할 수밖에 없고, 어떤 의사결정에 대해 충분한 신뢰를 형성해야 했기 때문이다. 두 번째 연구는 스타트업을 대상으로 수행되었다[63]. 스타트업 팀에서는 네 가지 요소 중 커뮤니케이션은 성과에 직접적 영향을 가지는 것이 아니라, 오히려 다른 세 가지 요소를 지원해 주는 것으로 확인되었다. 커뮤니케이션은 팀워크 전체를 끌어올리는 선행 요소라는 점이다. 어떤 경우에도 팀워크를 키우는 모든 활동은 유용하다.

팀워크를 높이는 현실적인 방법은 무엇일까? 미국 포브스와 영국 더 타임스에서 2009년 '세계에서 가장 영향력 있는 비즈니스 사상가 15인'으로 선정한 리더십 전문가인 버클리대 교수 마셜 골드스미스는 14단계의 훈련 방법을 제시하고 있다. 이 훈련법의 기본적인 사상은 병행접근방식이다. 시간 낭비를 최소화하기 위해서 팀

---

62) 차명석, 박준기, 이정우(2014). 《Effects of Team Member Psychological Proximity on Teamwork Performance》 Team Performance Management 20(1/2): pp. 81–96.

63) 박준기, 이혜정(2016). 《Startup Teamwork and Performance Research: the Impact of Task Conflict and Relationship Conflict》 Asia-Pacific Journal of Business Venturing and Entrepreneurship 11(2): pp. 101–111.

원들의 정기적인 피드백을 요구하고 이를 통해서 발전하는 기법을 동시에 반복적으로 하는 것이다. 이 과정을 반복하면 팀워크의 네 가지 요소인 업무 조정, 협업, 커뮤니케이션, 응집력이 지속적으로 향상된다. 14단계의 방법 중에 필수적인 과정만을 뽑아 9단계로 정리했다. 이 방법만 숙지해도 충분한 효과를 얻을 수 있다.

1단계:
- 팀원들에게 두 가지 비공개 질문을 하라(팀워크 형성의 필요성 검토).
- 업무를 위한 현재 팀워크 점수를 1~10점 중에서 선택하라.
- 업무를 위해 필요한 미래 팀워크 점수를 1~10점 중에서 선택하라.

2단계:
- 팀원 1명을 선정해 결과를 계산하라.
- 팀워크 향상이 필요한지를 팀원들에게 물어보고, 필요하다고 응답하면 다음 단계로 넘어간다.

3단계:
- 팀원 전원에게 현재와 미래의 격차를 줄일 수 있는 과제 두 가지를 도출하도록 한다.

4단계:
- 과제를 취합해서 우선순위를 정하고 가장 높은 순위의 두 가지를 선택한다. 선택된 항목은 공통 항목으로 팀원 전체를 위한 행동지침이 된다.

5단계:

- 매월 모든 팀원에게 공통으로 적용하는 두 가지 행동지침 (과제)에 대한 의견을 접수한다. 5분 정도 모든 사람에게 발표하는 것이 매우 효과적이다.

6단계:

- 4~6개월 기간을 두고 팀워크 점수, 목표 등에 관한 항목으로 구성된 설문 조사를 실시한다.

7단계:

- 설문 조사 결과는 최대한 팀 외부 사람이 정리하거나 공유할 수 있도록 준비한다. 객관적 시각이 유지될 수 있도록 하기 위함이다.

8단계:

- 설문 조사 결과에 대한 토론을 진행하고 상호 피드백을 해준다. 팀워크 과제를 바꿀 필요가 있다면 1~4단계를 다시 실시해서 변경하는 것도 좋은 방법이다.

9단계:

- 반복적으로 설문 조사를 실시한다.

6.6 민첩한 리스크 대응

모든 스타트업에는 태생적으로 리스크가 존재한다. 고객의 욕구가 변하거나, 비즈니스 환경이나 기술적 요소의 변화는 다양한 문제를 만들어 내고, 처음 비즈니스를 시작할 때부터 예상 가능한 리스크에 대해서 충분하게 고려하여야 한다. 성공한 스타트업은 새로운 상품과 서비스를 개발하면서 내부 리스크를 최소화하고 외부 리스크를 신속하게 파악하고 대비했다. 돌이켜보면 실패의 원인은 주로 리스크 관리를 잘못하거나 리스크 자체에 대한 대비를 하지 않는 것에 있다. 대부분의 장애 요인은 핵심 인력의 갑작스런 이탈이나 예상했던 자금 지원이 안 되는 경우, 기술적 문제에 대한 미해결 등 내부적인 이슈와 더불어 예상치 못했던 법적 · 행정적 변화 그리고 유사하거나 동일한 서비스의 출현에 따라 리스크가 발생한다. 리더가 과거에 경험이 없다면 발생된 리스크를 효과적으로 해결하기란 쉽지 않다. 대부분 극복하지 못하고 실패하는 것이 현실이다. 따라서 리스크에 민첩하게 대응하기 위한 기본적인 관리 방안이 필요하다.

리스크는 제거 대상이 아니다. 제거를 한다는 건 불가능에 가깝다. 따라서 일정 수준 이하로 관리해야 한다. 시간이 흘러갈수록 리스크는 계속 바뀐다. 리스크는 비즈니스 중간에 갑자기 발생할 수도 있고, 기존의 낮은 수준의 리스크가 시간이 흘러서 리스크가 높아지기도 한다. 따라서 모든 리스크에 대응 계획을 수립한다는 것은 어려운 일이다. 비즈니스 목표에 심각한 영향을 주는 리스크를 평가해서 대응 계획을 수립한다. 영향도가 높고, 발생 가능성이 큰 것을 중심으로 우선순위를 정한다. 따라서 리스크 계획은 현실적이고 비용 효과적이어야 한다. 발생 가능성이 크다고 꼭 발생하는 건 아니기 때문이다. 따라서 리스크를 식별하고 평가해서 대응 계획을 수립하고 모니터링하는 리스크 관리 절차를 운영하는 것이 가장 민첩한 대응 방법이다.

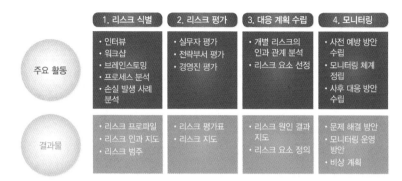

1. 리스크 식별	2. 리스크 평가	3. 대응 계획 수립	4. 모니터링
주요 활동 • 인터뷰 • 워크샵 • 브레인스토밍 • 프로세스 분석 • 손실 발생 사례 분석	• 실무자 평가 • 전략부서 평가 • 경영진 평가	• 개별 리스크의 인과 관계 분석 • 리스크 요소 선정	• 사전 예방 방안 수립 • 모니터링 체계 정립 • 사후 대응 방안 수립
결과물 • 리스크 프로파일 • 리스크 인과 지도 • 리스크 범주	• 리스크 평가표 • 리스크 지도	• 리스크 원인 결과 지도 • 리스크 요소 정의	• 문제 해결 방안 • 모니터링 운영 방안 • 비상 계획

리스크 측정 4단계

1 리스크 식별

리스크는 과거의 경험을 통해서 식별할 수 있다. 유사한 비즈니스 경험이나 팀원 및 이해관계자들과 브레인스토밍, 정형화된 체크리스트 그리고 전문가나 타 스타트업 임직원들의 인터뷰를 통해서 식별할 수 있다. 대다수 스타트업 리더는 문제가 발생하거나 리스크가 생기게 되면 처음에는 혼자 해결해 보려고 노력한다. 혹은 팀원들과만 협의하게 되는 경우가 많다. 리스크는 초기에 적절한 사람들에게 오픈하면 할수록 그 문제의 근본 원인을 파악하는 경우가 많고 이를 통해서 해결 가능성을 높이게 된다. 특히 고객 관점에서 발생할 가능성이 있는 것은 고객을 대변하는 사람들(최종 고객 중 초청된 일부 사람이나 투자자 등)을 통해 리스크를 식별하고 대응 방안을 찾는 것이 효과적이다. 리스크는 다양하며, 스타트업 진행 도중에 언제든지 발생하기 때문에 마일스톤을 확인하는 단계나 서비스 리뷰 과정에서도 리스크를 식별해 보는 것도 좋다. 단, 짧은 시간 진행해야 하는 스탠딩업 미팅은 식별된 리스크에 대한 의견을 수렴하는 방식으로 진행하는 것이 좋다. 리스크 식별 체크리스트는 다음과 같이 구조화해서 적용한다.

리스크 항목		점검 사항
비즈니스 요소	비즈니스 모델	서비스 일정을 지킬 수 있는가?
		고객 식별(Customer Segmentation)이 적절한가?
		서비스/제품 품질이 적정한가?
	고객	고객이 기존에 경험한 유사한 서비스/제품은 있는가?
		고객에게 제공할 가치가 명확한가?
		고객과 소통할 채널은 있는가?
		고객이 서비스를 제대로 이해할 수 있는가?
	협력사	협력사와의 계약은 적절한가?
		협력사가 일정을 제대로 지킬 수 있는가?
		협력사가 우리가 요구하는 경험을 가지고 있는가?
개발 요소	개발	팀원들이 프로젝트 프로세스를 잘 이해하고 있는가?
		하드웨어, 소프트웨어 버전/호환성에 문제는 없는가?
		범위, 기능 등의 변경에 대해서 공유되고 있는가?
		내부 인원으로 불가능한 부문에 대해 식별되어 있는가?
		기술자(내부, 외부)가 적절한 기술적 역량을 보유하고 있는가?
		팀원들이 관련 경험을 보유하고 있는가?
	팀워크	팀원끼리 사용할 소프트웨어/도구는 통일되어 있는가?
		사용할 도구들에 대해서 교육 정도가 적정한가?

리스크 식별의 예

2 리스크 평가

리스크 평가의 목적은 해당 리스크가 스타트업 진행 과정에서 어느 정도 영향을 미치는지를 판단하고 관리 우선순위를 설정하는 것에 있다. 영향도가 낮을 때에는 무시하거나 단순히 확인하는 차원에서 진행하면 되고, 높은 영향도를 가진 경우에는 세부적으로 관리해야 한다. 평가는 발생 가능성과 영향의 크기로 평가한다. 발생 가능성은 확률(0~100%)로 표시한다. 일반적으로 정성적인 형태가 대부분이지만, 스타트업 구성원들이 논의해서 확률을 정하면 된다. 영향의 크기는 비즈니스의 목표 즉, 고객 가치, 일정, 비용, 품질 등에 미치는 영향을 나타낸다. 일반적으로 3이나 5척도를 활용한다. 3척도는 상, 중, 하로 표시하는 것이고 5척도는 크기를 1~5로 구분해서 나타내는 것이다.

리스크 항목			발생 확률(가능성)		
			0.3(하)	0.5(중)	0.9(상)
영향도	0.9 (상)	고객가치 제공 없음	중	상	상
		일정 초과 50% 내외			
		품질 수준 낮음			
	0.5 (중)	고객가치 제공도가 낮음	하	중	상
		일정 초과 30% 내외			
		품질 수준 불만족			
	0.3 (하)	고객가치 제공 부족	하	하	중
		일정 초과 10% 내외			
		품질 수준 부족			

리스크 평가 매트릭스

③ 리스크 대응 계획 수립

평가된 리스크를 이제 해결하거나 발생할 경우 대응해야 한다. 따라서 구성원 및 전문가들과 협의해서 대응 계획을 수립해야 한다. 일반적으로는 구성원들이 모여서 의견을 내고 계획을 만들어가는 과정에서 비즈니스와 관련된 다양한 커뮤니케이션이 이루어질 수 있다. 구성원들이 리스크를 인지하는 것만으로도 대응 방안 수립 목적의 50%는 달성한 것이다. 초기 대응 계획을 완벽하게 만들기보다는 지속적으로 업데이트하고 함께 논의한다는 것이 매우 중요하다. 식별된 리스크는 위협이 되지만, 경우에 따라서는 기회가 되기도 한다.

리스크를 위협으로 인식했을 때 대응 전략은 크게 세 가지 − 회피(Avoidance), 완화(Mitigation), 이관(Transference)으로 구분된다. 회피전략은 리스크 사건의 발생 및 영향으로부터 비즈니스 목표를 보호하기 위해 리스크 사건을 발생시키는 원인을 미리 제거하는 것이다. 예를 들면 스타트업 서비스 범위를 축소하거나, 신기술의 도입 리스크가 클 경우 신기술을 배제하고 기존의 익숙한 기술을 활용하여 개발을 진행하는 방법, 내부 개발 역량이 부족할 경우 외부 솔루션이나 전문 업체를 수소문하는 등의 방법이 있다. 중요한 고려 사항은 서비스 범위를 축소하거나 변경하는 것인데 이 경우 전체 서비스 방향이 변경될 수 있기 때문에 서비스 리뷰를 통해서 함께 논의되어야 한다. 완화전략은 수용할 수 있는 한계선까지 리스크의 발생 가능성과 영향력의 수준을 낮추는 방법이다. 서비스 출시에 따른 테스트 범위가 너무 광범위할 경우 테스트 기간을 충분히 잡거나 테스트 참여자를 늘려서 운영하거나, 경우에 따라서는 베타 버전으로 출시해서 고객이 직접 참여하도록 하는 것도 좋은 전략 중의 하나다. 이관전략은 리스크로 인한 영향력 및 대응의 주체를 제3자로 바꾸는 것이다. 비즈니스 상황에서 발생할 수 있는 외부적 리스크 가능성을 보험과 같은 것으로 해결하는 방법을 이야기한다. 이 경우 관리 책임은 이관될 수 있지만, 리스크가 없어지거나 감소되는 것은 아니다.

반면에 리스크에 따른 기회대응전략에는 활용(Exploit), 강화(Enhance), 공유(Share)전략이 있다. 활용전략은 회피전략의 반대 개념으로 리스크와 관련된 불확실성을 제거하여 기회가 확실히 일어날 수 있도록 하는 것이다. 예를 들면 유용한 자원을 더욱 많이 배정하여 일정을 단축할 경우 계획된 것보다 더 많은 기능을 제공하거나 품질을 제공할 수 있다. 강화전략은 긍정적인 영향을 미치는 리스크에 대해 해당 기회의 발생 가능성이나 영향력을 강화하는 전략으로 기회 발생 원인을 파악하여 지원하는 경우, 기회를 만들 촉진자를 식별해서 발생 가능성을 높이는 방법이다. 마지막으로 공유전략은 이관전략의 반대 개념으로 비즈니스 목적을 달성하면 얻게 될 이익 관점에서 기회를 가장 효과적으로 실현시킬 수 있는 제3자에게 오너쉽을 할당하는 전략이다. 예를 들면 인센티브 공유, 특수 목적 회사 또는 제휴 관계 형성 등이다.

　리스크에 위협과 기회가 모두 포함되는 경우에는 수용(Accptance) 전략을 실행하게 된다. 수용전략은 리스크가 발생하기 전에 어떤 조치도 취하지 않는 것이다. 적극적 수용은 리스크가 막 발생하려 하거나, 발생한 경우 어떤 식으로 대처하겠다는 비상 계획이 충분한 경우에 채택하는 것이고 소극적 수용은 특정 리스크가 발생할 가능성과 목표에 미치는 영향력이 작기 때문에 해당 리스크에 대해서는 어떠한 조치도 취하지 않고 그대로 내려버려두는 것이다.

ID	발생 일자	내용	대응 방안			
			예상 결과	리스크 평가	대응 절차	담당자
BZ-0011	2010. 1. 12.	개발자 A대리가 퇴사 의사 표현	B과장이 대응할 수 있지만 일정을 준수하기 어려움	중	신규 인원 충원 기한 3개월	C과장
BZ-0012	2010. 1. 13.	D서비스 오픈 이후 서버 Down현상 발생	현재 복구를 완료했으나, 근본 원인 미확인	중	반복 발생 가능. 솔루션 A업체로부터 검증 작업 실시	D부장
BZ-0013	2011. 1. 14.	웹 접근성 검증 미완료	테스트 기간이 생각보다 길어짐	하	A사원 테스트 요원으로 투입	D대리

이슈 및 리스크 관리 항목의 예

4 리스크 모니터링

리스크 모니터링을 위해 이슈와 진행 상황을 주기적으로 점검해야 한다. 이 과정에서 새로운 리스크가 식별되기도 하고, 수립되어 운영 중인 계획을 변경, 재수립하기도 한다. 모니터링의 원칙은 다음과 같다. 첫 번째가 점검이 계획대로 진행되고 있는지를 확인하는 것이다. 평상시 리스크의 대상에 대해서 정기적인 논의나 평가가 이루어지고 있는지 살펴야 한다. 화재 사고가 발생하기 전에 소화기를 정기 점검하는 것과 같은 일이다. 리스크 요소에 대응하는 활동이 주기적으로 계획대로 이루어지고 있는지 점검하는 것이다. 두 번째는 리스크를 식별해서 활용한 가정이나, 추측이 변경된 것은 없는지 살펴봐야 한다. 모든 계획은 적절한 가정과 추측에 바탕을 두고 있다. 따라서 대전제가 바뀌었다면 다시 리스크는 식별하고 평가되어야 하며 계획이 수립되어야 한다.

7장.
Pivoting

: 혁신을 위한
  변화

7장 Pivoting: 혁신을 위한 변화

실패로 인해 부끄러워하지 말라. 실패를 통해 배우고 다시 시작하라.

_Richard Branson(버진그룹 CEO. 리차드 브랜슨)

7.1 서비스 검토 : 목적대로 이루어졌나?

비즈니스에는 투자자와 고객을 포함한 다양한 이해관계자가 있다. 이해관계자의 요구에 따라 제공할 서비스 기능들이 바뀌게 된다. 우리는 처음 고객의 가치를 바탕으로 서비스 모델을 수립했다. 서비스는 비즈니스 모델 캔버스라는 이름으로 제공된다. 고객에게 제공할 가치를 어떻게, 무엇으로 전달할지를 고민하고 비용과 자원을 투입해서 서비스를 개발했다.

초기에 정의된 서비스는 이해관계자들과 함께 주기적인 점검을 수행하지 않으면 무척 엉뚱한 서비스로 만들어지는 경우가 많다. 즉, 서비스 타협(Service Negotiation)이 발생한다. 서비스 타협은 제공해야 할 서비스와 제공할 수 있는 서비스의 차이가 클수록 현재 제공할 수 있는 서비스에 맞추는 현상이다. 이렇게 되면 서비스는 궁극적으로 고객에게 제공할 가치가 아니라 스타트업이 주고 싶은 서비스로 하향 평준화가 된다. 그래서 전통적인 프로젝트에서는 주요 마일스톤(Milestone)을 식별하고 있다. 개발 시작, 중간 점검, 프로그램 점검, 테스트, 오픈 등의 단계 등을 정해놓고 단계별로 서비스 리뷰를 실시하게 된다. 예를 들면 서비스 설계 단계에서는 서비스 설계와 관련된 산출물 작성과 주요한 것들에 대한 정의 내리기 등이 적절하게 이루어졌는지 살펴보고 평가를 받는다. 설계 단계를 기반으로 확정된 개발 내용을 대상으로 마케팅과 기술적 측면에 따른 평가를 수행하고 다음 단계로 넘어갈지를 결정한다.

서비스 마일스톤을 정하는 단계별 평가는 스타트업에서도 매우 중요하다. 주요 이해관계자가 참여해서 평가를 진행하는 것으로 충분하며, 전반적인 방향성을 검토하고 설정하는 것이 주요 목표가 된다. 단계별 평가에 활용되는 것이 비즈니스 모델을 설정할 때 사용했던 캔버스다. 캔버스를 구성하면서 해봤던 질문을 바탕으로 활용할 수 있는 점검표를 예시로 제시했다.

전체 마일스톤에 대한 검토와 별도로 2주 혹은 한 달에 한 번 정도 서비스 단위별 리뷰를 진행한다. 실제로 전통적인 프로젝트 관리에서도 주기적인 서비스 리뷰는 필수적이다. 다만, 문서 중심의 산출물 점검과 진행 상황 체크가 주요 항목이었던 것에서 실제적으로 화면과 내용을 중심으로 변경된 것이 다른 점이다. 리뷰 절차는 준비, 수행, 정리의 3단계로 수행된다.

1. **준비**: 서비스 책임자와 팀원들에게 개발팀(상품기획팀)에서 고객 관점의 데모 시나리오와 테스트를 준비한다.
2. **수행**: 개발팀(상품기획팀)은 현재 진행 상황과 리뷰의 목적을 설명한다. 서비스의 기능에 대한 설명과 이슈나 어려운 점을 설명하고 의견을 듣는다.
3. **정리**: 주요 개진 의견을 정리하고 개선할 항목들의 우선순위를 정리해 놓는다.

점검 영역		점검 사항
비즈니스 모델	고객 세분화	1. 고객의 적절성, 명확성
		2. 가장 중요하게 집중할 고객의 정의, 시장의 규모
	가치 제안	1. 고객에게 전달할 가치의 명확성
		2. 고객 가치가 고객의 솔루션인가?
		3. 고객 가치가 고객의 니즈를 충족시켜 주는가?
		4. 여러 고객 세그먼트에 제공할 수 있는 서비스의 존재?
	채널	1. 제공하는 상품/서비스에 대한 고객 인지도
		2. 가치 제안에 대한 고객의 평가 여부
		3. 제공하는 상품/서비스의 구매 유도
		4. 적절한 애프터 서비스의 제공 여부
	고객 관계	1. 고객 세그먼트별로 고객 유지의 적절성
		2. 고객관계 수립의 적절성
		3. 고객관계 수립 비용, 유지 비용의 적절성
		4. 비즈니스 모델 요소와의 통합 운영 여부
	수익원	1. 수익성 : 투자수익률, 내부수익률, 영업이익 등
		2. 어떤 상품/서비스에 얼마의 돈을 지불하는가?
		3. 돈을 지불하는 방법의 적절성?
	핵심 파트너	1. 핵심 파트너의 적절성
		2. 파트너별로 필요한 자원의 획득 여부
		3. 파트너의 핵심 활동을 수행 적절성
	핵심 활동	1. 공급 채널을 위한 활동 적절성
		2. 고객관계를 위한 활동 적절성
		3. 수익 활동의 적절성
	핵심 자원	1. 필요 자원 식별의 적절성, 적시성
	비용 구조	1. 중요 비용 식별 여부
		2. 자원 확보별 비용 지출 규모
		3. 핵심 활동별 비용 지출 규모
환경 요소	경쟁사	1. 경쟁 제품 및 서비스
		2. 경쟁 상황 및 수준
		3. 잠재적 경쟁 제품 및 서비스
	기술	1. 상품/서비스 관련 신기술 여부
		2. 우리의 기술 수준
		3. 상품/서비스 관련 특허, 법률

서비스 검토 질문의 예시

모든 평가와 리뷰는 동전의 양면과 같다. 적절하게 수행되면 팀원들의 업무 효율성이 향상되지만, 잘못 수행되면 업무가 과중하게 부과되거나 불만이 높아진다. 꼭 명심해야 할 몇 가지 항목은 다음과 같다. 첫째, 공유용 문서는 기존에 사용하던 것을 그대로 활용해야 한다. 평가나 리뷰가 진행된다는 이유로 불필요한 데모 코드를 만들거나 하는 것은 지양해야 한다. 둘째, 리뷰를 진행할 때 리뷰 담당자의 수행 결과를 비판하는 관점이 아니라 긍정적인 피드백 관점에서 접근해야 한다. 리뷰는 서로가 서로를 도와주려는 관점에서 접근해도 진행하기가 쉽지 않다. 이것이 존중의 관점이다. 하지만 좋은 말만 해주는 것이 존중은 아니라는 점도 명심해야 한다. 정확한 사실에 바탕을 둔 이야기를 해줘야 한다. 예정된 프로그램 수행할 때 어떤 문제가 있었는지, 그 문제에 대해서 누구와 협의를 진행했는지, 해결을 위한 활동을 진행 여부 등 실제로 발생했던 사실을 정확하게 확인해 주고 피드백을 상호 간에 해주는 것이 상대를 존중하는 관점이다.

주요 단계를 식별하고 마일스톤을 검토하는 것은 매일 수행하는 스탠드업 미팅의 보완 사항으로 반나절 정도 워크숍 형태로 꼭 필요한 인원들만 추려서 공유를 해도 효과적이다. 반면에 서비스 리뷰는 전 팀원이 참여하여 고객 관점에서 서비스 개발에 대한 조정과 협의를 진행한다는 것에 초점을 맞춰야 한다. 많은 프로젝트 수행 사례에서는 마일스톤에 따른 단계별 검토와 서비스 단위별 리뷰를 동시에 하기도 하고 마일스톤만 진행하기도 한다. 스타트업의 성격에 맞게 잘 조정해서 활용하면 된다.

7.2 피드백과 모델 변경: 피벗(Pivot)

서비스 검토를 진행하면 다양한 피드백을 받게 되고, 고객에게 제공할 가치를 다시 한 번 검토하게 된다. 이런 과정을 통해서 초기 스타트업에서 개발한 MVP(Minimum Viable Product)이 변경되고 다시 새롭게 작업을 하기도 한다. 이 과정에서 고민되는 사항은 '언제까지 피드백을 계속할 것인가?' 하는 문제와 타이밍에 대한 고려다. MVP를 개발한다는 건, 실제 예상되는 서비스의 초기 버전을 만든다는 것이다. 이를 위해서는 개발, 디자인, 기획이 한 몸처럼 움직여야 한다. 따라서 초기 기능 검토와 스펙 결정을 실행할 때 여러 차례의 리뷰와 검증 절차를 거쳐야 한다. 하지만 실제로 기획자는 최고의 서비스 혹은 상품을 생각하게 될 것이고, 개발은 모든 기능을 만드는 데 한계가 있거나 기술적으로 어려움이 존재하게 마련이다. 또한 디자인 담당자는 자신의 생각 혹은 색깔을 넣으려고 할 수도 있다. 이 모든 것을 잘 조정하는 것이 비즈니스 모델을 만드는 과정에서 해야 할 일이다.

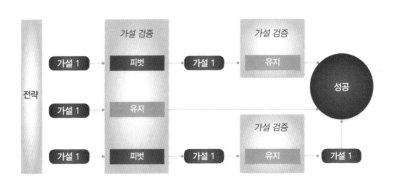

가설 검증과 피벗

비즈니스 모델은 우리가 수행하는 하나의 가설이라고 정의할 수 있다. 즉, 우리가 원하는 고객집단에게 어떤 가치를 제공하려면 무슨 서비스를 하면 된다는 식이다. 이런 가설이 맞는지를 끊임없이 확인하고 검토하는 과정이 피벗(Pivot)이다. 그걸 가능하게 만들어주는 도구가 MVP다. MVP를 만들며 반복적으로 수행하는 리뷰와 검토가 가설을 조정하는 과정인 것이다.

피벗은 서비스를 발전시키려는 스타트업이라면 항상 끌어안고 있어야 한다. 비록 초기에 비즈니스가 잘되었다고 해도 그것을 둘러쌓은 상황은 끊임없이 변하기 때문에 피벗을 지속해야 한다. 가설을 바꾼다는 건 비즈니스에서 생각했던 시나리오가 바뀐다는 의미와 동일하다. 따라서 피벗은 핵심적인 활동이다. 비즈니스 모델 전체가 바뀐다 해도 피벗은 진행되어야 한다. 스타트업은 시행착오라는 길을 통해서 만들어지고 발전되기 때문이다. 그렇다면 가설과 가설 검증은 무엇을 이야기하는지 조금 더 이야기해 보자.

학술적 관점에서 가설이란 현실적 조건에서는 증명하거나 검증하기 어려운 사물, 현상의 원인 또는 법칙성을 예측하는 것을 말한다. 조금 쉽게 말하면 과학적 자료들(예를 들면 수학이나 물리학적 증거, 또는 통계학적 타당성)에 근거하여 논리적으로 유추하여 설정한 것이다. 즉, 논리적인 추정이 필요한 것으로 과학적 근거가 꼭 있어야 한다. 자의적으로 꾸며내는 억측과는 다른 것이다. 예측이 옳다는 것이 논리적 혹은 실험적으로 증명되면 과학적 학설로서 검증되고 이론이 된다.

우리가 알고 있는 경영학도 대표적인 사회과학의 과정(Process)이다. 따라서 과학적 원리가 작동된다는 관점에서 가설적 사고를 하게 된다. 여기서 과학적 원리가 작동된다는 것은 관찰하고, 결론을 끌어내고, 예측하고, 증거를 바탕으로 예측을 확인하는 일이 끊임없이 상호 작용하는 과정이라는 의미다. 이때 경험하는 모든 것은 데이터로 변환되고 수집된다. 이 경우 관찰해야 하는 대상을 바라볼 관점(View)이 필요하다. 그것을 가설이라고 한다. 수립된 가설을 기반으로 실제 비즈니스의 처음과 끝을 예상하게 된다. 따라서 가설을 설정한다는 것은 두 개 이상의 변인(Factor)들 간의 관계에 관한 일종의 추측이다. 비즈니스에서도 이런 가설들이 끊임없이 생성되고 검증되는 과정이다. 예를 들면 에어비앤비(AirBnB)의 경우 초기 비즈니스 가설은 '집 소유자들은 남아 있는 방을 여행객에게 공유하거나 대여할 것이다'에서 시작했다. 이렇게 시작한 가설들은 '휴가 기간 중에 방을 공유하고 대여하는 것이 증가할 것이다'라든지 '30대 집 주인이 공유에 가장 적극적일 것이다' 등으로 그 가설은 세분화되고 스토리로 발전하게 된다.

보통 가설을 생산하는 과정은 귀추적 가설 생성이라고 한다. 그 과정에서는 현 상황을 파악하고 의문이 발생하면 현재의 의문 상황과 유사한 과거 경험 상황을 떠올리게 되고 과거 경험 상황을 설명해주는 원인이 되는 설명 항목이나 해답을 찾게 된다. 이를 통해서 유사한 현재 의문 상황을 가장 잘 설명하는 가설적 설명을 만들게 되고 가설을 생성하게 된다. 이것을 검증하는 방법이 연역적 방법과 귀납적 방법인 것이다. 좋은 가설은 기본적으로 검증할 수 있어야(Empirically Testable) 한다. 그리고 변수들 간의 관계를 나타내야 한다. 따라서 스타트업은 비즈니스에 설정된 가설들을 검증하는 과정인 것이다. 따라서 가설을 세우는 분명한 이유와 가설을 통해 가고 싶은 방향이 있어야 하고, 그 이후에야 가설을 테스트해 보고 유연하게 버리거나 택하는 과정을 거쳐야 한다. 따라서 누군가가 '아

무엇이나 필요하면 해봐라'라는 식으로 주장하는 것은 매우 무책임
한 이야기다. '우리 실패하자'라고 주장하는 것과 같은 이야기다. 다
행히도 우리는 캔버스를 통해서 비즈니스 모델을 구성하면서 벌써
가설을 만들었다. 캔버스 자체가 가설 설정의 도구다. 열심히 캔버
스를 구성해봤다면, 환경적 변화나 비즈니스 운영상의 변화로 인해
캔버스를 변경하거나 다시 작성하는 것이 가설을 수정하고 비즈니
스에 적합하도록 바꾸는 피벗 활동을 잘 보여주는 것이다.

7.3 파괴적 혁신과 빅뱅파괴

스타트업은 새로운 가치를 고객에게 제공한다. 고객은 그들의
취향, 성향, 생활 패턴 등에 따른 맞춤형 서비스가 제공되길 원한
다. 혁신은 소비자들에게 끊임없이 가치를 제공하는 과정에서 만들
어지는 현상이다. 이를 통해서 스타트업은 성장하고 수익을 창출한
다. 스타트업은 첨단 기술과 전혀 새로운 가치 창출을 바탕으로 고
정관념을 탈피한 새로운 혁신전략들을 시장에 선보이며 고객을 선
점하고 있다. 지속적인 성장에 있어 혁신은 선행 조건이자 결과물
이 될 수밖에 없다.

미국 하버드대학교(Harvard University)의 클레이튼 크리스텐슨
(Clayton Christensen) 교수는 《혁신 기업의 딜레마》에서 기업의 혁
신은 존속적 혁신(Sustaining Innovation)과 파괴적 혁신(Disruptive
Innovation)으로 구분된다고 주장하고 있다. 존속적 혁신은 과거보
다 더 나은 성능의 고급품을 선호하는 고객들을 목표로 기존 제품
을 지속적으로 개선해 더욱 비싼 가격에 제공하는 전략이다. 반면

파괴적 혁신은 현재 시장의 대표적인 제품의 성능에도 미치지 못하는 제품을 도입해 기존 시장을 파괴하고 새로운 시장을 창출하는 것을 말한다. 나아가 파괴적 혁신을 로우엔드(Low-End) 파괴적 전략과 신시장(New Market) 파괴적 전략으로 구분해야 한다는 점도 제시하고 있다. 로우엔드 파괴적 전략은 단기적으로는 하위시장에서 자리를 잡은 후에 기술 개발을 실행함으로써 상위시장의 욕구도 충족시키는 방법이다. 결국 성능은 같으나 가격은 낮은 제품을 제공함으로써 기존 주류시장을 대체하는 혁신 전략인 것이다. 이와는 다르게 신시장 파괴적 전략은 비소비자(Non-Consumer)에게 발생하는 문제를 해결하는 것을 기업이 적극적으로 도와줌으로써, 제품의 성능을 재정의하면서 새로운 성장을 창출할 수 있는 혁신 방식이다. 다시 말해 성능이라는 하나의 측면에서 단순함, 편리함, 저렴함 등의 이점을 제공하는 방식이라고 볼 수 있겠다.

특성	존속적 혁신	파괴적 혁신	
		로우엔드 파괴적 전략	신시장 파괴적 전략
제품 또는 서비스의 목표 성능	가장 까다로운 고객들이 가장 많은 가치를 두는 성능 개선. 성능은 점진적 또는 획기적으로 개선	기존 로우엔드 제품의 성능 수준, 기존에 과잉 서비스를 받고 있는 고객	낮은 성능이지만, 새로운 속성에서는 향상 ex) 단순성, 편리성
표적고객 또는 시장 적용	개선된 성능에 비용을 지급할 용의가 있는 주류 시장의 고객	새로운 공정 및 재무적인 접근법을 활용	비소비자를 대상으로 함 : 제품 구입 비용이나 기술접근이 어려웠던 고객
필요한 사업 모델 (프로세스와 비용 구조)에 미치는 영향	기존 프로세스와 비용 구조를 활용하고, 현재의 경쟁력을 잘 이용함으로써 마진을 향상시키거나 유지	적은 이익과 높은 자산 활용의 결합으로 사업의 성공에 필요한 할인 가격으로 제공	낮은 판매 단가와 소량 생산으로 수익을 올리는 사업 모델

존속적 혁신과 파괴적 혁신[64]

64) 정보통신정책연구원, ICT 산업의 발전과 빅뱅파괴혁신의 이해 −파괴적 혁신과의 비교를 중심으로 −, 2014. 1.

파괴적 혁신은 더 발전해서 '빅뱅파괴(Big Bang Disruption)'로 진화하고 있다[65]. 빅뱅파괴는 시장에 등장하자마자 새로운 시장을 형성하여 기존 시장을 대체해 버린다는 점에서 완전히 산업 자체를 대체하는 개념이다. 래리 다운즈(Larry Downes)와 폴 누네스(Paul Nunes)는 빅뱅파괴혁신에 대해 "스마트 디바이스의 출현 이후, 파괴적 혁신으로 설명하기 어려웠던 혁신 사례들을 설명할 수 있는 이론으로, 제품이 즉각적으로 나타나 빠른 시간 내에 새로운 시장을 형성하고, 기존의 시장을 완전히 대체해 버리는 새로운 형태의 혁신"이라고 주장하였다[66]. 그들에 따르면 빅뱅파괴혁신전략은 특이점(Singularity), 팽창과 폭발(Explosion & Expansion), 대붕괴(Big Crunch), 무질서(Entropy)라는 네 가지 단계를 순차적으로 거치게 된다.

1. **특이점(빅뱅의 시작점):** 다양한 아이디어들이 저렴한 비용으로 테스트되면서 빅뱅 아이템이 출현

2. **팽창과 폭발:** 빅뱅 아이템이 제품화되면서 산업 전반에 걸쳐 매우 빠른 속도로 전 고객층에 맹렬히 침투

3. **대붕괴:** 기존 제품시장이 붕괴되면서 산업 내 기업들이 재편되는 단계. 기존 기업의 대부분은 소멸

4. **무질서(엔트로피):** 기존 산업이 무너지고 그 위로 완전히 새로운 산업 생태계가 형성되고 공급사슬도 이에 맞도록 변화. 그러나 아직 산업 내 새 질서가 정립되지는 않은 상황

---

65) 포스코경영연구소(2014), 《빅뱅파괴의 등장과 기업의 대응전략》, POSRI 보고서

66) Larry Downes & Paul F. Nunes(2013), 《Big Bang Disruption》, Harvard Business Review, Vol. 91(3), pp. 44–56

팽창 단계와 폭발 단계에서 고객층에 대한 급속한 침투로 산업의 형태가 완전히 바뀌게 된다. 디지털 카메라의 출현이 후지필름과 같은 필름시장과 필름카메라시장을 변화시켰고, 다시 스마트폰의 등장으로 인해 디지털 카메라 시장이 대폭 축소된 것이 대표적인 사례다. 스타트업은 이런 빅뱅파괴의 특성을 활용해서 서비스와 상품으로 시장의 지배를 꿈꾼다. 하지만 실제로 파괴적 혁신과 빅뱅혁신은 대다수 스타트업에서 발생하지 않는다. 그 이유는 초기부터 이런 혁신이 이루어질 것이라고 믿고 시장을 만든 것이 아니라, 만들어진 서비스를 분석해서 혁신의 형태를 구성했기 때문이다. 조금 더 쉽게 설명하자. 크게 성공한 서비스의 성공 요인을 분석해 보니 혁신이라는 단어를 사용할 수 있었던 것이다. 실제 혁신적인 서비스와 상품은 한두 번의 서비스로 나오지 않는다. 끊임없이 비즈니스 모델을 발전시키고 새로운 가설을 추가하면서 진화하는 것이다.

크리스텐슨 교수는 "비즈니스를 위한 기술 자체보다는 비즈니스 모델에 대한 고민을 끊임없이 해야 한다는 것이 혁신을 대하는 태도"라고 했다[67]. 세계적인 화학 회사인 다우코닝은 비즈니스 모델을 혁신해서 서비스한 기업의 대명사다. 다우코닝은 소비자들에게 꼭 맞는 제품을 만들기 위해 다양한 부문에서 맞춤화된 제품을 개발했다. 얼마 지나지 않아 중국 기업들이 유사한 제품을 20%나 저렴하게 출시하면서 다우코닝의 경쟁력은 뚝 떨어졌다. 다우코닝은 파괴적 혁신을 통한 비즈니스 모델을 다시 설계했다. 소비자들이 모든 주문을 인터넷을 통해 진행하고, 주문을 받은 뒤에 생산하고 배송하는 모델이다. 이를 통해 다우코닝은 새로운 비즈니스 모델을 기존 조직

67) http://www.chosun.com/site/data/html_dir/2010/01/22/2010012201165.html

과 분리해 자이아미터(Xiameter)라는 사업부를 만들었고, 이를 통해 다우코닝은 똑같은 품질의 실리콘을 20% 낮은 가격에 제공할 수 있었다. 1년 만에 출하량이 40% 늘었다. 낮은 가격을 원하면 자이아미터로, 높은 수준의 서비스를 원하면 기존의 다우코닝을 활용하면서 이익을 900%나 증가시켰다. 비즈니스 모델을 개선하고, 다시 설계하고 검증하는 과정 전체가 혁신을 수행하는 단계다. 이 과정이 스타트업 프로젝트 전반의 성과를 확정시킨다는 점을 명심해야 한다.

피벗을 통해서 서비스와 상품을 혁신하는 과정에서 스타트업 팀에서 주목해야 할 역량은 서비스 혁신을 위해 지식을 습득하고 재구성하는 능력이다. 이것을 흡수역량(Absorptive capacity)이라고 한다. 흡수역량이란 새로운 정보의 가치를 깨닫고(recognize), 그것을 소화(assimilate)하고, 최종적으로 그것을 상업적인 부분으로 적용(apply)하는 능력이다[68]. 즉 서비스 혁신은 지식 공유만으로 이루어지지 않는다. 공유된 지식을 효과적으로 팀 구성원들 간에 재창조하는 역량이 있어야 한다. 그것을 통해서 새로운 창의성이 발휘되고 혁신이 이루어진다.

7.4 자기혁신과 변화

혁신은 변화라는 말과 같이 사용된다. 스타트업에는 근본적인 변화가 필요할 때가 온다. 프로젝트가 성공하고 스타트업이 자리를

---

68) 박준기, 이혜정(2015) 《ICT 서비스 창업팀의 성공 조건 – 팀 창의성, 지식 공유 그리고 흡수역량》, 중소기업진흥공단

잡아가기 시작하면 기존의 서비스에 국한되어 현상을 바라본다. 끊임없이 비즈니스 모델을 고민해도 파괴적 혁신과 빅뱅 혁신도 기존에 해오던 나의 방법(My Way)에서 가죽을 새롭게 하는 것(혁신, 革新)이다. 그러나 아예 다른 길, 가죽이 아니라 금속으로 가는 것, 우리가 하지 않았던 것을 하는 것은 변화하는 것이다. 즉, 신념, 비전에 따라 다시 방향을 재점검하고 제대로 가는 것인지를 살펴보고 통제하는 것이다. 이런 변화는 생존에 필요충분조건이다. 다윈은 《종의 기원》에서 "지구 상에 살아남은 것은 '강한 것'이 아닌 '변화에 순응한 것'들이다"라고 명시하고 있다. 스타트업의 지속을 위해서는 변화에 민감하게 순응하고, 혁신을 체계화해야 한다. 즉, 끊임없는 자기혁신이 있어야 한다. 스타트업을 위한 자기혁신을 위해서 다음의 일곱 가지를 생각해 봐야 한다.

첫째, 학습된 무기력을 경계하자.

스타트업을 하는 사람들은 어떤 미신 같은 것으로 시작한다. 큰 돈을 벌 수 있다든지, 엄청난 가치를 세상에 제공할 것이라든지, 무언가 폼 나는 것을 하겠다는 식이다. 하지만 현실은 그렇지 않다. 우리가 계획했던 일들은 다양한 이슈와 문제로 끊임없이 공격받게 되고, 원활하게 진행되지 않는 경우가 많다. 그럴 때마다 찾아오는 것이 학습된 무기력(learned helplessness)이다. 학습된 무기력이란, 피할 수 없거나 극복할 수 없는 환경에 반복적으로 노출된 경험으로 인하여 실제로 자신의 능력으로 피할 수 있거나 극복할 수 있음에도 불구하고 스스로 그러한 상황에서 자포자기한 것을 말한다. 히로타(Hiroto)는 대학생을 대상으로 두 가지 학습된 무기력 실험을 하였다. 한 실험에서는 도구적 실험 과제를 택하고 혐오자극으로 소음을 사용한 실험을 하였다. 3개의 집단을 대상으로 실험을 실시했다. 첫 번째 도피 가능집단은 버튼을 누르면 소음이 꺼지는 것을 학습하였다. 두 번째 결합집단은 동일한 소음을 듣도록 되어 있으나, 스스로의 어떤 반응으로도 이를 통제할 수가 없었다. 마지막으로 통제집단에게는 소음을 전혀 들려주지 않았다. 그 후 모든 피험자에게 소음을 들려주는 상황에서 반응하게끔 한 결과, 도피가능집단과 통제집단의 피험자들은 모두 손을 옮기고 반응을 했다. 하지만 결합집단의 피험자들은 대부분 수동적으로 앉아서 불쾌하고 고통스러운 소음을 받아들이고 있었다. 즉, 통제할 수 없는 상황임을 알게 되면 자포자기하고 무기력하게 된다는 것이다. 학습된 무기력은 스타트업과 같이 힘없는 작은 조직의 경우 오히려 많이 발생한다. 외부적인 요소들로 인해 할 수 없는 것이 많다고 느끼는 순간, 곧바로 찾아온다. 리더와 구성원들의 강한 목적 의식과 비전을 통해서 극복해야 한다. 그렇지 않으면 스타트업이 아니라 그저 그런 평범한 소기업, 개인 기업이 돼버린다.

둘째, 태풍이 오면 기회다.

바닷속의 조개는 주위가 조용하면 기어 나와 활동을 시작하지만 시끄러우면 두꺼운 껍데기를 꼭 닫고 움직이지 않는다. '소나기가 오면 잠시 피해 있어야 한다'고 이야기하는 사람도 있다. 주식시장의 격언 중에 '떨어지는 칼날을 잡지 마라'는 말도 있다. 이런 말들의 핵심은 리스크를 최소화하려면 시장이 안정되고 나서 움직여도 된다는 의미다. 그러나 이런 말들은 기존의 비즈니스를 하는 곳에는 적용될지도 모르겠다. 스타트업을 하고 있는 사람들에게는 적당하지 않다. 오히려 소나기가 오고 태풍이 불 때 기회를 포착해야 한다. 주식시장에서 큰 부자가 된 사람들은 대부분 대폭락장에서 과감하게 배팅한 사람들이다. 태풍의 주요 효과 중의 하나가 바닷물을 위아래로 잘 순환시켜 아래로 내려가 있던 먹잇감을 플랑크톤이나 작은 생물들이 먹을 수 있도록 해서 생태계를 순환시키는 것이다. 오히려 큰 변화가 기회가 된다는 사실을 알아야 한다.

셋째, 이전에 성공한 방식을 버려라.

세계적인 경영컨설팅 전문가인 톰 피터스(Thomas J. Peters)는《초우량 기업의 조건》에서 변화에 대응하기 위해서는 벌과 파리의 사례를 통해 기존의 성공 방정식을 버리라고 조언한다.

벌과 파리를 같은 숫자로 해서 병 속에 넣어 바닥을 창 쪽으로 해서 병을 뉘어 놓는다. 그러면 벌은 밝은 방향에서 출구를 찾다가 끝내 지치거나 굶어 죽을 때까지 병 밑바닥에서 악전고투한다. 이에 비해 파리는 2분도 채 되지 않아 반대쪽 병 주둥이로 나가 버린다. 이 실험에서 벌이 빛을 좋아한다는 것, 그리하여 항상 그쪽으로만 나갈 수 있다는 것을 알고 있는 벌의 높은 지능이 오히려 우환이 된 것이다. 벌은 가두어 두면 가장 밝은 쪽에 반드시 출구가 있다고 생각하므로 매우 논리적인 행동을 취한다. 벌에 있어서 유리병은 여태껏 한 번도 본 적이 없는 초자연적인 현상이며 어려운 응용 문제가 되는 것이다. 벌은 기존의 성공 방정식인 태양을 향해 달려간다. 하지만 파리는 이런 방향을 고려하지 않고 날아다닌다. 그러다가 우연히 자유의 몸이 되는 것이다. 스타트업은 작은 성공이 끊임없이 모이고 모여서 큰 성공을 이루는 과정이다. 그 중간에는 예기치 않은 방식의 성공도 있고, 실패였지만 성공으로 바뀌는 경우도 있다. 하지만 대부분 큰 성공은 기존 성공의 반복에서 오지 않고 전혀 다른 형태로 오는 경우가 많다. 이는 끊임없이 피벗과 리뷰를 통해 우리가 설정한 가설이 맞는지 확인해야 하는 이유다.

넷째, 무엇이든 단순하게 하라.

영국의 철학자 이사야 벌린(Isaiah Berlin)은 고대 그리스 우화를 바탕으로 세상 사람들을 무언가를 많이 아는 여우와 한 가지만 아는 고슴도치로 나눴다. 여우는 고슴도치를 기습할 수 있는 복잡한 전략들을 무수히 짜낼 줄 아는, 교활한 동물이다. 반면에 고슴도치는 호저와 작은 아르마딜로를 유전자 합성해 놓은 것 같은 촌스러운 동물이다. 여우는 교활하게 고슴도치를 공격하지만 이기는 건 늘 고슴도치다. 왜 그럴까? 이사야 벌린은 여우는 다양한 목적을 동시에 추구하며 세상의 그 복잡한 면면들을 두루 살핀다. 그러다 보니 하나의 종합적이고 통일된 개념과 비전이 없다. 반면에 고슴도치는 복잡한 세계를, 모든 것을 한데 모아 하나의 체계적인 개념으로 단순화한다. 단순한 건 매우 강력한 힘이 있다. 그건 본질에 집중했다는 것이다. 구글은 검색으로 세상을 통일했고, 우버는 택시를 공용화했다. 에어비앤비는 남은 방을 공유했다. 트위터는 겨우 140자로 모든 사람과 소통했다. 이들은 모두 고슴도치다. 그들은 복잡하게 서비스하지 않는다. 그저 단순화해서 빅뱅혁신을 이루었다. 고객 가치는 단순하게 접근해야 심원한 통찰로 바라볼 수 있다.

다섯째, 혁신은 한 사람으로부터 시작된다.

베르나르 베르베르 의《개미》를 보면 그 집단 행동이 인간과 너무 유사해서 몸서리칠 정도다. 작은 개미의 분업체계가 너무 완벽해서 하나의 거대한 기계가 움직이는 듯하다. 이곳에서 개미가 집단에서 떨어져 나간다는 건 곧 죽음을 의미한다. 우리 인간도 그래왔다. 집단에서 벗어나거나 도태되면 홀로 죽어가야만 했다. 과거고대사회, 중세사회에서는 종교나 정치체계에 얽매여 인간은 삶은 집단에 속해 있지 않으면 안 되었다. 르네상스 이후로 개인은 혼자로서 존재적 가치를 가지게 된다. 이 시대 이후 왕이나 귀족이 아닌 평범한 개인들의 역사가 나타나기 시작한다. 그 이후 문명은 눈부시게 발전되었다. 개미와 다르게 거미는 혼자 생활하는 경우가 많다. 넓은 안테나(거미줄)를 통해서 먹이를 구하고 다양한 정보를 습득하고 살아간다. 우리는 무수히 많은 IT로 이루어진 안테나(Internet of Things)시대를 살아가고 있다. 거미와 같이 한 사람이 세상을 바꿀 수 있는 시대가 된 것이다. 조직의 혁신도 한 사람으로부터 시작되는 경우가 많다. 그것이 리더가 될 수도 있고, 팀원 중 한 명의 주인 의식으로 조직 전체가 바뀌게 된다. 새로운 선순환이 시작되는 것이다.

여섯째, 결국 자기혁신은 팀 단위로 해야 성공할 수 있다.

우리는 동반성장이란 단어를 많이 듣고 있다. 대기업이 지속적으로 성공하기 위해서는 중소기업과 함께해야 한다고 한다. 전통적인 갑−을 관계를 수평적인 관계로 전환해야 한다고 한다. 왜 그럴까? 대기업은 무수히 많은 중소기업과의 협력을 통해서 경쟁력을 키워왔다. 과거에 중소기업은 그저 하청 기업에 불과했다. 그러나 시간이 흐를수록 실력 있는 중소기업이 사라져 버리고, 하청도 어려운 상황이 되자, 눈을 해외로 돌리기 시작했다. 하지만 해외에서는 그 나라에 존재하는 대기업과 협업을 통해서 성장한 경쟁력 있는 강소기업들만 있다. 그곳의 중소기업은 우리 대기업에 우호적이지도 않고 과거 우리가 '갑질'하던 식으로 대할 수도 없다. 대기업은 비싼 비용을 지불해야 하고, 중소기업이 없는 우리 경제에서는 좋은 일자리가 없어져 버리고 마는 것이다. 이런 악순환은 궁극적으로 동반성장이란 뒷북으로 돌아오고 있다. 결국 함께할 사람들과 팀으로 혁신하지 않고 일부만 해서는 잠깐의 혁신과 성공만 있다. 언젠가는 두 배, 세 배의 비용을 지불해야 한다. 눈앞의 경쟁자를 죽이려고만 하거나 누군가의 이익을 뺏어서 내 것으로만 만들려고 하는 식의 비즈니스는 그저 소모적인 경쟁에 불과하다. 우리에게는 무수히 많은 경쟁 상대가 존재한다. 팀 내부에서도 소모적인 경쟁을 없애려는 노력이 필요하다. 따라서 모두가 참여하는 혁신이 실현되어야 한다.

일곱째, 전투는 질 수 있지만, 전쟁은 무조건 이겨라.

자전거를 타는 걸 처음 배울 때, 한 번도 넘어지지 않고 배우는 사람은 없다. 무언가를 잘 하기 위해서 작은 실수는 끊임없이 하게 되고, 그걸 가지고 실패했다고 하지 않는다. 언젠가는 잘 탈 거라는 걸 알고 있다. 우리가 알고 있는 수많은 상품은 작은 실패를 거듭했지만 결국은 큰 성과를 만들었다. 작은 성과들이 모여서 큰 성과를 만들지만, 그 성과들은 또 다른 작은 실패들의 연장선상에 있다. 그 작은 실패를 줄일 수 있는 것이 프로젝트 관리역량이다. 한 번으로 그쳐야 할 실수를 2~3번 반복한다면 그건 능력 없는 것이다. 전쟁에서 진 것이다. 그러나 큰 전쟁터에 나가서 싸울 때는 작은 전투에서 일부러 지기도 해야 한다. 미국은 베트남 전쟁에서 호치민이 이끄는 북베트남군과의 전투에서는 많이 승리했다. 하지만 끝내는 전쟁에서 졌다. 반대로 호치민은 전쟁에서 승리했다. 북베트남의 보구엔 지압 장군은 1967년 가을부터 남베트남에 대한 총공세로 민중봉기를 유발하여 남베트남 정부를 붕괴시키고 미군을 물러나게 한 다음, 베트남 통일을 달성한다는 원대한 계획을 실천에 옮긴다. 그러기 위해서 사이공 등 인구 밀집 지역으로부터 미군의 주의를 딴 곳으로 돌리고, 유사 시 즉각 지원할 수 없도록 병력을 분산시키는 기만 작전을 벌인다. 1967년 9월, 북위 19도선 비무장지대 근처 '콘 티엔'에 주둔하고 있는 미 해병대에 대한 공격을 시작으로, 캄보디아 국경지대 여러 곳과 '케산'의 미 해병대를 2개 사단의 병력으로 포위하고 대규모 공격을 감행한다. 대다수의 기만 작전은 미군의 승리로 끝났지만, 미국 국민이 불필요한 전쟁을 한다는 것을 알게 된 계기가 되었다. 따라서 대대적인 반전 운동이 일어나게 된 것이다. 전투에서는 질 수도 있지만, 전쟁에서 지면 끝나는 것이다. 전쟁에서 이기기 위해서라면 작은 전투는 질 수 있다. 혁신의 고통은 전투에서 겪는 손실에 불과하다.

7.5 작고 강한 조직이 미래다

프로젝트는 다양한 경험을 가진 구성원들을 성장시키는 가장 좋은 방법이다. 따라서 어렵고 힘든 프로젝트는 구성원을 극적으로 성장시키는 도구가 되기도 한다. 건강한 조직은 적절한 프로젝트를 통해서 조직의 미래를 준비한다. 삼성전자, 현대자동차와 같은 대기업에서 소수의 인원을 대상으로 내부에 벤처 조직을 만들거나 특수한 프로젝트를 수행할 팀을 만들어 새롭고 창의적인 것을 해보도록 독려하는 이유이기도 하다. 스타트업은 하나의 명확한 프로젝트에서 시작하고 그것을 통해서 성장한다. 따라서 대다수 스타트업 구성원들은 매우 강한 훈련을 하게 된다. 어느 누구보다 다양한 경험을 하게 되고 극단적인 의사결정 환경에 놓이기도 하며 경우에 따라서는 사업 실패를 경험하기도 한다. 일반적인 직장인이 경험하기 어려운 것을 경험하게 되는 건 작고 강한 조직이기 때문이다. 또한 작기 때문에 많은 것을 경험하고 자유롭게 할 수 있다.

　일본인 노벨 물리학상 수상자인 캘리포니아대학교 샌타바버라 캠퍼스의 나카무라 슈지는 지방에 있는 작은 벤처기업(니치아 화학공업)에 들어가서 LED 연구를 통해 노벨 물리학상까지 받은 입지전적인 인물이다. 그는 대기업 연구원은 단지 샐러리맨이라고 규정한다. 선진국에서는 똑똑한 학생들은 대부분 벤처를 들어가고 싶어 하며, 부족한 학생만 대기업을 원한다고 한다. 그 예로 노벨상을 받은 일본인들은 학교에 있는 교수를 제외하면 전부 중소기업 소속이었다. 대기업은 기본적으로 상사와 보고하는 것이 많아서 미친 짓을 하지 못한다. 결국 조직 전체가 새로운 것에 몰두하는 기업만이 새롭고 놀라운 연구를 할 수 있다. 나카무라 슈지는 니치아 화학공업에서 LED를 연구했지만 모두가 불가능한 연구라고 했다고 한다. 하지만 그 회사의 창업자인 오가와 노부오가 끝까지 믿어줘서 성공할 수 있었다고 한다. 나카무라는 "중소기업, 혁신기업이 더 많아져야 노벨상 수상자도 나오고, 사회가 더 성장할 수 있다"고 충고한다.

　유럽 하면 떠오르는 강대국이 바로 독일이다. 독일의 성공 요인은 꽤 많다. 독일에는 세계적인 대기업들이 있다. 벤틀리와 아우디로 유명한 폴크스바겐 그룹(Volkswagen AG), 벤츠로 유명한 다임러 그룹(Daimler AG), 그리고 엔지니어링 전문 기업인 지멘스(Siemens AG), 세계적인 화학그룹인 BASF, 세계 최고의 자동차 부품 회사인 BOSCH 등 대부분 글로벌 1위 기업들이다. 이들은 자신들의 분야에만 집중하고, 수많은 중소기업과 함께 성장한다. 독일의 중소기업 성공 사례를 우리는 '히든 챔피언(Hidden Champion)'이란 단어로 알고 있다. 독일이 견고하게 경제 성장을 유지하고, 2008년 세계 경제위기 때도 다른 나라들에 비해 더 빨리 극복한 비결은 중소기업의 경쟁력이다. 특히 전체 수출의 25%를 차지하는 '강하고 작은',

1600여 개 '히든 챔피언'이 큰 역할을 하고 있다. 독일의 히든 챔피언들은 대기업과 연결되어 있다. 대부분 제조업을 기반으로 전문 기술을 가지고 있으며 가족 소유 기업이고, 고성과를 추구한다. 직업훈련시스템, 평생학습시스템, 산학 연계가 잘 되어 있어 한번 입사한 중소기업에서 평생을 근무하고 자부심을 느끼는 사람들이 많다. 독일 기업들의 이직률이 평균 7% 정도인데, 히든 챔피언은 2%에 불과하다. 독일의 히든챔피언들은 대기업에 비해 2~3배 높은 생산성을 보여 주고 있다. 그러니 급여 수준과 대우도 대기업과 동등하거나 그 이상인 경우도 많다. 작고 강한 기업은 독일의 미래다.

미국을 보자. 미국은 스타트업의 국가다. 우리가 알고 있는 우버(Uber), 페이스북(Facebook), 트위터(Twitter)와 같은 회사를 비롯해서 수천, 수만 개의 스타트업이 만들어지는 곳이 미국이다. 마이크로소프트나 오라클과 같은 초기 스타트업은 전 세계 IT시장을 점령하는 기업으로 발전했다. 계속되는 스타트업의 성장, 발전 그리고 도태가 이루어지는 미국은 현재 세계 최강의 국가다. 일본이 잃어버린 20년에도 불구하고 세계 최강국의 위치에서 버티고 있는 것도 강한 중소기업이 넘치는 데 있다. 대만이 건강하게 발전하는 원동력은 중국이라는 큰 시장과 수많은 훌륭한 중소기업이다. 중국이 급속하게 성장하는 배경에는 대기업뿐만 아니라 빠르게 성장한 웨이보, 샤오미, 유카(Ucar), DJI(드론), 알리바바와 같은 스타트업의 성장과 발전이 있다. 중국의 유능한 젊은이들은 더 이상 대기업을 찾지 않는다. 이런 현상은 전 세계에서 벌어지고 있다.

실리콘밸리에서는 '미트업(meet up)', '네트워킹 파티'라 불리는 행사가 거의 매일같이 열린다. 그곳에 참석하는 사람들은 비즈니스 아이디어에 대한 열정과 더불어 또 하나의 열기에 사로잡힌다. 그것은 '자신들의 아이디어로 세상을 바꾸겠다'는 일종의 사명감 같은 것이다. 사업 계획을 논의하는 곳에서, 서로의 아이디어를 교류하는 곳 어디에서든 그들의 결론은 세상을 바꾸겠다는 말로 끝나는 것이다. 최고의 인재들이 많은 연봉을 주는 월가나 컨설팅 회사에 입사하지 않고 대학도 중퇴하고 신속하게 스타트업 창업에 나서고 있다. 우리도 미국처럼 작고 강한 조직이 많아져야 한다. 대기업이든 공무원이든 작은 혁신 조직들을 성장시키기 위해서 노력해야 한다. 그것만이 생존을 유지하고 경쟁력을 확보할 수 있는 방안이다. 우리는 그것을 이미 알고 있다. 그래서 스타트업이 정답이다. 따라서 스타트업을 많이 시도해야 하고, 더 많은 사람이 도전해야 한다. 그리고 성공해야 한다. 그것이 우리의 미래이기 때문이다.

8장.
스타트업,
실패는 없다

8장. 스타트업, 실패는 없다

절대 포기하지 마라. 장벽에 부딪히거든, 그것이 나에게 절실함을 물어보는 장치에 불과하다는 것을 잊지 마라.

_랜디 포시(Randolph Frederick Pausch) 《마지막 강의》의 저자

8.1 스타트업 프로젝트, 실패회피전략

스타트업 프로젝트 이제 시작했다. 시작은 혼자라도 가능하고 팀으로도 가능하다. 모든 프로젝트가 그렇듯이 불안함은 있지만, 주사위는 던져졌다. 사전에 수개월 동안 비즈니스 모델 분석과 비즈니스에 필요한 자원들을 확인했다. 나에게 필요한 사람들로부터 도와준다는 약속도 받았다. 열심히 뛰어다니고 운도 좋아서 사전 계약도 했다. 투자도 받을 수 있을 것 같다. 이제 시작만 하면 성공이다. 모든 준비가 완벽한 것처럼 보인다. 하지만 현실은 그렇지 않다. 완벽하다고 믿은 것은 지금 이 순간, 내가 가진 생각일 뿐이다. 프로젝트를 시작하자마자. 예상하지도 않았던 많은 일이 벌어진다. 그렇게 프로젝트는 다양한 위험과 위기를 만나게 되고 극복해가야 한다. 극복하지 못하면 그대로 실패하게 된다. 하지만 정말 다행스러운 사실이 하나 있다. 나만 이런 것이 아니다. 모든 프로젝트에는

위기가 찾아오게 마련이다. 누구에게나 발생할 수 있다는 건, 누군가는 실패를 하지 않고 그 위기를 넘어 섰다는 것이다. 그래서 '멘토'가 중요하다.

　나에게 필요한 경험을 먼저 했던 멘토를 찾을 수 있다면 아무리 먼길이라도 달려가야 한다. 열린 귀를 가지고 그분들에게 도움을 청해야 한다. 쥬얼리 분야에서 새롭게 스타트업을 기획하고 있는 'JS스튜디오'의 김 대표는 최근에 만난 가장 적극적인 사업가다. 그는 쥬얼리 분야에서 오랜 경험을 가지고 있고, 다양한 디자인 경험도 가지고 있다. 그리고 몇 번에 걸쳐 회사를 운영해 오고 있다. 그는 새로운 비즈니스를 기획할 때 가장 먼저 해야 할 일은 멘토와의 만남이라고 강조한다. 처음 사업을 하면서 회사의 설립, 직원의 선발 및 관리, 그리고 시장에서 사람들과의 소통에 이르기까지 너무 많은 어려움을 겪었다고 한다. 중간에 포기하려는 순간에 자신에게 힘이 되었던 동료·선배들이 멘토링을 해주었다고 한다. 그런 경험이 바탕이 되어 몇 개의 사업은 큰 성공을 거두었다. 지금 준비 중인 스타트업을 위해서 기존 경험이 있는 분들을 찾아다니면서 멘토가 되어 줄 것을 부탁한다고 한다. 단순히 시간을 절약하는 차원이 아니라, 멘토의 경험에서 실수를 줄이고, 사업의 실패 가능성을 조금이라도 줄일 수 있기 때문이라고 강조했다. 우리 주변에 멘토가 되고자 하는 분들이 많다. 작고 큰 성공을 통해서 좋은 후배들이 많이 나왔으면 하는 바람이다. 하지만 나에게 필요한 경험을 가진 분들을 찾기는 쉽지 않다. 잘 맞는 멘토를 만나는 것만으로도 실패는 줄어든다.

　스타트업 프로젝트 실패를 줄이는 또 다른 방법은 케이스 스터디다. 은행권 청년창업재단인 디-캠프(Dcamp.kr)에서는 혁신적 실패 사례 공모전을 매년 진행하고 있다. 기존에 실패했던 사례도 공유하고 다시 도전하는 모습을 후배 스타트업들에게 알리고자 하는 취지에서 진행하는 것이다. 영국, 미국 등 여러 국가에서는 실패한 스타트업 창업자들이 정기적으로 실패 사례를 공유한다. 많은 예비 창업가나 현재 사업가에게 많은 영감을 주고, 힘을 내도록 독려한다. 이 모든 것이 실패를 반복하지 않기 위해서다. 스타트업은 점차 어려워지고 있다. 생각할 수 있는 거의 모든 비즈니스가 나온 것이 아닐까 싶을 정도로 많은 사람이 스타트업을 하고 있다. 뿐만 아니라 시장은 매우 빠르게 변화하고 있다. 스타트업의 결과가 나오기도 전에 무용지물이 되어 버리기도 한다. 매 순간 예상치도 못한 것으로 프로젝트가 중간에 중단될 수 있는 위기가 존재하는 것이다. 실패 가능성을 줄이고, 최대한 회피할 수 있는 방법이 필요하다. 그래서 우리는 여러 멘토를 만나고 스타트업 실패 경험을 가진 분들의 의견을 청취했다. 의견을 주셨던 어떤 멘토께서는 수차례의 실패를 하고 나서야 스타트업을 성공적으로 진행하셨는데 자신에게 성공이라는 단어를 쓰면 안 되었다고 고백했다. 성공이란 단어는 고객을 이겼다는 의미이고, 그 순간 고객은 사라진다며 겸손해야 한다는 충고도 남기셨다.

우리가 만난 모든 분은 화려한 성공보다는 실패 가능성을 줄이도록 노력하는 것이 현명하다는 명제에 대해서 동의했다. 우리가 분석했던 여러 사례가 이 명제로 연결되어있다. 여기서 우리는 스타트업의 실패 회피 방안을 일곱 가지로 도출했다. 분석한 내용을 정리해 보니 실패를 '회피'한다는 의미보다는 실패 가능성에도 불구하고 끝까지 '버티기'라는 개념이 더 정확한 것 같다. 그렇다. 실패는 완료형이다. 완료되기 전에 포기하지 않는 것이 중요하다. 그렇다면 우리는 스타트업 프로젝트를 완수할 수 있다. 아래의 일곱 가지 방안은 중요 키워드를 모아서 'VIP-SPEC전략'이라고 부르고 있다.

방안 1:

가치(Value)에 집중한다

방안 2:

반복(Iteration) 또 반복하자

방안 3:

자부심(Pride)을 심어준다

방안 4:

단순(Simply)하게 하자

방안 5:

정치(Politics)가 필요하다

방안 6:

절약(Economy)을 생활화한다

방안 7:

시장과 소통(Communication)한다

방안 1 가치(Value)에 집중한다

하드웨어 스타트업을 시작한 지 3년차에 접어든 김명선 대표는 너무 힘들다는 말로 하루를 시작한다. 2년차부터 매출이 발생했고, 이제 조금씩 흑자로 접어드나 했는데, 3년차부터 경쟁 제품이 출시되었다. 매출이 늘어나면서 또다시 새로운 제품에 투자를 해야 하지만, 계속되는 적자로 인해 투자금은 바닥을 보이고 있다. 김명선 대표는 새로운 제품을 만들어서 새로운 경쟁에 참여해야 할 것인지, 아닌지를 고민하고 있다. 더 힘든 건 이참에 지금까지 운영해 온 사업 자체를 정리해야 하는 건 아닌지, 근본적으로 경쟁력이 있는 건지에 대한 진지한 고민을 해야 한다는 것이다.

보통 스타트업을 시작한 지 3년차쯤 되면 죽음의 계곡(Death Valley)에 도달하게 된다. 손익분기점에는 도달하지 못했지만 본격적으로 투자와 비용이 늘어나면서 자금 부족에 시달리게 된다. 구성원들에게 월급조차 제때 못줄 정도가 되는 경우도 많이 발생하게 된다. 일부 직원들은 이탈하게 되고, 어려움은 더욱 가중된다. 가장 큰 위기가 닥친 것이다. 프로젝트 관리에서는 이러한 위험에 대비해서 위험 관리 계획을 정의하고 항목별로 대응 방안을 마련하도록 가이드하고 있다. 특히, 자금 부족에 의한 프로젝트 중단 위기의 경우에는 대응 방안이 몇 가지밖에 없다. 가장 효과적인 것이 자금 흐름을 정상화할 수 있는 투자 자금의 유치다. 몇 번의 자금 유치가 된 상태에서 부족한 자금을 추가로 투자할 투자자의 입장에서 기업을 다시 살펴보게 된다. 자. 생각해 보자. 당신은 이제 막 프로젝트를 시작하는 창업자가 아니다. 1~2년 정도에 걸쳐 사업에 대한 검증을 받고 있다. 정상적인 비즈니스 모델임에도 불구하고 투자자는 향후 투자금을 회수할 수 있을지를 재검증하게 된다. 이때 투자자 입장에서 다시 검증하는 것이 비즈니스 가치(Business Value)다. 모든 투자자는 자신들의 자금이 어디에 투자되었고, 꼭 투자할 만한 가치가 있는지를 재검증한다. 초기 투자 시에는 비즈니스 가치가 아직 현실화되지 않은 것 때문에 부정확하지만, 매출이 발생한 이후에는 예측할 수 있다. 창업가는 그래서 더욱 왜 스타트업을 하고 있는지를 돌이켜 봐야 한다. 처음 의도했던 비즈니스 가치가 잘 발현되고 이루어지고 있는지에 집중해야 한다. 투자자에게 추가 투자를 유도할 때도 비즈니스 가치에 대한 강한 확신을 전달해 줘야 한다. 비영리단체가 아닌 이상, 매출과 손익은 당연히 제대로 나와야 한다.

부족한 자금을 극복하는 또 다른 방법은 초기부터 부족한 자금에 대해서 '예상 자금 흐름 현황'을 관리하는 것이다. 적어도 향후 1년간 필요한 자금의 흐름을 예상해야 한다. 그래야 사전에 영업을 강화하거나 경비를 절감하고 자금 조달 계획을 세울 수 있다. 특히 자금 부족에 따른 경비 절감 혹은 인원 감축의 경우에는 직원들과 충분하게 소통해야 할 필요가 있다. 직원들을 설득하는 과정에서 필요한 것들 중 중심이 되는 것은 비즈니스 가치다. 사업의 영속성에 대해서 직원들만큼 확실하게 아는 사람들이 없다. 왜 우리가 이 사업을 하는지 그 가치가 충분히 납득될만 하다면, 힘든 과정에서도 직원들의 이탈은 최소화된다. 충분히 경비를 줄이고, 경우에 따라서는 임금을 조금 줄여도 직원들이 충분히 납득하게 된다.

비즈니스 가치에 집중하게 되면 스토리가 만들어진다. 대출형 크라우드펀드 서비스인 '비플러스'(BPLUS) 박기범 대표는 30대 나이엔 흔치 않게 갑작스레 설암(舌癌) 판정을 받았다. 그러나 그는 좌절하지 않고 그 불운을 발판 삼아 '새로운 가치'에 눈을 떴다. 그는 병을 극복하는 과정에서 자신이 삶을 덤으로 산다는 것을 알게 되었고, '더 의미있게 살아보자'라는 자신과의 약속을 지키자는 신념에서 시작한 것이 마이크로 크레딧(Micro Credit, 무담보 소액 신용대출) 서비스인 비플러스다. 박 대표는 기존의 제도적 금융에서 거래가 어려운 사람들에게 소액 대출을 해주는 사회적 경제가 금융의 미래라 될 것이라는 점을 확신했다. 사회적으로 가치 있는 일에 투자해 지속 가능한 발전을 추구하는 행위를 '사회적 경제'(또는 '사회적 금융')라고 부르는데, 이것이야말로 자본과 사회의 상생을 위한 최적의 대안이란 생각이 들었기 때문이다. 회계사였던 경력도 살리고, '두 번째 삶'을 살아가는 소재로 삼기에도 적합했다. 그에게는 비즈니스 가치가 곧 스토리가 된 것이다. 스타트업의 가치에 집중해야 하는 건, 결국 왜 비즈니스를 해야 하는지를 창업자 자신뿐만 아니라 투자자, 직원들 모두에게 공감대를 만들어 준다. 프로젝트를 완수할 수 있는 힘뿐만 아니라 가장 힘들 때 극복해 내는 원동력은 결국 가치에서 나오게 되는 것이다.

방안 2 반복(Iteration) 또 반복하자

린스타트업전략은 반복할 수 있고 확장시킬 수 있는 비즈니스 모델을 검증하는 방법을 잘 설명해 주고 있다. 비즈니스 모델을 수립하고 나서 내부와 외부 요인으로 인해 다양한 변화를 줄 수 밖에 없다. 이 경우 짧게 비즈니스 시나리오를 반복해 보는 것이 중요하다. 실패한 비즈니스들의 공통점은 변경된 환경에 민감하게 대응하지 못했다는 것이다. 즉 기존 비즈니스 모델을 그대로 고수하려는 경향 때문이다. 왜 그럴까? 첫 번째 이유는 현재 비즈니스 모델에 투자한 것이 아깝기 때문이다. 일종의 본전 생각이다. 전통적인 프로젝트 라이프 사이클에서는 프로젝트 초기에는 요구 사항이 명확하지 않다. 즉 불확실성이 크기 마련이다. 이것을 극복하기 위해서 프로젝트 최종 목표에 맞게 사전 준비 작업을 열심히 하게 된다. 비즈니스 모델을 만들고 확인하는 과정이 철저해야 향후 실패 위험을 줄일 수 있다는 점에서 열심히 준비하게 된다. 하지만 그 과정에서 투입된 노력은 나중에 비즈니스 모델을 수정하는 데 오히려 걸림돌이 된다. 아까운 것이다. 그래서 너무 많은 사전 작업은 지양해야 한다. 불확실성을 조금만 낮춰서 실행해 보고, 다시 수정하고 반복해 보는 것만이 바람직하다. 두 번째 이유는 경험해 보지 않은 것에 대한 두려움이다. 일반적으로 프로젝트 과정에서 예측할 수 있는 위험은 경험이 충분한 사람들만 있으면 통제할 수 있다. 반면에 예측 불가능한 위험은 개인이 가진 경험만으로는 대처하기 어렵다. 실제 대부분 프로젝트를 위험에 빠트리는 건 전혀 예측하지 못한 상황이다. 예를 들면 갑작스러운 금융위기나 조류독감과 같은 환경적 재앙 등이다. 따라서 기존 비즈니스 모델을 유지하려는 성향에는 지금 하는 것을 바꿨을 때 발생할 두려움이 작동하는 것이다. 변화된 건 무시하고 조금만 더 진행하면 성과를 만들어 낼 수 있을 것이라고 자기 확신을 하게 된다. 결국 실패는 이런 과정을 통해서 찾아온다. 빠른 실행과 반복적인 모델 검증만이 두려움을 제거할 수 있다.

이스트스프링자산운용 박천웅 대표는 위기를 극복하기 위해서는 기업들이 비즈니스 적응성과 유연성을 잘 발휘해야 한다고 강조하고 있다. 향후 예상되는 인구 고령화에 따른 혁신 에너지가 감소하고 있으며, 또 5년 미만의 정책 사이클로 정부가 나서서 장기적 혁신을 지원하기에는 한계가 존재하기 때문이다. 출산율과 같은 내부적 요인은 소비 여력을 줄여 줄 것이고 이에 따라 이민 정책과 같은 정책적 변화는 필연적이다. 그는 많은 기업이 기존 비즈니스 모델을 고수하려 든다는 점도 우려 요인으로 꼽았다. 구글, 애플들을 비롯한 많은 기업이 새로운 비즈니스 모델들을 창출하고 선행해서 사업을 앞서 간다는 점에서 비즈니스 사이클이 짧아진 것에 대응해야 한다. 비즈니스 민감성을 키우기 위해서는 다양한 시나리오를 염두해 두어야 한다. 자원이 부족한 스타트업에게는 짧게 반복하고 확인해 보는 것이 필수적이다. 시나리오를 다양하게 만들어서 예산을 책정하지 않아도 가능한 한 시뮬레이션을 진행해 보는 것도 좋다. 구성원 간에 케이스 스터디를 진행해서 위험 발생 가능성을 줄여가는 것만으로도 훌륭한 위험 회피 방안이 된다.

방안 3 자부심(Pride)을 심어준다

훌륭한 기업을 평가하는 모델 중에 '일하기 좋은 일터'라는 것을 기준으로 기업을 평가하고 조직 문화를 변화시키는 측정 방법이 있다. 바로 GWP(Great Work Place)모델이라고 불린다. GWP모델은 신뢰(믿음, 존중, 공정성 3개로 구성됨), 자부심(Pride), 재미(Fun)로 구성된다. 지난 몇 년 동안 GWP 평가를 잘 받은 기업들은 대부분 수익이 지속적으로 창출되고 직원들이 높은 수준의 연봉을 받고 있다. 신뢰, 자부심, 재미라는 개념은 충분히 좋은 기업들에 괜찮은 평가 모델이다. 그러나 실제로는 이름만 대면 알만한 대기업들이거나 공기업들이다. 아이러니하게도 작은 기업들은 처음부터 일하기 좋은 일터로 평가받는 경우가 드물다. 그렇다고 진짜 일하기 어려운 기업도 아니고, 행복하고 재밌는 기업도 많은데 그렇다. 스타트업을 시작하면서 가장 어려운 부분이 구성원들에 대한 대우를 어떻게 해 줄 것이며, 좋은 인재를 얼마나 효과적으로 데려올 것인가에 대한 고민이다. 하지만 초기부터 많은 연봉을 줄 수도 없고, 업무에 몰입할 수 있을 만큼 자원이 풍부한 것도 아니다. 아직 경제적으로 안착하지 않은 기업에 좋은 일터라는 관점은 약점만 부각하거나 어려움만 가중된다. 괜찮은 인재들이 고생할 게 뻔한 나쁜 일터에 왜 오겠는가? 그래서 작은 기업까지 포괄할 수 있는 능동적인 접근이 필요하다.

좋은 일터라는 수동적인 개념을 자랑스러운 일터라는 능동적 관점으로 바꾸는 것이 필요하다. 오랫동안 성장해온 대기업뿐만 아니라 몇 년 안 된 벤처기업 혹은 새로운 서비스를 구성하는 스타트업 팀원들을 움직이게 하는 동기요인은 자부심에 있다. 스타트업의 구성원들에게 자부심을 가질 수 있도록 해야 한다. 대기업은 이미 구축된 체계 안에서 안정적으로 유지되고 그 위에 새로운 사업을 진행한다. 기본 전제는 안정에서 시작한다. 위대한 성과는 조직의 크기에서 나오진 않는다. 2002년 노벨 화학상 수상자인 다나카 고이지 주임연구원은 화학을 전공하지도 않은, 학사 학력의 평범한 샐러리맨이었다. 2014년 노벨 물리학상을 받은 나카무라 슈지도 직원 수 300명 규모의 중소기업에 재직하던 연구원이었다. 슈지는 새로운 연구를 시도할 때마다 상사의 승인을 받는 대기업에서는 노벨상이 나오기가 힘들다고 했다. "지방에서 태어나 지방대를 다니고 지방 기업에 취직해 내가 하고 싶은 연구에 몰두했더니 노벨상을 받게 되네요"라고 말했다.

스타트업에는 안정이란 원래 없다. 자랑스러운 일터를 만드는 데 높은 수준의 연봉과 복리후생만으로는 되지 않는다. 그에 못지 않은 다른 요소들이 있다. 조직의 자부심이 만들어지는 데는 몇 가지 중요한 요소가 있다. 첫째, 볼 수 없는 자산인 평판과 브랜드다. 좋은 팀은 평판이 좋다. 일반인들이 전부 알지는 못해도 최소한 자기와 유사한 업(業)을 영위하는 사람들에게 평판이 생긴다. 작은 기업이라고 해도, 성과를 꾸준히 내면 평판은 만들어진다. 둘째, 최고의 제품과 서비스에 있다. 개인들이 느끼는 자부심은 근본적으로 다른 사람들과 비교하는 심리적 기제에서 발생하게 된다. 그렇기 때문에 우리가 만드는 제품과 서비스가 얼마나 좋은 서비스인지 인식하는 것은 매우 좋은 방법이다. 셋째, 스타트업을 통해서 성장하는 것을 느끼는 것이다. 즉 적절한 성취감과 좋은 동료들은 팀을 통해서 가장 크게 얻을 수 있는 자부심의 근원이다. 함께 일했던 사람들이 어디서든 도움이 될 수 있는 사람들로 남을 수 있는 곳이라면 그 이상 훌륭한 조직이 없다. 스타트업은 참여하는 사람들 전체가 성공하거나 실패하는 '전부의 게임'이다. 초기 참여자일수록 그 과실은 크고, 나중에 참여를 해도 성공했을 때 더 많은 것을 얻게 된다. 그리고 다양한 업무를 수행해야 하기 때문에 항상 '할 수 있어?'가 중요한 질문이다. 스타트업은 많은 어려움들을 상대해야 하기 때문에 항상 고객만을 바라봐야 한다. 그래서 스타트업에는 강한 자부심이 필요하다. 왜 내가 스타트업을 시작하고 참여하고 있는지를 증명할 도구가 되기 때문이다.

방안 4 단순(Simply)하게 하자

복잡하면 어렵다. 어려우면 불필요한 자원을 소비하게 된다. 시작했다면 단순하고 꾸준하게 하는 것이 중요하다. 드롭박스(Drop-box)를 빅히트시킨 폴 그레이엄은 성공은 작지만 단순하고 명확한 아이디어에서 나온다고 강조하고 있다. 간결함이 우리가 지금 무엇을 하고 있는가에 대한 혼란을 없애 준다. 프로젝트는 불확실성과의 싸움이다. 불확실성은 일어날 일이 무엇인지 알 수 없다는 의미다. 즉, 눈으로도 머리로도 잘 모르겠다는 것이 불확실한 것이다. 스타트업을 시작하자마자 계획대로 진행되는 건, 끊임 없이 지출되는 돈밖에 없다는 어느 창업자의 말은 허언이 아니다. 그만큼 원하는 대로 잘 진행되지 않는다. 불확실성이 높을 때, 복잡성까지 크다면, 너무 어려운 게임을 하게 된다. 프로젝트의 복잡성을 최소화하는 것은 불확실성 한 가지에만 집중하게 만들어 주게 된다. 그래서 예측성을 높여준다. 최대한 단순화하도록 노력하는 것이 중요하다.

단순함이란 가장 강한 커뮤니케이션이다. 'Just do it'(나이키), '너구리 한 마리 몰고 가세요'(농심 너구리)와 같이 우리에게 꼭 기억에 남는 광고 카피들이 짧은 이유가 있다. 우리의 뇌는 놀랍게도 너무 쉽게 잊어버린다. 두뇌에 정보가 기억되어 있는 시간이 18초에 불과하다. 반복적으로 이야기하거나 단기 기억을 장기 기억화하지 않으면 사라진다. 따라서 단순하고 간결한 것은 생존과도 직결되어 있다. 그래서 우리는 단순한 것에 편안함을 느낀다. 아인슈타인은 "과학의 가장 기본이 되는 아이디어는 절대 단순해야 하고, 모두가 이해할 수 있는 표현이 가능해야 한다"라고 한 것이다. 결국 단순해야 한다. 단순하다는 것은 시간이 실제로 얼마나 걸리는가의 문제가 아니라 듣는 사람이 얼마나 길다고 느끼는가가 중요하다. 따라서 짧다는 것이 중요한 것이 아니라 주어진 시간을 효율적으로 활용하는 것이 중요하다. 또한 단순하게 할 수 있다는 건, 실력이 있다는 의미다. 그래서 비즈니스가 단순할수록 더 강력하다. 카카오톡은 모바일 실시간 메신저라는 단순한 비즈니스다. 티켓몬스터나 G마켓 같은 상거래 사이트는 물건을 판매한다는 것에 아이디어를 추가한 비즈니스 모델을 가졌다. 누구나 이해할 수 있는 모델이지만 그것의 성공 여부는 프로젝트 팀의 역량에 달린 것이다.

어떤 프로젝트에서든지 참여하는 모든 이해관계자는 복잡한 걸어려워하고, 좋아하지 않는다. 쉽게 이해할 수 있는 것을 좋아한다. 프로젝트의 가치를 있는 그대로 전달해주고 공유해주길 바란다. 결국 핵심 메시지가 있어야만이 고객은 돌아오게 되어 있다. 단순하다는 건 이해관계자들에게 쉽게 설득할 수 있다. 특히 투자자가 투자 결정 과정에서 영향력을 많이 발휘한다. 투자 유치를 위한 창업자들의 발표를 무난하게 진행하려면 다음과 같이 하는 것이 좋다. 첫째, 제발 본론만 단순·명료하게 하라. 서론부터 길게 장황하게 이야기하는 팀은 실력이 없는 팀이라고 판단한다. 그리고 지겹다. 필요한 내용만 스토리텔링 하듯이 단순 명쾌하게 전달해야 한다. 둘째, 직관적으로 볼 수 있는 제품을 먼저 보여 주어라. 데마 시연, 제품을 먼저 보여 주면, 투자자는 확신을 가지게 된다. 말로만 하는 팀을 누가 좋아하겠는가. 눈에 보이는 제품 자체가 비즈니스를 가장 쉽게 이해하게 만들어 준다. 셋째, 당장 필요한 것을 이야기하라. 당신이 전달할 핵심은 당신의 시스템이 언젠가 이루어 낼 비전에 대한 청사진이 아니다. 단순하게, 투자자에게 한 단계 더 나아가야 할 이유를 설득하는 과정이다.

방안 5 정치(Politics)가 필요하다

정치라고 하면 갑자기 피곤함을 느끼거나 만사가 귀찮다고 느끼는 경우가 많다. 정치란 항상 부정적인 의미로 다가온다. 누군가 싸우거나 경쟁하는 그런 의미로 말이다. 하지만 실제로 모든 경영 활동은 정치적인 행동이다. 모든 경영 활동은 어떤 방식으로든 권력을 재분배하거나 강화한다는 뜻이기 때문이다. 정치는 실제로는 상대방에게 영향력을 행사하는 것이기 때문이다. 좋은 정치는 많은 사람에게 좋은 의도를 전파하는 과정이다. 따라서 성공하고 싶은 사람들은 본능적으로 정치적인 행동을 한다. 즉, 일을 성사시킬 권한이 있는 사람을 움직여서 원하는 바를 얻으려고 한다. 이런 과정을 불편하게 느끼기 때문에 정치는 항상 부정적이다.

그러나 프로젝트에는 정치가 필요하다. 프로젝트는 다양한 사람들로 구성된 환경에 놓여 있다. 프로젝트 관리자(PM)와 영역별 담당자, 예를 들면 개발자, 설계자 그리고 분석가 등이다. 내부 구성원들뿐만 아니라 프로젝트에 자금을 제공하는 물주가 있기 마련이고, 프로젝트에 상품, 부품 등을 공급하는 공급업체와 대리점, 상품과 서비스를 사용하는 고객까지 많은 사람이 어떤 특정한 이익을 얻고자 연결되어 있다. 이런 사람들을 우리는 이해관계자라고 부른다. 스타트업에서는 돈을 제공하는 투자자와 영향력을 행사하는 기관들이 큰 힘을 쓰는 이해관계자다. 스타트업이 원활하게 흘러가려면 리더는 이 모든 사람을 관리해야 한다. 즉, 그들에게 영향력을 행사해서 내가 원하는 방향으로 움직이도록 해야 한다. 바로 그것이 정치다. 정치는 예술이다. 오케스트라를 움직이는 지휘자가 다양한 악기의 특성을 살펴보고, 연주자들의 스타일과 성격까지 분석해서 음악을 완성하는 과정에서 종종 타협도 하고, 설득도 하며, 일부 인원을 퇴출시키기까지 한다. 그것이 훌륭한 음악으로 만들어진다. 즉, 지휘자의 정치가 잘 작동하는 팀이 최상의 팀이 되는 것이다. 스타트업에 정치력이 발휘되지 않으면 이해관계자들의 충돌이 많아진다. 대표적인 사례가 투자자다. 그들이 당신에게 투자한 목적은 이익을 회수하는 데 있다. 그러기 위해서는 스타트업의 주식이 상장되거나, 다른 회사로 M&A(인수합병)되는 등 투자금이 회수되어야 한다. 따라서 스타트업은 예상했던 시나리오에 따라 성장과 이익이 확보되어야 한다. 안 되면 여러 형태로 스타트업을 압박한다. 이 경우 리더가 투자자와 원활한 소통이 되도록 정치력을 발휘하지 않는다면 매우 난처한 상황이 발생한다.

투자 자문사의 투자팀장인 채 팀장은 자신이 투자했던 A사의 마케팅 활동 때문에 매우 난처한 상황에 처했다. 기대했던 방식의 마케팅이 아니라 전혀 다른 방식으로 자금을 사용하는 것을 보면서 투자를 잘못한 것이 아닌가 하는 후회가 밀려온다고 고백한다. "A사의 대표가 적극적으로 현재 상황을 설명하려고 하지도 않고 향후 계획에 대해 자신의 고집만을 밀어붙이는 경향이 있어서 무척 힘드네요", "투자를 철회하거나 회수해야겠어요" 전형적인 투자자의 기대심리다. 이런 기대 심리를 적절하게 충족시켜 주는 것도 스타트업 팀이 해야 할 중요한 업무인 것이다. 반면에 글로벌 건강 애플리케이션 개발사인 눔(Noom)의 장세주 대표는 700만 달러의 투자금을 유치하는 과정에서 투자자와 밀고 땅기는 협상 기술을 잘 보여줬다. "투자자들이 투자에 신중을 기하는 것에는 충분한 이유가 있다는 것을 배웠죠. 그들이 돈을 버는 생리를 이해하고 존중했기 때문에 투자받을 수 있었다고 생각합니다." 장세주 대표의 말이다. 그는 투자자가 실패하지 않기를 원하는 점을 공략했다. 스타트업을 키워서 투자 회수를 경험한 전문 경영인을 영입했고, 눈에 보이는 지표를 적극적으로 활용해서 투자의 필요성을 강조했다. 뿐만 아니라 '두 달간 42번의 피치와 80번의 미팅'이라는, 발로 뛰는 노력도 소홀히 하지 않았다. 결국 스타트업 리더는 정치의 달인이 되어야 한다. 실패는 이런 과정을 통해서 최소화할 수 있는 것이다.

방안 6 절약(Economy)을 생활화한다

프로젝트의 3요소 중 한 가지가 비용(Cost)이다. 비용은 항상 품질과 납기에 막대한 영향을 준다. 돈을 아낄 수 있다면 끊임없이 그러게 해야 한다. 스타트업 프로젝트 실패는 대부분 결정적인 순간에 돈이 없기 때문에 발생한다. 즉, 비용을 아껴야 한다. 처음 스타트업을 하는 새내기 창업자들은 사업을 로맨스로 착각하는 경우가 종종 있다. '재미있는 모델만 만들면 매출이 잘 나올 거야', '매출을 늘리기 위해서는 다양한 마케팅을 해야 해', '투자를 많이 하면 매출이 발생할 거야, 매출이 발생한 다음 비용을 줄이면 흑자야' 이런 이야기를 하는 창업자도 많이 봤다. 실패한 스타트업은 대부분 과도한 비용 구조를 가지고 있다. 들어가는 비용은 많고 매출의 발생은 늦어지면, 본격적인 게임을 해보기도 전에 프로젝트는 중단된다.

실패를 경험해본 창업가들이 꼭 이야기하는 비즈니스 모델 핵심 원리가 비용 구조다. 어떻게 비즈니스를 할지 모델을 수립하는 과정에서 비용 구조를 꼼꼼하게 살펴야 한다는 의미다. 예를 들면 초기 비용으로 사무실은 어떻게 할 것이고, 하드웨어 구성 비용, 소프트웨어 개발 비용, 구성 인원들의 초기 인건비, 전자상가를 뛰어다니고, 공공 기관을 이용해서 비용을 최소화하는 활동이 곧 비용 절약의 생활화다. 하지만 창업자들 중 상당수는 창업 시점에 비용 절감을 강력하게 시도하지 못하여 짧게는 3개월, 길게는 6개월 치의 이익금을 창업 초기에 무심하게 놓치게 된다. 다양한 정보루트와 인맥을 활용하여 창업 비용 절감 노력을 치열하게 해낼수록 3~6개월 정도 앞서가게 된다. 한편 현명한 투자자들일수록 유사한 비즈니스 모델을 가지고 있는 스타트업 팀들 중에 매출 발생 가능성이 높은 곳보다 비용 구조가 탄탄한 곳을 원하는 경우가 많다. 그 이유는 비즈니스는 단기간에 승패가 결정되는 게임이 아니라 장기간 생존을 도모할 수 있어야 하기 때문이다. 따라서 절약은 스타트업에서 습관이 되어야 한다.

중국시장에서 성공한 화장품 유통 스타트업인 카라카라(KALA KALA)는 비용을 절감하기 위해 철저하게 노력하여 가격 경쟁력을 확보했다. 중국에 진출한 기업이라면 중국 내수시장에서 중국 로컬 기업들의 규모를 이겨내기란 상당히 어렵고 '규모의 경제'에서 나오는 그들의 가격 경쟁력을 상대하는 것도 쉬운 일이 아니다. 그렇기 때문에 한국인이 중국에 와서 성공하려면 중국인보다 '싸게 만들 수 있는 능력'이 있어야 한다. 결국 가격 경쟁력을 확보하기 위한 철저한 비용 절감 노력이 체질화하게 되었다. 카라카라가 중국인보다 비용을 낮출 수 있었던 노하우는 화장품이라는 제품 외에 다른 품목에도 충분히 적용될 수 있다고 생각해서였다. 가장 먼저 한 일이 아웃소싱하는 공장들 중에 품질 대비 가격 경쟁력이 가장 뛰어난 곳을 찾기 위해 노력했다. 초기에는 상하이, 광저우 등 대도시 주변의 공장에서 납품을 받았으나 그 이후 작은 도시, 내륙도시 등에서 납품을 받았다. 초기 원가보다 40% 수준까지 내려왔다. 두 번째는 재고였다. 250여 가지의 품목 중에 75% 정도는 구색 맞추기 제품이었다. 재고를 최소화하는 노력을 끊임없이 했다. 마지막으로 나가는 비용을 철저하게 관리했다. 작은 물건을 사더라도 영수증 관리를 했고 이면지를 사용했다. 우리는 절약하는 습관 때문에 시장에 빠르게 정착한 스타트업이 되었다.

방안 7 시장과 소통(Communication)한다

대부분의 부자는 자신들이 노력을 통해 운을 만들어 냈다고 믿는다고 한다. 하지만 부를 만들어 낸 요인은 사람마다 다르게 평가했다. 스펙트럼 그룹의 조사에 따르면 노력이 98%, 교육이 90%였고 그다음으로는 절약, 위험이 뒤를 이었다. 이 조사에서는 행운 때문에 부를 만들었다는 응답은 50%에 불과했다. 하지만 억만장자 사업가들에 대한 조사 결과는 달랐다. 이들 중 무려 79%가 부를 만든 요인으로 운을 꼽았다. 반면, 회사 중역들은 노력과 교육이 가장 중요한 요소라고 응답했다. 사업으로 성공할수록 '운'이 정말 중요하다는 점에 공감한다. 정말 운만으로 성공했을까? 대부분 따지고 보면 실력이 운인 경우가 더 많다. 실력이 좋아서 우연으로서의 운이 좋아질 수는 없는 노릇이지만, 우연히 운이 좋아서 실력이 쌓이는 경우는 많다. 말콤 글래드웰(Malcolm Gladwell)의 베스트셀러 《아웃라이어》에서 특출난 성과를 거둔 사람들은 결코 무에서 유를 창조하는 일이 아니며, 오히려 숨겨진 이점과 기막힌 기회의 결과임을 강조한다. 재능과 노력, 그리고 이를 바탕으로 한 실력이 성공의 결정적 요인이 아니라는 것이 아니라 실력을 키우는 과정에 알게 모르게 운이 작용한다는 것이다. 물론 최고의 재능과 실력을 갖추었다고 해도 성공이 보장되는 것은 아니다. 그 실력이 발휘될 수 있는 기회가 주어져야 한다. 나폴레옹의 말처럼 "기회가 주어지지 않으

면 능력이란 별 볼일이 없는 것"이다. 희대의 명배우 알 파치노도 '대부'의 마이클 콜레오네 역을 맡는 행운을 누리지 못했다면 우린 지금의 그를 알지 못했을 거다. '대부'의 제작사 파라마운트는 로버트 레드포드나 워렌 비티에게 이 역을 맡기기를 원했다. 그러나 프랜시스 코폴라 감독이 마이클 역은 시실리 사람처럼 생긴 알 파치노가 아니면 영화를 그만두겠다고 버텼다. 코폴라는 처음 감독을 했던 서른세 살의 신출내기였다. 코폴라가 알 파치노를 찾아낸 것도 기적이었지만, 새파란 감독이 제작사의 요구를 꺾은 것도 대단했다. 알 파치노는 그렇게 유명해졌다. 이와 비슷한 경우를 우린 자주 볼 수 있다. 재주와 역량이 뛰어나지만 기회를 잡지 못해서 악전고투하며 빛을 발하지 못한다. '운'은 그런 것이다.

사업가에게 '운'을 내 것으로 만드는 길은 없을까? 실력과 능력이 있다면 시장(Market)에 민감해야 한다. 빌 게이츠가 1980년대 소프트웨어사업을 시작한 건 본인의 재미와 흥미 때문이었지만, 그때부터 소프트웨어 산업이 발전하는 큰 흐름에 중심에 있었다. 젊은 나이의 빌 게이츠가 그 모든 것을 예측할 수는 없었을 것이다. 그는 시장의 큰 흐름을 읽고 소통했기 때문에 성공했다. 시장의 변화를 조금만 앞서 나가면서 읽어낸다면 '운'을 조금은 내편으로 만들 수 있다. 4차 산업혁명을 맞이하는 시기에 산업혁명 때와 같은 사고를 한다면 고생할 수밖에 없다. 노령화시대에 무슨 일이 발생할지 예측하고 사업을 한다면 실패의 위험성은 낮아질 것이다. 이처럼 시장 전체의 흐름에 민감해야 한다. 또한 시장의 작은 흐름에도 소통을 해야 한다. 우리 서비스로 인해서 시장이 어떻게 반응하는지를 이해관계자와 고객에게 물어보고 피드백을 받아야 한다. 고객의 민감한 반응에 대해 소통을 지속적으로 하면 비즈니스 모델에 대한 전략과 전술을 유동적으로 변화시킬 수 있다. '운'은 그렇게 다가온다. 결국 모든 답은 고객에게 있고, 시장과의 소통을 어떻게 하는지에 달려 있다.

별첨. 스타트업 창업 지원 서비스

1. 구글 캠퍼스 https://www.campus.co/seoul/ko

구글이 영국 런던, 스페인 마드리드, 브라질 상파울루, 이스라엘 텔 아비브, 폴란드 바르샤바를 포함하여 전 세계 6개 지역에서 스타트업을 위한 공간을 만드는 프로젝트를 진행하고 있다.

구글 캠퍼스 서울은 직원 수 최대 8인 이하의 예비 창업가부터 법인 설립 후 3년 이내의 스타트업이 입주할 수 있다. 개발을 위한 각종 디바이스부터 무선인터넷, 그리고 다양한 멘토링과 교육 서비스를 무료로 이용할 수 있다. 구글 캠퍼스는 아산나눔재단의 '마루180'과 업무 제휴를 맺고 차별화된 지원 서비스를 제공하고 있다.

2. 아산나눔재단 '마루180' http://maru180.com/pcindex.php

아산나눔재단에서 운영하는 'MARU180'은 교육, 투자, 네트워킹 등 창업 관련 종합 솔루션을 제공하는 공간이다. 입주하게 되면 업무 공간 및 네트워킹을 위한 카페뿐

만 아니라 아마존, 에어비앤비, 구글 등 창업 관련 업체들과의 파트너십을 통해 무료 클라우드 서비스, 숙박 할인, 해외 코워킹 스페이스 이용 등 다양한 혜택을 제공한다. 그 외에 세무/법무 비서 서비스, 회계 무상 자문 대응 서비스, 멘토링 서비스 외에 투자자 연계 등 기업으로 성장하기 위한 종합적인 서비스를 받을 수 있다.

3. 은행권청년창업재단 D.Camp http://dcamp.kr/

창업 교육, 훈련, 업무 공간 제공 등 청년 창업을 위한 인프라를 제공한다. 예비 창업자와 스타트업, 투자자, 지원 기관 등이 협업하고 교류하는 네트워킹을 중요하게 생각한다. 구성원십에 가입하면 협업 공간과 회의실 예약, 교육 및 멘토링, 컨설팅 혜택을 받을 수 있으며 다양한 이벤트를 통해서 투자 및 입주 기회가 주어진다.

4. 창업보육센터 https://www.bi.go.kr/

중소기업창업지원법에따라 창업자에게 시설, 장소를 제공하고 경영, 기술 분야에 대해서 지원하는 곳으로, 기업 설립 3년 이하의 창업자 또는 예비 창업자를 대상으로 자격 요건을 심사한 후 개인, 또는 공동 작업장 등의 시설을 저렴하게 제공

한다. 서울 지역에 총 36개의 센터를 비롯하여 전국 각지에서 267개의 센터를 운영하고 있으며 창업/기술 개발/상품화/사업화 단계별로 필요한 서비스를 지원한다. 또한 경영, 세무, 기술 지도 등의 혜택도 제공한다.

5. 서울시 '자영업지원센터' http://www.seoulsbdc.or.kr/main.do

서울시에서 운영하는 자영업지원센터는 예비 창업자뿐만 아니라 자영업자를 위한 종합적인 서비스를 제공하고 있다. 창업 준비를 위한 상권 분석, 사업 계획 수립 등을 지원하는 창업 교육 컨설팅, 성공한 자영업자의 멘토링, 기계설비 및 브랜드 제작 등 자영업 협업, 폐업 시기부터 행정 절차, 향후 진로까지 상당하는 사업 정리 지원까지 창업의 전 생애주기에 걸쳐서 소상공인을 돕는 서비스를 지원하고 있다.

6. 서울글로벌창업센터(Seoul Global Startup Center, Seoul GSC)
http://seoulgsc.com/

다양한 국적을 가진 외국인이 국내에서 창업하는 것을 돕는 곳으로 서울시에서

운영한다. 용산 나진 전자월드 3층에 소재하고 있으며 국내 거주 외국인, 이민자, 유학생을 위한 창업 지원 서비스와 함께 공간, 비자 취득, 회계, 컨설팅 및 멘토링 서비스도 제공한다. 또한 해외시장 진출 지원 프로그램을 함께 운영하는 것이 강점이다. 2016년 9월 첫 입주 기업을 선정하였으며 해당 기업에게는 무상 창업 공간과 창업자금(1천만 원 이내)을 제공하고 있다. 뿐만 아니라 입주 기업 선발 과정에서 탈락한 팀에도 별도의 구성원십 프로그램을 통해 코워킹 스페이스 이용과 각종 교육 프로그램 이용의 기회를 제공할 예정이다.

7. 울산청년창업센터 http://www.bluedolphin.or.kr

지난 2010년부터 울산시와 울산경제진흥원이 함께 운영하고 있는 지역 창업센터로 공간 임대 및 창업 컨설팅, 청년 CEO 육성 및 1인 창조기업 비즈니스 센터 등의 프로그램을 운영하고 있다. 우수한 창업 아이템을 보유하고 있는 20~30대 예비 창업자들에게 울산광역시가 시설 및 장비, 운영비 등을 지원한다.

8. 중소기업청의 창업넷 K-Startup https://www.k-startup.go.kr/main.do#

정부의 창업 지원 시책 전반 및 정보, 그리고 각종 기업이나 지방정부 등에서 창

업 공간 및 교육, 사업화, 정책 자금 지원을 위한 스타트업 모집 정보를 한곳에서 살펴볼 수 있는 사이트를 중소기업청 '창업넷'에서 제공하고 있다. 창업 교육 및 시설, 공간 정보, 멘토링 및 컨설팅, 사업화 방안, 정책 자금 공고, 기술 개발 및 해외 진출을 위한 지원, 그리고 창업자 및 투자자, 관련 기업들을 위한 각종 네트워킹 행사 정보를 망라하여 제공하고 있다.

9. 정부 스마트워크센터 청년 창업 공간 개방

정부는 스마트워크센터를 청년 창업 공간으로 개방한다. 2016년 7월 15일부터 시행된 이 서비스는 강남, 고양, 구로, 도봉, 부천, 분당, 서초, 수원, 잠실에 소재한 정부 스마트워크센터를 '청년창업사관학교, 스마트벤처창업학교' 수료자 및 39세 이하 청년 창업자를 대상으로 (스마트워크센터 홈페이지 회원 가입 후) 공간 및 컴퓨터 등의 시설, 그리고 창업 관련 상담 및 교육 지원 서비스 등을 제공한다.

10. 중소기업진흥공단의 '청년창업사관학교' http://start.sbc.or.kr

중소기업진흥공단에서 청년 CEO를 육성할 목적으로 2011년 경기도 안산시에 개교한 기관이다. 39세 이하 예비 창업자 및 창업 후 3년 미만인 사람들을 대상으로 개발자금(총사업비의 70%, 1억 원 이내), 창업 공간 및 시설, 교육 및 멘토링, 정책 융자/투자/마케팅/입지 등 연계 지원 서비스를 제공한다. 현재 안산 중소기업연구원에 소재한 본원을 중심으로, 천안의 충남청년창업사관학교, 경산 소재 대구경북연구원의 대구경북청년창업사관학교, 광주의 호감청년창업사관학교, 그리고 창원의 부산경남청년창업사관학교 이렇게 총 5개의 지역학교를 운영하고 있다.

11. 창업지원단

주요 대학에서는 창업지원단을 통해 대학(원)생들의 창업을 지원하고 있다. 연세 대학교와 숭실대학교는 서울시와 함께 '서울창업카페'를 열어 교내의 일부 공간을 카페 형식으로 예비 창업자들에게 대여하고, 스타트업 구성원 리쿠르팅을 위한 이벤트, 멘토링 등 각종 컨설팅, 및 교육의 장으로 운영하고 있다. 다음은 주요 대학의 창업지원단 홈페이지 목록이다.

> 고려대학교 창업보육센터 rms.korea.ac.kr
>
> 연세대학교 창업지원단 venture.yonsei.ac.kr
>
> 숭실대학교 창업보육센터 research.ssu.ac.kr/content/foundation/intro
>
> 영남이공대학교 창업지원단 changup.ync.ac.kr
>
> 제주대학교 창업지원단 changup.jejunu.ac.kr
>
> 동국대학교 창업지원단 dvic.dongguk.edu
>
> 충북대힉교 창업지원단 startup.cbnu.ac.kr
>
> 전주대학교 창업지원단 changup.jj.ac.kr
>
> 국민대학교 창업지원단 startup.kookmin.ac.kr
>
> 성균관대학교 창업지원단 skkustartup.modoo.at

12. 스마트 벤처창업학교 http://svik.or.kr

대구에 소재한 경북대학교는 2013년 중소기업청 공모를 통해 소프트웨어 융합, 콘텐츠, 앱 분야의 청년 창업을 지원하는 '스마트 벤처창업학교' 운영 주관 기관으로 선정되었다. 동대구 벤처밸리(대구시 동구 소재)에 전용 건물과 기숙사를 마련하여 제공하고 있으며 졸업 기업을 대상으로 후속 사업비 지원, 창업 공간 별도 제공 등 창업 기업의 성장을 위한 다양한 지원 프로그램을 시행하고 있다.

13. 기타 기관

한국정보화진흥원(www.nia.or.kr)은 공공데이터를 활용하여 서비스를 기획하는 스타트업을 지원하는 프로그램을 운영하고 있으며, 그 외에 해당 기관의 빅데이터 활용, 정부3.0 등 관련 사업 영역의 제품과 서비스를 개발하는 기업을 대상으로 다양한 지원책을 펼치고 있다

14. 한국통신사업자연합회 http://www.ktoa.or.kr

1) KIF투자조합(Korea Information & Technology Fund) 비즈니스를 통해 IT 분야에 전문적으로 투자하는 IT 전문 투자조합을 결성하여 벤처기업에 투자하고 있다. 2002년 시작된 KIF 투자조합은 2010년부터 투자 원금 및 투자 수익 약 3,700억 원으로 제2기 KIF투자펀드를 결성하였으며, 무선 IT 분야에 집중 투자할 예정이다.

2) 스마트라이브 ICT융합지원센터 사업은 2016년 6월 1일 ~ 2017년 5월 31일까지 1년 단위 단기 사업으로 ICT중소벤처업체 대상의 기술, 비즈니스 교류, 세미나, 워크숍 및 해로 사항 해결, 컨설팅, 기술 지도, 신비즈니스 모델 개발 및 연구개발 과제 발굴 등의 사업에 지원할 예정이다.

스타트업
프로젝트를 시작했다면
절대 실패하지 말자!

우리는 끊임없이 '프로젝트'를 하면서 산다.

학창 시절에는 시험에서 만점을 위해서 어떻게 공부를 할지 계획을 세우고 목표를 달성하기 위해 노력했다. 당연히 친구는 만나지도 않는다. 예쁜 옷이나 차를 사기 위해서 모자란 돈을 확보하는 것을 목표로 삼는다. 먹는 것도 줄이고 노는 것도 줄였다. 직장생활은 프로젝트의 연속이다. 새로운 고객을 발굴하는 것, 새로운 제품이나 서비스를 개발하는 것, 비효율적인 시스템과 프로세스를 개선하는 것 등등 이 모든 것은 프로젝트란 이름으로 수행된다. 그렇게 프로젝트에 둘러싸여 있다. 내 주변에서 성공했다고 하는 사람들은 알고 보면 대부분 '프로젝트 전문가'다.

잘되는 스타트업에 속해 있는 사람을 무수히 만나봤다. 재미있는 건 그들이 비즈니스를 바라보는 관점은 딱 두 가지로 나눠진다는 것이다. 한 부류는 '사업이란 게 뭐 별거 있나! 그냥 자신감 있게 하면서 수정하고 보완하면 된다'는 프라이드 넘치는 실행가들이다. 다른 한 부류는 '비즈니스는 조심 또 조심 잘 챙겨야 한다'고 생각하는 전략가다. 사업은 하면 할수록 생각할 것도 많고 챙겨야 할 것도 많다고 생각하는 사람들이다. 그런데 조금 더 자세히 살펴보면 팀 내에는 항상 이 두 부류의 사람이 같이 있었다. 자신감이 넘치는

CEO와 조심스러운 성격의 운영 책임자가 함께 운영하는 식이었다. 좋은 팀을 위한 기본 조건은 전략가와 실행가의 조합이었다. 열심히 하지만 그렇다고 무작정 앞만 보고 가지는 않았다. 그들은 매 순간 명확한 목표와 일정을 가지고 '프로젝트'를 수행하고 있었기 때문에 질리지 않는다고 한다.

반면 스타트업을 중간에 포기하거나 실패한 사람들은 뭔가 목표를 달성하기 위해서 열심히 달려갔지만, 매 순간 답답함을 토로했다. '왜 작은 조직을 잘 관리하는 힌트는 없나요?' '아무리 MBA를 하고, 국내 최고의 대기업에서 근무를 해봐도 결국 '경험'뿐인 것 같아요' '실패를 하든지 성공을 하든지 경험해 보지 않으면 모르는 게 너무 많아요' 그들의 말이다. 그렇다. 경험이 최고다. 하지만 실패든 성공이든 경험을 많이 해보고 스타트업 잘하기란 무모할 따름이다.

누구나 슈퍼맨이 되어야 한다. 무슨 일이든 다 해야 한다. '아… 이렇게 힘든 거였나' 하는 생각이 든다. 꼭 이럴 때마다 '그냥 월급 받으면서 살지, 왜 그렇게 고생하면서 무슨 부귀영광을 누리겠냐'는 말을 듣는다. 그런데 어쩌겠나, 사업은 벌써 시작했다. 내가 하는 일은 가치 있는 일이다. 그리고 지금 이 순간의 경험은 여기서 끝나지 않아야 한다. 그래서 실패할 수는 없다. 다른 무언가 많은 것을 포기하고 여기까지 왔기 때문이다. 프로젝트의 성공을 정의하기란 쉽지 않다. 성공이란 단어는 생각보다 주관적이다. 하지만 실패는 명확하다. 특히 프로젝트에서는 그렇다. 목표로 했던 서비스나 제품을 출시했는가?, 그것은 지정된 시간 안에 이루어졌나? 이 모든 것이 예상했던 자금 안에서 이루어졌는지를 확인해 보면 된다. 하나라도 충족하지 못했다면 실패다. 그래서 실패하지 않기란 쉽지 않다. 그리고 핑계를 댈 수도 없다. 엄격하다. 그렇다고 해도 스타트업 프로젝트를 시작했다면 절대 실패하지 말아야 한다.

스타트업은 가장 창의적인 조직이다. 그런데 관리가 어렵다. 그 이유가 궁금했다. 결국 너무 거창하기 때문이 아닐까. 작고 창의적이면 그걸 최대한 살려주고 단순한 관리가 필요하다. 그래서 '사업'한다는 거창한 어떤 것보다는 '프로젝트'를 수행한다는 것으로, 조금 쉽게 편안하게 생각해서 스타트업에 접근해 보기로 했다. 사업이라는 것은 결국 무엇을 얼마나 관리할 것인가에 초점이 맞춰진다. 그래서 비즈니스의 범위를 작은 프로젝트로 한정하면 관리 영역은 줄어들게 되고, 목표도 명확해진다. 성공적으로 스타트업을 운영하는 몇몇 팀을 통해서 그것은 더욱 명확해졌다. 그들은 비즈니스를 한다고 하기보다는 하나의 프로젝트를 한다고 자신들을 잘 정의했다. 스타트업을 재미있는 프로젝트를 좋은 사람들과 함께하는 것이라고 정의한 것이다.

앞으로는 작고 창의적인 조직이 아니면 생존할 수 없을 것이다. 개인이 가진 지식과 콘텐츠가 새로운 부가가치를 창출하는 원동력이 될 것이다. 그래서 생존을 위해서 원하든 원하지 않든 우리는 새로운 프로젝트를 해야 한다. 특별한 사람들만 하는 것이 스타트업이 아니다. 또한 20대 젊은이만 스타트업을 하는 것도 아니다. 누구나 언젠가는 하게 된다면 스타트업에 대해 조금 다른 관점으로 바라보는 건 절대 실패하지 않는 방법이 될 것이다.

스타트업 레시피
작고 강한 조직을 위한 프로젝트 관리

2017년 2월 22일 초판 1쇄 인쇄
2017년 2월 25일 초판 1쇄 발행

지은이	박준기, 이혜정
펴낸이	오준석
교정교열	박기원
표지 디자인	디자인 마음
본문 디자인	변영지
인쇄	예림인쇄
펴낸곳	도서출판 생각과 사람들
	경기도 용인시 수지구 신봉2로 72
	전화 031-272-8015 팩스 031-601-8015 이메일 inforead@naver.com